나의 길을 그가 아시나니

God Will Make a Way

나의 길을 그가 아시나니

헨리 클라우드 & 존 타운센드 지음

윤종석 옮김

좋은씨앗

나의 길을 그가 아시나니

1판 1쇄 발행 | 2005년 3월 20일
2판 1쇄 발행 | 2014년 4월 10일
2판 2쇄 발행 | 2021년 4월 10일

지은이 | 헨리 클라우드 & 존 타운센드
옮긴이 | 윤종석
펴낸이 | 신은철
펴낸곳 | 좋은씨앗
출판등록 | 제4-385호(1999.12.21)
주소 | (06753) 서울시 서초구 바우뫼로 156(양재동, MJ빌딩) 402호
주문전화 | 02-2057-3041 주문팩스 | 02-2057-3042
이메일 | good-seed21@daum.net
페이스북 | facebook.com/goodseedbook

ISBN 978-89-5874-223-4 03230

God Will Make a Way
by Henry Cloud and John Townsend

Originally published in English under the title
God will make a way
Copyright ⓒ 2002 by Henry Cloud and John Townsend
Published in Nashvill, TN, by Thomas Nelson
All rights reserved

This Korean translation edition ⓒ 2005 by Good Seed Publishing, Seoul, Republic of Korea,
through rMaeng2, Seoul, Republic of Korea

이 한국어판 저작권은 알맹2를 통하여 Integrity사와 독점 계약한 좋은씨앗에 있습니다.
신저작권 법에 의하여 한국 내에서 보호받는 저작물이므로 무단전재와 무단복제를 금합니다.

삶의 고비마다
하나님과 그분이 여실 길을
찾는 이에게

목차

감사의 글 / 9

들어가는 글 : 누구나 길이 필요하다 / 11

제1부 — 여정의 여덟 가지 원리

  1. 원리1 : 하나님과 함께 길을 떠난다 / 30

  2. 원리2 : 길동무들을 잘 고른다 / 41

  3. 원리3 : 지혜에 높은 가치를 부여한다 / 54

  4. 원리4 : 짐일랑 두고 간다 / 67

  5. 원리5 : 내 단점과 약점을 인정한다 / 84

  6. 원리6 : 문제를 선물로 받아들인다 / 101

  7. 원리7 : 삶을 오는 대로 맞이한다 / 114

  8. 원리8 : 전존재로 하나님을 사랑한다 / 125

제2부 — 원리의 적용

　　9. 데이트와 연애 / 140

　　10. 결혼과 관계 / 162

　　11. 친밀함과 성 / 180

　　12. 악연과 갈등 / 193

　　13. 자녀와 양육 / 212

　　14. 두려움과 불안 / 231

　　15. 이혼과 실연 / 256

　　16. 악습과 중독 / 271

　　17. 낙심과 우울 / 286

　　18. 죄책감과 수치심 / 303

　　19. 체중 감량과 건강 / 324

　　20. 개인적 목표와 꿈 / 341

맺는 글 : 오늘 길을 떠나라 / 361

God will make a way
When there seems to be no way
He works in ways we cannot see
He will make a way for me
He will be my guide
Hold me closely to his side
With love and strength for each new day
He will make a way

감사의 글

인테그리티 출판사 바이런 윌리엄슨 사장. 이 책을 향한 그의 비전과 함께 영성 생활의 실현을 위해 그가 공유한 열망을 인해 감사한다. 우리의 필요 그리고 우리와 함께 일하는 기관들과 사역 단체들의 필요에 그가 응해 주지 않았던들 이 책은 빛을 보지 못했을 것이다.

인테그리티 발행인 조이 폴. 편집 과정을 총 주도해 준 그의 도움에 감사한다. 그 덕에 우리의 아이디어가 독자들에게 유용한 것이 되었다. 필요할 때마다 곁에 있어준 그의 지칠 줄 모르는 수고에 깊은 사의를 표한다.

인테그리티 마케팅 부사장 랍 버크헤드. 마케팅과 홍보 캠페인은 물론 책 표지와 내부 디자인에 대한 그의 창의적 지도에 감사한다.

우리의 저작권 대행인 실리 예이츠. 우리의 모든 저서에 대한 그의 신실한 청지기 직무를 인해 감사한다. 그가 아니었다면 우리의 집필 사역은 틀림없이 달라졌을 것이고 아마 재미도 없었을 것이다.

스티브 아터번과 마이크 마리노. 생방송 〈뉴 라이프〉의 일이 돌아가게 하는 이들 두 사람은 많은 사람들에게 있어 하나님이 여시는 길의 일부로 쓰임 받고 있다.

〈앤서스포라이프〉(Answers for Life) 총재 데니스 보즈주어. 미국의 거리와 동네마다 사랑의 하나님을 모셔다 놓는 그의 열정과 헌신 그리고 동역을 인해 헨리가 특별한 감사를 표한다.

삶의 해답을 찾는 일에 동참한 투자자들. 우리의 사명에 힘을 모아준 그들에게 특별한 감사를 전한다. 그들의 우정과 노고가 얼마나 요긴한지 모른다.

우리의 편집자 리즈 헤이니. 그녀의 명확성과 방향성과 지원에 감사한다.

돈 모엔. 영감 있는 찬양곡 "나의 가는 길"(God Will Make a Way)을 인해 감사한다. 노래 제목과 사연이 이 책에 등장한다.

그리고 인테그리티 미디어 사장 마이크 콜먼. 인테그리티라는 새로운 출판 사역에 대한 그의 비전과 지원을 인해 감사한다.

들어가는 글
누구나 길이 필요하다

통증이 처음 시작되던 날, 나는 거의 만 네 살이었다. 지금도 그 날이 기억에 선하다. 주일이라 교회에 있었다. 주일학교 교사는 우리 부모님을 불러 나를 데려가게 해야 했다. 내 다리가 너무 아팠기 때문이다. 그녀는 나름대로 최선을 다했으나 별 도리가 없었다.

  부모님의 말과 내 기억을 종합해 보면 이후 몇 달간 모두들 아주 힘들었다. 고통이 너무 심해져 나는 한밤중에 일어나 울기 시작했다. 부모님은 나를 병원에 데려갔다. 의사들 역시 어찌할 바를 정확히 몰랐다. 내가 입원해 있는 몇 주 동안 그들은 진상을 규명하려 애썼다. 그러나 그들이 아는 거라곤 내가 다리 통증을 호소한다는 사실뿐이었다. 아무 문제도 발견되지 않았다. 외상이 없었으니 뭔가 안에서 잘못된 게 분명했다. 하지만 모두들 속수무책이었다.

결국 그들은 나를 퇴원시키고 다음 단계의 모색에 들어갔다. 그들이 다리 절단 가능성을 포함해 꽤 심각한 방안들을 고려했다는 것을 나는 나중에야 알았다. 감사하게도 부모님과 의사들은 내 상태의 잠재적 심각성을 나한테 말하지 않았다.

어머니에게는 그때가 평생 가장 어려운 시기 가운데 하나였다. 어머니는 매일 매시간 아파하는 어린 아들의 모습을 지켜봐야 했다. 통증 하나 덜어주지 못하는 무력한 존재로 곁을 지켜야 했다. 어머니와 아버지는 혹시 뭐가 심각하게 잘못된 것은 아닌지, 이렇게 진상도 모른 채 비극적인 일이 벌어지는 것은 아닌지 걱정이 태산이었다. 처음에 어머니는 그저 울며 하나님께 도움을 간구할 수밖에 없었다.

우리 부모님은 신유 집회에 다니거나 날마다 기적을 바라는 분들은 아니었다. 하지만 두 분은 믿음의 사람들이었고, 궁지에 처했을 때 기도로 하나님의 도움을 구하면 그분이 시련 속에서 길을 여신다는 것을 자신들의 여정 속에서 배운 사람들이었다. 그러니 두 분이 힘겨운 시기에 하나님의 도움에 의지한 것은 별난 일이 아니었다. 다만 이번 상황은 유난히 힘들었다. 자식 하나 돕지 못하는 자신들의 무력함이 절실히 느껴졌기 때문이다. 아파하는 나를 지켜보며 두 분이 얼마나 괴로웠을지 두 어린 딸을 둔 아비로서 이제야 조금 알 것 같다.

감정의 격랑 속에서도 우리 부모님은 날마다 기도했다. 행복하고 건강하던 어린 아들이 왜 돌연 정상 생활을 잃을 수 있는 지경에 빠졌는지 두 분은 알 수 없었다. 야속했다. 자신들이나 내가 뭘 어쨌다고 이런 일을 당한단 말인가? 그래도 기도하는 사이에 두 분은 두려움 속에서도 왠지 담담해졌다. 무슨 방도든 힘닿는 대로 열심을 내야 한다는, 그리고 최선을 다하면 어떻게든 하나님이 도와주시고 길을 열어주실 거라는 마음도 생겼다. 그러던 중 정말 희한한 일이 벌어졌다.

어머니와 한 친구분은 나를 다른 병원에 데려갔다. 우리는 대기실에 앉았고, 시간이 흐르면서 어머니의 두려움은 커져만 갔다. 의사는 나타나지 않았고 어머니는 앞일이 막막했다. 우리는 기다리고 또 기다렸다. 일이 터진 것은 그때였다.

갑자기 어머니 내면에 뭔가가 느껴졌다. 마치 말하는 음성 같았다. "아들을 뉴올리언스로 데려가라." 처음에 어머니는 약간 놀랐다가 점차 예사롭지 않게 느껴졌다. 육성은 아니었으나 어머니는 자신이 '들은' 내면의 음성이 진정으로 믿겨져 친구를 보며 말했다. "가야겠어. 헨리를 뉴올리언스로 데려가야 돼." 어머니는 내 손을 잡고 일어나 나갔다.

"아들을 뉴올리언스로 데려가라"는 말이 어머니에게 줄 수 있는 의미는 하나뿐이었다. 루이지애나 주 뉴올리언스의 유명한 병원인 오시너 클리닉에 나를 데려가야 한다는 것이었다. 당시 우리는 미시시피 주 빅스버그에 살고 있었다. 뉴올리언스에서 북쪽으로 360킬로미터쯤 떨어진 소도시였다. 모든 소도시가 그렇듯 거기도 좋은 의사들과 병원들이 있었다. 그러나 진단하기 어려운 심각한 증세가 발생하면 많은 사람들이 그 유명한 클리닉의 유명 전문의들을 찾아가곤 했다. 그래서 뉴올리언스라는 말을 들었을 때 어머니는 거기서 하나님이 우리에게 길을 여신다는 뜻으로 알았다.

집에 온 어머니는 당장 짐을 싸서 떠나야 한다는 사실과 나를 뉴올리언스로 데려가는 일이 그리도 중요한 이유를 아버지에게 말했다. 그 장면을 보지 못해 아쉽다. 아버지의 당황한 모습을 그저 상상해 볼 뿐이다. 두 달간 빅스버그의 내로라하는 의사들을 만나다가 졸지에 먼 도시에서 새 의사들과 다시 시작하게 되었으니 그럴 만도 했다. 사업가답게 실무적인 아버지를 어머니는 어떻게 설득했을까? 외견상 비합리적인 그런 결정을 배우자에게 어떻게 설명하나? 나는 모르지만 어쨌든 어머니는 자신이 들었던 생생한 음성에 힘입어 용기를 냈다. 차 뒷좌석에 내 잠자리를 꾸민 뒤 우리 셋은 뉴올리언스로 떠났다. 순전히 믿음으로.

오시너 클리닉에서 수속을 마친(그 자체가 기적 중의 기적이다) 우리는 그곳의 의료진 중 메리 셔먼이라는 새 의사에게 임의로 배정되었다. 소아 정형외과 전문의였다. 셔먼 박사는 나를 아주 친절하게 진찰한 뒤 엑스레이 담당자들에게 넘겼다.

얼마 후 셔먼 박사는 진료실에서 우리에게 말했다. 진단이 나왔다는 것이었다. 내 병은 둔부 관절의 회저 즉 연성(軟性) 조직이

죽어가는 병이었다. 제때 치료하지 않으면 매우 위험한 희귀성 질환이었지만 그녀는 대책을 정확히 알았다. 다리에 부목을 대고 휠체어와 목발 생활을 하면 1~2년 내에 정상으로 돌아간다는 것이었다. 그녀는 어떻게 알았을까?

기적이었다. 셔먼 박사는 이 희귀병에 경험이 많은 미국의 두 의사 밑에서 최근에 레지던트로 훈련 받았던 것이다. 그래서 그녀는 내 병을 조기 진단해 제대로 치료할 수 있는, 당시로서는 몇 안 되는 의사들 중 하나였다. 하나님이 어머니에게 개입해 나를 뉴올리언스로 데려가라는 감화를 주시지 않았다면 우리는 적시에 치료법을 찾지 못했을 것이다. 주님은 초자연적으로 어머니를 적임 전문의에게 인도하셨다.

어머니와 아버지는 장애 아들을 대하는 법을 익히면서 이후 몇 년간 하나님이 계속해서 길을 여시는 것을 보았다. 나를 도우면서도 스스로 책임감을 갖게 하는 일은 고도의 균형이 요구되는 일이다. 하나님은 그런 일을 할 수 있는 코치들을 보내주셨다. 걸음마다 하나님이 우리의 필요를 채우셨다. 오늘 당신이 우리 부모님에게 묻는다면 두 분은 자신들의 87년 세월이 전부 그와 같았다고 말할 것이다. 어떤 위기가 닥치든 하나님이 길을 여셨다.

길이 늘 잘 보이는 것은 아니다

삶의 위기가 언제나 내 경우처럼 잘 풀리는 것은 아니다. 내 경우 하나님이 필요한 특정 의사를 보내셔서 다리를 잃지 않게 되었다. 내 병은 나았다. 그런 도움이 모든 상황에서 항상 오지 않는 이유를 나는 아는 체할 마음이 없다. 우리는 누구나 길을 잃을 때가 있다. 상한 마음으로 의문에 휩싸일 때가 있다. "일이 이렇게 되도록 도대체 하나님은 어디 계시나?" 길이 험해지면 하나님이 어디 계신지 잘 안 보일 때가 많다.

그러나 내 경우를 비롯해 무수한 사연들이 말해 주듯, 하나님은 여러 뜻밖의 방식으로 수없이 나타나셔서 가장 절망적인 상황조차도 바꿔주신다. 영적 순례 여정에서 우리 모두가 배워야 할 어렵고도 가장 값진 교훈이 하나 있다. 나쁜 일이 터지고 그 이유가 묘연할 때도 우리는 하나님의 임재와 나를 위해 일하고 계심을 믿을 수 있다. 장성하여 많은 비극을 목격하고 나도 꽤 겪으면서 배운 것이지만, 최악의 상황이 벌어져도 하나님은 함께하시며 돌보신다. 죽음과 고난은 원래 인간 역사의 일부가 아니었다. 그러나 억장이 무너지는 상황 속에 하나님이 들어오셔서 그 임재와 사랑과 힘과 자원과 구체적 인도를 계시하심으로 가장 고통스런 광야에서 길을 내시는 것을 무수히 보았다.

하나님이 임재하시고 일하실 때 우리는 그것을 알아볼 수 있어야 한다. 그것이 우리가 할 일이다. 사실 그분이 어떻게 나타나실지 우리는 알 수 없다. 성경에 보면 하나님은 종종 가장 예기치 못한 방식으로 사람들에게 자신을 계시하신다. 돈 모엔의 "나의 가는 길"(God will make a way) 가사에 그것이 잘 나타나 있다.

나의 가는 길

주님 인도하시네(길을 여시네)

그는 보이지 않아도

날 위해 일하시네(길을 여시네)

주 나의 인도자

항상 함께하시네

사랑과 힘 베푸시며

인도하시네(길을 여시네)

"잠깐만." 당신은 항변할 수 있다. "모든 위기가 다 당신 경우처럼 풀리는 건 아니다. 하나님을 믿는 사람들이라도 마찬가지다. 병이 낫지 않는 사람들도 있다. 사고로 죽는 사람들도 있다. 그런 상황에서 하나님은 어디 계신가?"

맞다, 당신 말이 맞다. 내 경우는 하나님이 필요한 의사를 보내 주셔서 병이 나았다. 하지만 결과가 긍정적이거나 좋지 않을 때도 있다. 오래 전 남편과 사별해 홀로 된 어미가 끔찍한 교통사고로 사춘기 아들을 잃는다. 회사 임원이 아내와 세 자녀를 매몰차게 버리고 비서와 달아난다. 남편과 더불어 막 은퇴 생활을 즐기려는 여자가 심장마비로 죽는다. 회복을 위한 많은 기도에도 아랑곳없이 목사가 고통스런 지병으로 숨을 거둔다. 기적적 개입이 임하지 않은 — 적어도 아직은 — 실망, 고통, 비극의 사연들이 당신에게도 있다.

욥을 생각해 보라. 하나님의 일하심을 보기가 때로 얼마나 어려운지, 그 산 증거다. 그러나 욥의 사연은 우리에게 역경의 시기에 길을 찾는 비결도 보여준다. 알다시피 욥의 친구들은 욥이 당하는 삶의 비극에 대해 온갖 해답을 늘어놓았다. 그러나 하나님의 반응이 기억나는가? 하나님의 반응은 사실 해답이 아니라 만남이었다. 하나님은 욥을 대면해서 만나주셨다. 말할 수 없는 고통 속에서 사람들이 내게 원하는 것은 설명이 아니라 함께 있어 주는 것이다. 따라서 고통의 문제에 대한 궁극적 해답은 그분의 임재, 하나님 자신이다.

존과 내가 절망적인 상황 속에서 몸부림치는 사람들한테 늘 듣는 얘기가 바로 그것이다. 그들이 원하는 것은 철학이나 신학이 아니라 하나님의 실체다. 무슨 의미인지 알겠는가? 그들의 사연을 비롯해 역사상 수많은 사람들의 증언은 간단하다. 하나님은 지금도 아주 강력한 방식으로 나타나신다. 죽음과 고난 속에도 하나님은 자신의 임재를 계시하여 길을 여신다. 욥처럼 우리도 그분이 언제 어디서 어떻게 나타나실지 모르지만 그분은 나타나신다.

내 삶을 돌아보면 하나님은 수시로 사람들을 보내 내게 길을 열어주시곤 했다. 하나님을 찾도록 내게 다음 단계를 일러줄 수 있는 사람, 삶의 커다란 상실과 고통을 감당하도록 나를 도와줄 수 있는 사람들이었다. 그들이 아니었다면 나는 어떻게 됐을지 모른다. 그런데 비결이 있다. 나는 전혀 몰라도 된다는 것이다. 내가 하나님께 나아가 도움을 구하면 그분이 보내주시기 때문이다. 그래서 그들은 그 시점에서 내게 꼭 필요한 것을 가져와 가르쳐주곤 했다.

내가 터득한 비결은 하나님께 나아가 도움을 구하라는 것이다. 그렇게 할 때 하나님은 아주 뜻밖의 방법으로 우리에게 필요한 도움을 가져다주신다. 상황이 더없이 암담해 보일 때도 그렇고, 내가 자초한 문제일 때도 그렇다.

많은 사람들이 무력감과 절망감을 느낀다

존과 나는 매일 미국 전역에 방송되는 라디오 프로그램을 진행한다. 사람들은 전화를 걸어와 삶의 어려운 문제를 얘기한다. 최근에 메리언의 전화를 받았다. 중년의 직장 여성인 메리언은 남편과 자녀들까지 모든 것을 송두리째 잃기 직전이었다. 친구의 권유로 잠시 실수로 '딱 한번' 코카인에 손을 댔던 것이다. 마약 복용은 이 중서부 어머니의 성미에 전혀 맞지 않는 일이었지만, 약물 중독의 위력 때문에 그녀는 코카인을 '딱 한번'으로 끝낼 수 없었다. 마약은 즉시 그녀를 장악했다. 일하는 어머니로 존경받던 그녀는 어느새 평생 상상조차 해보지 못한 중독자가 되었다. 중독자를 뒷골목이나 허름한 영세 아파트에서 얼쩡거리는 작자들로만 알았던 그녀였으니 얼마나 갈등이 컸겠는지 생각해 보라. 우리는 그녀에게 안타깝게도 그녀가 강력한 약물의 손아귀에 걸려들었다고 말했다.

무력감과 절망감과 지독한 죄책감 속에서 메리언은 하나님을 찾기로 했다. 그분을 만날 생각에 그녀는 교회에 나가고 있었다. 마약을 끊고 교회에 다니며 착하게 살기로 작정하면 하나님을 만날 줄 알았던 것이다. 메리언의 이야기를 들으며 나는 그녀가 전혀 하나님을 만나지 못하고 있다는 우려를 대번에 느꼈다. 대신 그녀는 '교회'를 만나고 있었다. 그래서 몸가짐을 바로잡고 착한 교인이 되려 했다. '하나님 일'을 하면 — 교회 나가고 신앙인이 되고 삶을 바꾸면 — 그분을 만날 줄 알았던 것이다. 소용없었다. 아무것도 달라지지 않았다. 하나님마저 도와주시지 않는다는 생각에 이제 그녀는 전보다 더 절망의 나락에 떨어졌다.

나는 끼어들어 그녀가 하나님이 아닌 종교를 만나고 있다고 말했다. 종교란 '하나님 언어'와 '하나님 처소' — 이를테면 교회 — 를 빌려 지금보다 나은 사람이 되고자 애쓰는 것이다. 그러나 절망적인 상황을 바꾸실 때 하나님은 우리의 의지력이나 결심에 의존하시지 않는다. 그분은 죽은 자도 살리실 수 있고 무에서 생명을 창조하실 수 있다. 메리언이 하나님을 만나고 있거나 하나님이 그녀를 만나고 계시다면 그녀 자신의 노력을 벗어나는 모종의 도움, 힘, 임재가 있었을 것이다. 그러나 그런 증거가 전혀 들리지 않았다. 대신 그녀는 마치 거반 죽은 사람이 스스로 전기 충격을 가해 회생하려는 모습에 가까웠다. 이는 하나님이 길을 여시는 방식이 아니다.

하나님의 길은 은혜를 통해 — 즉 나 스스로 채우지 못하는 것을 채워주심으로 ─ 온다고 나는 설명했다. 메리언의 상황에서 나는 은혜를 별로 듣지 못했다. 나는 그녀가 어떤 프로그램에 들어가 다른 중독자들에 둘러싸여 있는 모습을 보고 싶다고 말했다. 외부의 도움 없이는 마약을 끊지 못하는 그녀의 무력함을 하나님은 이해하시거니와 그 마음을 바로 그런 사람들을 통해 전달하실 수 있다. 나는 또 중독의 생리와 그 나락에서 벗어나는 하나님의 길을 아는 사람들이 그녀의 필요를 지적해 주는 모습을 보고 싶었다. 그들이 그녀를 향한 하나님의 사랑과 지원을 표현해 주고 다시 하루를 견뎌낼 힘을 실어주는 모습을 보고 싶었다. 그리고 하나님이 그분의 능력으로 직접 개입하시는 것을 보고 싶었다. 그러나 그런 모습은 전혀 보이지 않았다. 내게 들리는 것은 온통 종교뿐이었다.

인간의 의지력으로 하려던 지금까지의 방식을 버리고 지금의 그 모습으로 하나님께 나아가라는 당부로 우리는 말을 맺었다. 그리고 우리는 그녀를 위해 기도했다. 하나님이 기적을 행해 주시도록 기도했다. 그녀는 자기와 자기 신앙을 이해해 주고 중독의 해결을 도와줄 수 있는 치료 시설을 몰랐지만 그래도 하나님의 도움에 마음이 열려 있다고 말했다. 그때부터 기적이 시작되었다.

기적의 첫 부분은 이랬다. 우리는 그녀의 갈 곳을 알았다. 애리조나 주의 갈보리 센터라는 마약 재활 센터로 그녀의 필요에 꼭 맞는 곳이었다. 그러나 그녀는 비용을 댈 형편이 못 되었다. 그래서 우리는 하나님이 길을 여실 거라는 느낌을 가지고 기도했다.

설명할 수 없다. 그저 느낌이었다.

그러자 기적이 이어졌다. 몇 분 내로 전화가 울렸다. 전국 각지에서 사람들이 전화를 걸어 메리언의 치료비를 대겠다고 했다. 믿어지지 않았다. 꽤 시간이 지나 우리는 치료비가 다 충당되었으려니 했다. 그러나 계산해 보니 정확히 5,400달러가 부족했다.

우리는 놀랐다. 모두들 이것이 '하나님 일'이며 그분이 개입하고 계시다고 느꼈는데 그녀의 일이 잘 풀리지 않고 있었다. 신기한 기적의 나머지 부분은 그때 찾아왔다. 한 여자가 전화를 걸어 말하기를 몇 년 전 유산을 받았는데 하나님께 십일조를 드리지 않았다며, 지금 하나님이 메리언의 치료를 위해 헌금하도록 자기 마음을 움직이시는 것 같다고 했다.

"십일조가 얼마나 됩니까?"

질문에 그녀는 이렇게 대답했다. "유산은 54,000달러였습니다. 5,400달러를 헌금하고 싶습니다." 우리는 입이 쩍 벌어졌다! 정확히 필요한 액수였던 것이다. 절실히 도움이 필요한데도 길이 보이지 않던 한 여자에게 하나님은 과연 길을 내셨다. 얼마 안 있어 메리언은 치료에 들어갔고, 이 글을 쓰는 현재 아주 잘 지내고 있다.

어쩌면 당신도 메리언 같을지 모른다. 전에 교회에 가보았으나 하나님과 별로 교감도 없었고 당신 삶 속에 일하시는 그분을 보지도 못했다. 당신은 교회만 가면 하나님이 당신을 위해 행동에 나서주실 줄 알았다. 우리는 교회를 사랑한다. 당신에게도 지역 교회에 속할 것을 권한다. 그러나 이유야 어찌됐든 사람들은 교회에 가서도 하나님을 만나지 못할 때가 있다. 당신이 간 교회가 정말 그분을 모를 수도 있다. 교회에 갈 때의 당신의 영적 상태가 문제일 수도 있다. 아니면 교회가 당신에게 잘 맞지 않았을 수도 있다.

이 여자에게 보여주신 것처럼 하나님은 당신의 상태가 어떻든 길을 여실 수 있다. 중서부에서 캘리포니아의 라디오 방송국으로 전화를 걸 때만 해도 그녀는 여러 다른 주 사람들의 재정 도움으로 애리조나의 치료 센터에 가게 될 줄은 꿈에도 몰랐다. 길을 여시는 방법이나 그 길의 종류에 있어 하나님은 절대 제한받지 않으신다.

하지만 나는 중독자도 아니고 누구를 잃은 일도 없다

당신은 이렇게 생각할 수 있다. '하지만 나는 그냥 보통 사람이다. 삶의 스트레스와 문제도 다 정상적인 것들뿐이다. 나는 삶에 커다란 위기가 없다.' 그런 당신 삶에 하나님의 자리가 어디인지 궁금할 수 있다. 길을 잃은 것 같지 않은데 하나님이 어떻게 길을 여시나?

사실 당신의 삶이 더할 나위 없이 완전하다고 느껴진다면, 그 말이 맞다. 당신은 도움이 필요 없다. 당신은 이미 천국에 도달했다. 좋은 일이다. 흔치 않지만 좋은 일이다. 나는 제법 성공과 행복과 업적을 이룬 사람들을 꽤 알거니와 실제로 자기 삶이 완전하다고 느끼는 사람은 한 명도 보지 못했다. 설령 당신이 스스로

다 된 줄로 믿더라도 하나님은 여전히 길을 내셔서 당신으로 하여금 다른 사람들에게로 향하게 하실 수 있다. 당신을 어디로 보내실지 오늘 그분께 여쭈어 보라. 장담컨대 그분이 당신에게 사명을 주실 것이다.

이 책의 독자들 중에 하나님의 도움과 은혜가 필요 없는 상태에 도달한 이들은 별로 없을 것이다. 당신은 그저 평범한 삶을 사는 정상 인간일 것이다.

정상에 대해 말해 보자. 정상이란 무엇인가? 심리학자인 우리가 말하거니와 정상이란 '모든 것을 다 갖춘 상태'가 아니다. 사실 대부분의 정상 인간들은 아직도 삶에 뭔가 빠진 것처럼 느껴질 때가 많다. 현재의 내 자리와 내가 있고 싶은 자리에 거리가 있는데, 이를 '차이'(gap)라 한다. 이런 갈망은 대개 삶의 이런저런 영역으로 표출된다.

1. 당신은 관계가 더 친밀해지기 원한다. 당신 삶에는 지금도 좋지만 더 좋아질 수 있는 관계가 있을 것이다. 당신은 사랑하는 사람이나 친구와의 관계 가운데 생기는 차이로 인해 맥이 빠졌을 수 있다. 자녀와의 관계일 수도 있다. 혹 부모나 형제자매 등 가족 구성원과의 관계가 더 친밀해지기 원할 수도 있다.

차이는 부부 사이에 있을 수도 있다. 배우자와의 일상적 생활은 무난하지만 연애 시절과 신혼 초에 기대했던 깊은 친밀함은 맛보지 못할 수 있다. 뭔가 더 있어야 함은 안다. 그러나 세월이 갈수록 더 친밀해져 영혼의 반려가 되고 싶었던 꿈은 생각만큼 현실화되지 않고 있다.

2. 당신은 자신의 삶을 통제하기 원한다. 이 차이는 개인적인 것이다. 당신 삶의 현주소와 당신이 원하는 모습 사이의 차이다. 이는 당신의 개인적 목표, 사고와 행동 방식, 정서를 느끼는 방식에 관한 것이다. 경우에 따라 성취에 관한 것일 수도 있다. 내 잠재력이 십분 발휘되거나 꿈이 성취되는 것 같지 않다. 기대하던 성과가 왜 내 재능과 능력에 못 미치는지 답답하다. 그 결과 당신은 삶의 열정과 단절된 느낌이 든다.

개인적 습관을 바꾸지 못해 이 차이에 갇혀 사는 사람들도 있다. 생각하고 행동하고 살아가는 방식이 내 최선의 수고까지 무산시킨다. 예컨대 해로운 식생활 습관에 갇혀 체중을 줄이지 못하는 사람도 있다. 정서적 차원에서 개인적 차이를 경험하는 사람들도 있다. 그들은 자신의 실제 감정과 정말 원하는 방식의 감정 사이에서 날마다 차이를 실감한다.

3. 당신은 영적 갈급함을 채우기 원한다. 당신은 혹 하나님과의 사이에서 차이를 느낄 수 있다. 당신은 젊은 날에 맛보았던 어린아이 같은 믿음의 경이를 되찾고 싶다. 사랑하고 받아주시며 늘 당신이 가장 잘되기를 바라시는 하나님과 마음으로 통하고 싶다. 당신은 영적 열정을 회복하고 싶다.

단 영적 열정을 회복하되 많은 '신자들'이 보여주는 판단주의와 괴상한 모습 없이 그렇게 하고 싶다. 당신은 마음 맞는 솔직하고 진실한 사람들과 함께 살아 있는 신앙을 경험하며 하나님과의 관계를 나누고 싶다.

당신의 갈망이 어떻게 — 관계로, 개인적으로, 영적으로 — 표출되든 당신이 삶에 대한 희망과 꿈 그리고 실망스런 현실 사이의 차이에 갇힌 것처럼 느껴진다면 여기 기쁜 소식이 있다. 당신이 하나님을 부르면 그분이 당신에게 길을 열어주신다. 그러나 여기서 때로 일이 어려워진다. 이는 길이 있다는 사실 자체를 잘 믿지 못하기 때문에, 대다수 사람들이 자신을 위한 하나님의 길을 보지 못한다는 것이다.

길이 있음을 믿어야 한다

삶의 위기와 차이 속에서 하나님의 길을 찾지 못하게 하는 주요 장애물은 길의 존재를 믿지 못하는 것이다. 돈 모엔의 감동적인 가사는 '길 없는 곳에 길을 여시는 하나님'을 약속한다. 하지만 그 길을 어떻게 찾나? 삶의 시련과 위기를 어떻게 초월할 수 있나? 그것은 하나님이 정말 길을 여실 거라고 믿는 데서 시작된다. 이는 하나님을 믿는 믿음을 수용하고 구사하는 문제다.

우리들 대부분은 단순히 하나님을 믿는 데는 어려움을 못 느낀다. 그러나 하나님을 정말 의지하는 데는 왠지 인색하다. 우리는 생각한다. 그분이 책임져 주실까? 그분을 의지해도 될까? 그분이 내게 길을 열어주실까? 믿음은 험한 강 위에 놓인 다리다. 믿음은 나를 위해 하나님의 길로 들어서는 통로다. 믿음은 하나님이 길을 여실 줄로 알고서 행동하는 것이다.

다리에 발을 딛고 건너기 시작하지 않는 한 하나님을 믿는 믿음은 당신에게 아무 유익도 못된다. 믿음이란 태도이자 동시에 행동이다. 작은 첫걸음은 다음 걸음, 다음 걸음으로 이어져야 한다. 하나님이 정말로 내게 길을 열어주셔서 그분을 인격적으로 알게 하셨음을 깨닫는 그 순간까지 말이다. 믿음으로 행동할수록 당신을 위한 하나님의 길이 더 많이 보인다.

하나님이 시련 속에서 당신에게 길을 열어주실 때 그것은 수동적 과정이 아니라 능동적 과정이다. 우리 눈에 보이지 않을 때도 하나님은 우리를 위해 열심히 일하신다. 그리고 우리에게도 열심히 일하라 명하신다. 어떤 때는 이것이 역설처럼 보인다. 내가 하고 있는가? 또는 하나님이 하고 계시는가? 이 둘의 답은 모두 "그렇다"이다. 하나님은 그분만이 하실 수 있는 일을 하신다. 당신은 당신이 할 수 있는 일을 하면 된다. 그럴 때 믿음은 정말 빛을 발한다.

우리는 신나는 여정에 오르는 당신을 격려하고 싶다. 지금 당신 곁에 계신 하나님은 내가 네 살 때 우리 부모에게 길을 여신 그 하나님이다. 코카인에 중독되어 꿈에도 생각지 못한 삶을 살아가던 중서부의 한 어머니에게 길을 여신 그 하나님이다. 그리고 우리가 개인적으로 자신의 삶 속에서 수없이 길을 여시는 것을 보아온 바로 그 하나님이다. 꼭 위기가 아니더라도 그때그때의 작은 문제에도 그분은 길을 여신다. 그분은 자기를 바라는 모든 자에게 귀 기울이며 온 땅을 살피신다. 시편기자는 선포했다.

"여호와께서는 자기에게 간구하는 모든 자 곧 진실하게 간구하는 모든 이에게 가까이 하시는도다. 그는 자기를 경외하는 자들의 소원을 이루시며 또 그들의 부르짖음을 들으사 구원하시리로다"(시 145:18-19).

우리는 당신이 이 책을 읽는 것이 우연이 아니라고 믿는다. 메리언이 그날 우리 라디오 프로그램을 들은 것이 우연이 아니듯이 말이다. 메리언이 믿음으로 하나님의 인도를 따라 회복된 것처럼 당신도 하나님을 믿는 믿음을 구사해 이 책에 제시된 여덟 가지 원리를 따른다면 똑같은 경험을 할 거라고 믿는다. 의사를 믿고 그 말대로 하면 몸이 회복되는 것처럼 하나님의 교훈을 따르면 정서적, 영적 회복을 누릴 수 있다. 하나님은 당신을 찾고 계신다. 그러니 우리와 함께 신나는 여정에 오르자. 당신 삶에 길을 여시는 하나님의 많은 방법들을 살펴보자.

제1부
여정의 여덟가지 원리

당신은 하나님이 아니므로 의당 능력의 한계에 부딪치게 되어 있고, 그 유한한 능력으로는 문제를 해결하거나 원하는 삶을 창출할 수 없다. 이 사실을 깨닫는 것이 여정의 첫걸음이다. 나아가 하나님이 당신의 목자가 되기 원하시므로 당신은 그분과의 관계 속에서 살아갈 기회를 얻게 된다. 그분은 당신과 당신 삶을 설계하셨고 따라서 당신이 어떻게 살아가야 할지 가장 잘 아신다. 하나님이 당신 삶에 어떻게 길을 여시는지 알려면 이것ㅇ 첫걸음이다.

제1장
원리1 : 하나님과 함께 길을 떠난다

나는 비행기에 앉아 있었다. 나의 수고나 생각이나 감정 개입을 요하는 일이 없이 몇 시간 그냥 앉아 있을 수 있다는 것이 마냥 감사했다. 녹초가 되어 있던 나는 옆자리에 앉은 사람도 나처럼 피곤해서 대화를 원치 않기를 내심 바라고 있었다. 그러나 그날 그런 일은 없었다.

"가시는 길입니까 오시는 길입니까?" 옆자리의 남자가 내게 물었다. 나는 반사적으로 가고 싶은 심정이었다. 다른 줄로.

"출장 갔다가 돌아오는 길입니다." 나는 그걸로 끝나기를 바라며 대답했으나 뜻대로 되지 않았다.

그는 다음 단계로 넘어갔다. "무슨 일을 하십니까?"

나는 그에게 특단의 대답을 하기로 했다. 웬만한 사람들은 이 대답을 들으면 대화를 그만둔다. "하나님에 관해 책 쓰는 일을 합니다." 그는 얼마든지 나를 괴짜 신자로 단정하고 먼저 다른 좌석으로 옮겨갈 만도 했다.

"아 그래요?" 그는 자못 흥미롭다는 듯 말했다. "대단하십니다."

"당신도 하나님한테 관심이 많습니까?" 내가 물었다.

"아뇨. 난 아닙니다." 그는 재빨리 받았다. "하지만 거기에 큰 가치를 부여하긴 하지요. 믿음에 말입니다. 믿음이란 정말 좋은 거라고 생각합니다."

이쯤 되자 나도 약간 흥미가 당겼다. "믿음이라니 무슨 뜻입니까? 뭘 믿는다는 것입니까?"

"글쎄요, 하나님도 좋고 아무거나 다 좋겠지요." 그는 대답했다. "제가 보니까 뭔가를 믿는 사람들은 거기서 도움을 받는 것 같더군요. 마음이 안정되는 거겠지요. 목표의식이랄까 뭐 그런 걸 얻는 겁니다."

그러고 나서 그는 정말 내 마음을 사로잡는 말을 했고, 그렇게 시작된 대화는 남은 비행시간 내내 이어졌다. "무엇을 믿느냐는 별로 중요하지 않다고 봅니다. 뭔가를 믿는다는 사실 자체가 도움이 되는 거지요."

"믿음의 내용이나 대상은 전혀 중요하지 않다는 말입니까?" 나는 다그쳐 물었다.

"그럼요. 정말입니다. 믿는다는 것 자체가 중요한 겁니다."

사실 어떤 의미에서 이는 맞는 말이다. 각종 연구로도 확인되는 것처럼, 믿음이 있고 '신앙심'이 강한 사람은 자기가 무엇을 믿는지 몰라 늘 우왕좌왕하는 사람에 비해 더 안정적이다. 상식적 관찰을 통해서도 알 수 있다.

그러나 나는 그에게 그보다 훨씬 좋은 소식을 역설하고 싶었다. 당신에게도 마찬가지다. 믿음이 길을 여는 게 아니다. 하나님이 길을 여신다. 믿음 내지 신앙은 우리 쪽에서 내딛는 신뢰의 걸음으로, 길을 여시는 참 하나님께로 우리를 이어주는 끈이다.

성경의 아브라함 이야기를 기억할 것이다. 그는 갈 바를 알지 못했으나 하나님이 알고 계심을 믿었다. 그는 소위 믿음을 믿고서 사막을 가로지른 것이 아니다. '믿음을 지키려고' 모든 익숙한 것을 버리고 머나먼 약속의 땅으로 간 것이 아니다. 아니, 그것은 그보다 훨씬 구체적인 설계에 따라 훨씬 인격적인 차원에서 이루어진 일이다. 아브라함은 자기를 어디로 데려갈지 정확히 아시며 능히 인도하실 하나님을 믿었다. 하나님은 길을 아셨고 그를 거기로 데려가실 힘과 능력이 있었다. 믿음은 그 하나님과 이어지도록 돕는 아브라함 쪽의 '방편'이었다.

아브라함은 자기가 누구를 따라가고 있는지 알았다. 먼 훗날 히브리서 기자는 이렇게 기록했다. "믿음으로 아브라함은 부르심을 받았을 때에 순종하여 장래의 유업으로 받을 땅에 나아갈새 갈 바를 알지 못하고 나아갔으며 … 이는 하나님의 계획하시고 지으실 터가 있는 성을 바랐음이라"(히 11:8, 10).

그러므로 우리를 지켜줄 믿음과 신앙은 아주 구체적인 의미를 지닌다. 믿음과 신앙은 한낱 긍정적인 사고방식에 국한되는 것이 아니라, 우리의 살아갈 길을 아시며 우리를 그 길로 인도하기로 약속하신 실존 인격과의 관계를 포함한다.

설계에 따라

여객기의 그 남자가 강변하던 말을 나는 평소에도 다반사로 듣는다. 우리는 주변 사람들에게 "믿음만 있으면 된다"든지 "진득이 믿으라"고 말한다. 힘든 시기를 견디거나 목표를 이루도록 친구에게 진심으로 희망과 용기를 주고 싶은 것이다. 그러나 삶의 문제는, 인간은 누구나 자신의 능력과 힘과 지식과 경험으로 안 되는 상황에 부닥친다는 것이다. 믿음이나 신념 자체에 대한 믿음은 그 순간 역부족이다. 자기 자신을 믿는 믿음도 마찬가지다. 우리는 그 이상이 필요하다.

믿음의 대상이 필요하다. 다음 단계와 다음 퍼즐 조각이 무엇인지 알려주고 도와주실 분이 필요하다. 문을 열고 눈앞의 신비를 헤쳐 나갈 수 있도록 우리에게 열쇠를 주실 분이 필요하다. 앞길이 막막할 때 어찌할 바를 일러주실 우리보다 크신 분이 필요하다.

당신과 내게 우리보다 크신 분이 필요하다는 사실은 나약함을 뜻하는 게 아니다. 하나님을 필요로 함은 '목발'과 같으며 오직 나

약한 사람들만이 하나님을 필요로 한다고 말하는 사람들이 있다. 그러나 그렇지 않다. 공기나 음식을 필요로 함이 우리가 나약해서가 아닌 것과 마찬가지다. 본래 우리는 날마다 필요한 것들을 자기 바깥에서 찾도록 창조되고 설계되었다. 최고의 어불성설 중 하나는 '자수성가'라는 단어다. 자작의 산물인 인간은 하나도 없다. 시편기자는 그 진리를 알아 "그는 우리를 지으신 이요"(시 100:3)라고 썼다. 나는 같은 절 끝에 나오는 말도 좋아한다. "우리는 … 그의 백성이요 그의 기르시는 양이로다."

우리는 본래 스스로 길을 열 수 없는 존재다. 삶은 그렇게 설계되었다. 우선 우리는 우리 자신의 창조물이 아니다. 삶과 그 작용 원리도 우리가 설계한 것이 아니다. 그래서 나는 비행기의 그 친구에게, 무엇을 믿느냐가 정말 중요하다고 말해 주었다. 좀 더 구체적으로 말해 누구를 믿느냐가 중요하다. 믿음을 믿지 말라. 대신 당신의 믿음을 가지고 하나님을 믿으라.

인간이 초자연적인 일을 이루기 위해 할 수 있는 일이 하나 있다면 하나님을 믿고 의지하는 것이다. 그분을 믿을 때 우리는 인간의 힘과 지식을 초월해 우리에게 없던 무한한 힘과 무한한 지식에 맞닿게 된다.

시편기자의 메시지와 앞서간 허다한 증인들의 간증은, 자신들이 하나님이 아님을 깨달을 때 비로소 길이 보이기 시작한다는 것이다. 우리는 무한하지 않다. 모든 해답을 다 가진 것이 아니다. 우리 자신과 삶을 우리가 창조하지 않았기 때문이다. 그러므로 우리는 다 모르고 다 알아낼 수 없어도 괜찮다. 둘째, 하나님은 우리를 지으셨기에 그분이 주신 삶을 살아가는 법을 우리 각자에게 알려주기 원하신다.

당신은 정말 이렇게 믿는가? 그분은 당신의 목자다. 삶은 그분의 초장이다. 그분이 당신을 평생 인도하신다. 길을 보이신다. 사실 그분은 당신이 어떤 처지에 있든 실제로 길을 열어주신다.

당신은 하나님이 아니므로 의당 능력의 한계에 부딪치게 되어 있고, 그 유한한 능력으로는 문제를 해결하거나 원하는 삶을 창출할 수 없다. 이 사실을 깨닫는 것이 여정의 첫걸음이다. 나아가 하나님이 당신의 목자가 되기 원하시므로 당신은 그분과의 관계 속에서 살아갈 기회를 얻게 된다. 그분은 당신과 당신 삶을 설계하셨고 따라서 당신이 어떻게 살아가야 할지 가장 잘 아신다. 하나님이 당신 삶에 어떻게 길을 여시는지 알려면 이것이 첫걸음이다.

우리의 필요 그분의 공급

여기 당신이 답해야 할 중요한 질문이 있다. 앞길이 막막할 때 당신은 어떻게 하는가?

안타깝게도 많은 사람들이 둘 중 하나로 반응한다. 첫째, 우리는 같은 일을 반복한다. 관계를 건사하고 직업에 성공하고 해롭거나 무익한 습관을 끊고자 그저 노력을 배가하는 것이다. 다이어트가 만성화 된 사람들은 '이번은 다를 거다'고 생각한다. 건강을 돌보고 체중을 줄이기로 이번에는 더 진심으로 진지하게 작정했기 때문이다. 관계가 어려운 사람들은 — 또 한번 대판 싸웠거나 아예 또 한번 파경을 맞고도 — '이번에는 달라질 거다, 하여간 나아질 수 있다'고 생각한다.

이 접근은 정신이상에 대한 항간의 정의 — 똑같은 일을 계속 반복하면서 다른 결과를 기대하는 것 — 를 잘 대변해 준다. 최선을 다했고 아는 일을 다 해보았고 또 해보고 또 해보았다면 당신은 그것이 얼마나 정신 나간 일인지 안다. 여태까지 자신의 유한한 힘과 지식으로 해결하지 못한 문제에 또 덤비다니 정말 미친 짓 아닌가? 처음 서너 번 아니 열 번, 스무 번 해서 원하는 결과가 안 나왔는데 굳이 이번에는 같은 방법에서 답이 나오리라 생각하는 이유가 무엇인가? 그럼에도 우리들 대부분은 결과가 달라지기를 기대하며 계속 하고 또 한다.

둘째, 아무리 해도 결과가 똑같을 때 우리들 대부분은 일은 어느 시점에서 아예 다 그만둔다. 지쳐서 포기할 만도 하다. "이 관계는 절대 안 된다." "나는 절대 살을 못 뺀다." "내 목표와 꿈은 절대 이루어지지 않는다." "나는 절대 우울증을 이겨낼 수 없을 거다."

그래서 내 힘과 지식과 자원의 한계 내에서 살아보려 애쓰던 결과는 허탈감과 절망감이다.

다행히도 하나님의 경륜 안에서는 나 자신의 끝이 곧 희망의 시작이다. 자신에게 더 이상 자원이 없음을 깨달을 때 비로소 하나님께 도움을 청할 수 있다는 뜻이다.

아주 놀라운 소식이 있다. 하나님께 도움을 청할 때 우리는 그 즉시 자신의 한계를 초월해서 하나님 쪽으로 넘어간다. 그분의 길은 무한하다. 그분은 우리에게 꼭 필요한 모든 자원을 부어주신다. 당신은 혹 하나님의 자원이 무엇인지 궁금할지 모른다. 몇 가지만 꼽아보면 이렇다.

- 힘과 능력
- 지식과 지혜
- 기회와 자원
- 인도와 지도
- 치유와 위로
- 용서와 수용
- 기술과 능력
- 사랑과 공동체
- 소망과 용기
- 가치관과 원리

당신은 자신의 자원에서 발을 떼어 하나님과 그분의 무한한 자원으로 건너가야 한다. 망설여지거나 회의가 들거나 그냥 반발심이 든다면 이렇게 생각해 보라. 고금을 막론하고 사람들이 과학, 철학, 경험을 통해 발견한 동일한 진리가 있다. 인간의 외면 생활은 내면 생활의 발현이라는 것이다. 사랑의 능력과 원하는 삶을 창출하는 능력의 동인은 우리의 영과 정신 즉 내면에 있음을 우리는 안다. 그런데 역설은, 우리 내면을 우리 스스로 창조할 수 없다는 사실이다. 우리 내면은 우리 외부에서 주어져야 한다. 하나님께 받아야 한다. 천부적 재능은 말 그대로 위에서 받는 것이다. 하나님으로 말미암아 당신도 위에서 받을 수 있다.

이 책 여기저기에 여러 다른 방식으로 말하려는 바의 핵심은 이것이다. 삶의 어떤 한계나 형편에 처했든 하나님은 당신에게 능력과 자원을 주시어 불가능한 일을 이루게 하신다. 역경 중의 도움일 수도 있고, 어려운 관계의 해결일 수도 있고, 꿈의 실현일 수도 있다. 무엇이 되었든 하나님은 당신이 믿을 수 있는 분이다. 그분은 당신이 불가능한 줄 알았던 것들까지 공급하신다. 그것이 우리의 경험이요 역사상 많은 사람들의 경험이다. 때로 전혀 뜻밖의 통로로 그분은 당신에게 길을 열어주신다.

당신 자신이 바닥날 때야말로 그분이 최고의 기량을 발휘하실 수 있는 때다. 당신에게 결핍이 있다면 여기 기쁜 소식이 있다! 하나님을 당신 편으로 삼을 수 있다.

하나님의 공급 방법

자신의 능력을 벗어나 하나님의 능력과 힘과 자원을 받아 누리려면 어떻게 해야 하나? 너무 좋아 보여서 혹 당신은 그것이 정말 특별한 사람들, 착한 사람들, 유별난 사람들만의 것이라 생각될지 모른다. 그런 삶은 존재하지 않거나 소수의 사람들만을 위해 존재하는 것처럼 느껴질 수 있다.

성경이 증언하는 진리는 다르다. 하나님의 능력과 자원은 특별한 사람들만의 것이 아니다. 사실 그것은 인간의 어떤 노력이나 능력이나 선으로도 얻어낼 수 없다. 값없는 선물로 받아야만 한다. 겸손한 자세로 — 자신이 창조주를 필요로 하는 인간일 뿐임을 자각하며 — 다가가야 한다. 성경 도처에 하나님이 거듭 말씀하신 것이 있다. "내게 오라. 내가 너희에게 주리라."

오늘 하나님은 우리에게 어떻게 주시나? 늘 주시던 대로 주신다. 즉 우리에게 오셔서 우리를 오라고 부르신다. 예수님 말씀처럼 그분은 우리 삶의 문간에 서서 두드리신다. 우리가 그분을 마음과 일상의 필요 속에 모셔 들이면 그분은 우리를 풍성한 삶으로 인도하신다(계 3:20, 요 10:10). 그분은 하루도 빼놓지 않고 날마다 우리를 찾으신다. 우리는 그저 "예" 하기만 하면 된다.

그러므로 당신 삶에 하나님이 길을 여시게 하려는 첫 단계는, 당신이 그분의 청에 "예" 하여, 당신 스스로 채울 수 없는 모든 것들을 그분께 받는 것이다. 그분은 그런 것들을 구하지 말고 그분을 구하라 하신다. 우리가 그렇게 하면 그분은 우리에게 필요한 '길'을 주신다. 예수님은 말씀하셨다. "너희는 먼저 그의 나라와 그의 의를 구하라. 그리하면 이 모든 것을 너희에게 더하시리라"(마 6:33).

어떤 처지에 있든 하나님은 온갖 다양한 것들을 주셔서 길을 내신다. 이 책에서 그 다양한 것들을 살펴볼 것이다. 당신은 걸어가야 할 노정의 구체적 단계를 발견하게 될 것이다. 그러나 첫 단계 — 하나님께 "예" 하는 것 — 가 없다면 이 책에 제시된 원리는 당신의 한계 내에서 자신의 힘으로 하려는 또 다른 규칙이나 개념이 될 게다. 이 원리가 통하려면 먼저 당신이 자신보다 크신 분과 이어져야 한다. 단지 '믿음' 이상의 것 — 하나님 — 과 이어져야 한다. 현재 당신 삶이 어떤 상태이든, 노정을 떠나려면 먼저 첫걸음을 내딛으라. 하나님의 청에 "예" 하라. 그러면 당신 힘이 아닌 그분의 능력으로 길이 열린다. 그분께 길을 열어달라고 기도하라. 전에 이 걸음을 내딛은 적이 있더라도 또 하라. 그분은 반드시 길을 내신다.

곧 보겠지만 때로 하나님이 내시는 길은 정말 기적과 같다. 그러나 우리 쪽의 많은 노력과 성장과 변화를 수반하는 길일 때가 더 많다. 내가 필요하다고 생각했던 길이 아닐 때도 있다. 하지만 이는 다른 길이며 더 좋은 길이다. 지금부터 우리의 영적 여정이 얼마나 쉽든 혹은 어렵든, 하나님이 내시는 길은 실체이며 강력하다. 그 길은 의미를 가져다주며, 그 결과는 영원하다.

하나님과 손잡고 그분의 길을 따르면 전혀 딴 세상이 열린다.

제2장
원리2 : 길동무들을 잘 고른다

나는 우연히 친구 조를 만났다. 그는 단단히 화가 나 있었다! 방금 누군가가 던진 정곡을 찌르는 충고를 듣고는 심기가 잔뜩 뒤틀렸던 것이다. 전혀 그의 마음에 들지 않는 충고였다.

조는 창업 준비중이었고 이미 열심히 뛰며 만반의 준비를 해 둔 터였다. 그는 간절히 성공하고 싶어 했다. 이미 성공이 혀끝에 느껴질 정도였다. 조는 대기업 영업부 직원으로 늘 실적이 좋았고 독립할 만한 능력과 재능이 있었다. 그래서 그는 창업 준비에 나서면서, 오래 전 창업해 크게 성공한 한 사업가의 자문을 받기로 했다. 조에게 듣고 싶지 않은 충고를 건넨 바로 그 사람 말이다.

이 세계 정상급 사업가에게 새 회사에 대한 자신의 계획과 꿈을 소상히 털어놓으면서 조는 은근히 한 수 배울 것을 기대했다.

성공을 보증할 정통 '비법'을 바랐던 것이다.

하지만 그 사업가의 대답은 이랬다. "내 사업을 어떻게 시작했는지 말해 주지. 자네에게 주는 충고이기도 하네. 나는 매주 모이는 작은 지원 그룹을 만들었어. 우리는 함께 기도하고 고충과 죄를 서로 고백하고 계획을 검토했지. 무엇보다도 서로 지원을 아끼지 않았네. 난 그렇게 회사를 세웠다네."

"예." 조가 끼어들었다. "하지만 창업 자금은 어떻게 조달했습니까? 은행 거래는 어떻게 텄습니까?" 그는 재빨리 다른 질문도 몇 가지 더 늘어놓았다.

"그런 것들은 가장 중요한 문제가 아니네. 초기에는 아니지. 지원 팀을 확보하는 것이 정말 중요하네." 성공한 사업가는 똑같이 말했다.

조가 아무리 창업 비결을 캐물어도 선배의 태도는 요지부동이었다. 몇 번이고 똑같은 말로 조를 깨우치려 했던 것이다. "영적으로 민감하고 잘 훈련된 사람들을 주변에 두는 것이야말로 단연 가장 중요한 첫걸음이네."

그러나 조 입장에서 그 남자는 '쓸데없는' 충고로 조의 시간만 축내고 있었다. 조는 영적으로 지혜로운 사람들과 가까워질 마음이 없었다. 그가 원한 것은 성공이었다. 뭔가 해내고 돈을 벌고 목표를 이루고 싶었던 것이다. 영적인 사람들을 주변에 두는 것이 자금 조달과 매출과 무슨 상관이란 말인가?

2년도 못되어 조는 빈털터리가 됐다. 그는 그의 계획을 시행하는 데 있어 그 사업가의 충고는 귀한 시간만 빼앗을 뿐이라 여겼다. 좋은 사람들로 기초를 다지는 것이 전략의 으뜸이자 가장 중요한 부분이어야 함을 보지 못했던 것이다.

사람들이 하나님의 길을 발견하지 못하는 데는 두 가지 큰 이유가 있는데 조의 이야기는 그 하나의 좋은 예다. 즉 우리는 당면 문제의 해결이 가장 중요한 우선순위인 줄 안다. 과제 자체 — 사업 착수, 중독이나 나쁜 습관의 극복, 어려운 관계의 해결 등 — 를 최고 중요한 일로 생각한다.

그러나 입증된 사실이거니와 문제 해결 작업은 당신의 팀 결성보다 부차적인 일이다. 혼자 힘으로 하려는 자들은 성공하는 경우가 극히 드물다. 설령 성공한다 해도 대개 그 수고를 계속 유지할 수 없다. 조처럼 그들도 자신의 한계에 꺾이고 만다.

심리학자인 존과 나는 사는 것처럼 살아보려 애쓰는 사람들을 날마다 만난다. 그러나 그들은 다른 사람들의 지원이 꼭 필요한데도 그것 없이 하려 한다. 혼자 하려는 것, 이것이 사람들이 실패하는 가장 큰 이유 가운데 하나다.

일부 사람들이 하나님의 길을 발견하지 못하는 이유가 또 있다. 팀에 좋은 사람들이 없어서가 아니라 별로 좋지 않은 사람들이 있어서 그렇다. 목표 달성을 거들어줄 사람들이 없는 것으로도 모자라 그들 곁에는 오히려 목표에서 멀어지게 하는 사람들이 있다.

도움이 안 되는 이 사람들이 꼭 나쁜 사람들은 아니다. 사실 그들은 우리의 친한 친구나 동지일 수도 있다. 사실 누구나 사노라면 주변에 즐길 줄 아는 '괴짜들'이 더러 필요하다. 그런 사람들이 곁에 없다면 삶은 따분해질 것이다. 나는 내 괴짜 친구들을 좋아한다. 내 길을 찾는 데 도움이 안 되는 친구들도 마찬가지다. 그들은 재미있다. 그러나 동시에 나는 그들의 도움에 기대지 않는다. 공동체로서 마땅히 해주어야 할 일을 하지 못하는 친구들과 지인들이 있는 것이 현실이다. 그들은 항상 재미만 좋아하며 삶의 성장 문제는 외면한다. 자신의 깊은 문제를 외면하니 당신의 깊은 문제를 돕지 못할 것은 뻔하다. 그들과 함께 있으면 분명 재미야 있겠지만 그들은 당신이 성장하고 하나님의 길을 찾는 데는 도움이 안 된다.

사실 그보다 더 심할 수도 있다. 당신 주변에 당신의 전진을 돕지 않는 정도가 아니라 아예 후퇴로 잡아끄는 사람도 있을 수 있다.

수지는 최근 들어 하나님의 새 길을 찾아 삶에 진보를 이루고 있었다. 그러나 크리스마스 명절을 보내고 다시 상담을 받으러 온 그녀는 달라 보였다. 자신에 대해 약간 부정적이었다. 가을까지 있었던 성장의 에너지가 사라진 것을 나는 느낄 수 있었다. 흡사 불빛이 흐려진 전구 같았다.

그녀는 몇 가지 성취하고 싶은 일 등 중요한 문제들부터 얘기를 꺼냈다. 그러나 나는 그런 얘기로 들어가고 싶지 않았다. 수지가 풍기는 '느낌'을 나는 외면할 수 없었다. 마치 구름이 그녀를 따라 실내로 들어온 것 같았다. 또 하나 아주 분명한 것은, 내게 보이는 그런 느낌을 그녀 자신은 보지 못하고 있다는 것이었다. 아무것도 달라진 게 없다는 듯 그녀는 그저 '삶의 해결'에 바빴다. 그러나 나는 그냥 넘어갈 수 없었다.

그래서 나는 수지에게 명절을 어떻게 보냈는지 물어보았다. 크리스마스 휴일에 그녀는 가족들 특히 어머니와 언니와 많은 시간을 보냈다. 옛날 애인과도 몇 번 밖에서 만났다. 그 중 누구와도 무슨 끔찍한 사건은 없었다. 적어도 겉으로는 없었다. 그러나 이면에서 많은 일이 벌어졌다.

수지의 어머니와 언니는 부정적인 사람이었다. 둘 다 특히 수지에게 부정적이었다. 그들은 대놓고 구박한 것은 아니지만 은근히 수지를 깎아내리곤 했다. 무슨 일을 해도 그들의 칭찬을 받을 수는 없다는 것이 늘 수지의 생각이었다. 수지는 그들에게 자기가 상담을 통해 배우고 있는 것들을 조금 얘기했다. 그들의 반응은 "상담은 아무한테도 도움이 된 적이 없어, 시간 낭비일 뿐이지"였다. 그러나 사실 수지는 이전 한 해 동안 상담을 통해 큰 유익을 얻었다.

서서히 그들의 부정적 시각은 수지의 삶의 모든 영역으로 퍼졌다. 직종을 바꾸려고 학원에 다닌다는 수지의 말에 그들은 잘못 생각한 거라며 줄줄이 이유를 늘어놓았다. 수지가 관계 영역에서의 자신의 성장에 대해 말하자 — 새로 신앙을 갖게 된 그녀는 특히 신앙이 같은 남자를 데이트 상대로 찾고 있었다 — 그들은 수지가 이성 교제에 '항상' 잘못했던 일들을 지적하며 다른 선택 기준을 내놓았다. 그들은 수지의 신앙생활을 가치 있는 것으로 보지 않았다.

그러나 요지는 이 모든 일이 아주 은근히 이루어졌다는 것이다. 어머니와 언니는 언성을 높이거나 대놓고 면박을 주지 않았다. 그들과 함께 지내기란 마치 가스가 새는 방 안에 있는 것과 같았다. 얼마 후 두통이 느껴지지만 정작 언제부터 그랬는지도 모르고 왜 그런지도 모른다.

흥미롭게도 옛 애인과의 사이에도 똑같은 일이 벌어졌다. 다만 그는 좀 더 공격적으로 깎아내리고 무시했다. 병 주고 약 주는 그의 수법을 수지는 까맣게 잊고 있었다.

나는 수지가 굳이 옛날 애인을 만날 이유는 없었다고 보지만 가족들까지 피했어야 한다고는 생각하지 않는다. 하지만 가족들이 중요해도 그들에게 자신의 약한 모습을 말할 때는 조심할 필요가 있음을 나는 수지에게 분명히 말했다. 그녀의 꿈과 성장과 마음을 나눌 대상은 어둠과 파괴 쪽이 아니라 생명과 빛 쪽에 있는 사람들이어야 했다. 나는 그녀에게 가족들을 사랑하고 만나되 보호와 양육이 필요한 부분들을 나눌 때는 지혜롭게 하라고 권했다. 그들에게는 보호와 양육이 없었다. 사실 그들에게는 수지를 목표 방향으로 밀어주기는커녕 오히려 후퇴시키는 요소만 있었다. 이렇듯 '길동무'는 두 가지 점에서 위험하다. 좋은 사람들이 없는 것도 위험하고, 일을 그르치는 사람들이 있는 것도 위험하다. 우리는 각자의 팀에 둘 최선의 사람들을 고르는 법을 알아야 한다.

당신에게 필요한 좋은 지원자들의 기준을 몇 가지 소개한다.

팀 멤버들을 선택한다

나는 골프 시합을 하며 자랐는데 내가 어렸을 때 잭 니클라우스는 골프의 황제였다. 별명이 '황금 곰'인 그는 수년 동안 PGA 투어를 휩쓸었다. 내 눈에 그는 사상 최고의 골프 선수였다.

그러던 어느 날 잭 니클라우스에 대한 내 시각이 한순간에 싹 바뀌었다. 나는 그가 정기적으로 오하이오 고향에 가서 아나운서 출신의 자기 스승 잭 그라우트를 만난다는 말을 들었다. 그 아나운서는 니클라우스가 스윙에 도움을 받아야 할 필요가 있다고 했다. 나는 기가 막혔다. 이런 생각이 들었다. "프로 골프의 황제 잭 니클라우스한테 아직도 스승이 필요하다고? 잭은 최고다. 어째서 스승이 필요한가? 그나저나 더 나은 사람이 없는데 누가 그를 가르칠 수 있단 말인가?"

뭔가를 아주 잘하는 사람한테는 스승이 전혀 필요 없다는 게 어린 나이의 내 인생관이었다. 스승이란 아직 미숙한 사람들한테나 필요한 것이었다. 그 후로 나는 많은 것을 배웠다. 스포츠나 전문 분야에서 달인의 경지에 오르는 사람은 대개 혼자 정상에 이른 게 아니다. 그들은 스승이나 상담자나 영적 멘토에게 도움을 구한다.

하나님은 우리 노정에 재능과 사랑과 지혜의 사람들을 보내신다. 그러나 하나님의 길을 원하면서도 안타깝게 그런 사람들을 활용할 줄 모르는 이들이 많다. 스승이 필요 없다고 생각하는 어린아이처럼 말이다. 하나님은 당신 주변에 훌륭한 자질을 갖춘 좋은 사람들을 보내주신다. 이는 당신에게 길을 열어주시는 하나님의 프로그램의 일환이다. 그들의 도움으로 당신은 목표를 향해 나아간다. 그들은 적시에 하나님의 보냄을 받아 당신 삶에 불쑥 나타나는 경우도 있고, 당신 쪽에서 찾아야 하는 경우도 있다. 그 중에는 전문인도 있고, 이웃이나 교회 친구도 있다.

성경에도 있듯이, 서로 사랑하고 지원할 때 우리는 사실 하나님 자신의 자원을 분배하는 것이다. "각각 은사를 받은 대로 하나님의 여러 가지 은혜를 맡은 선한 청지기같이 서로 봉사하라"(벧전 4:10). 목적지에 이르려면 당신은 자원이 필요한데, 하나님은 누군가에게 그런 자원을 주셨다. 당신에게 길을 열어주시는 방편의 일환으로 그분은 그 좋은 사람들을 당신 주변에 두신다.

다른 사람들이 당신에게 줄 수 있는 것들은 다음과 같다. 이는 정말 하나님의 선물이며 당신은 잘 받아서 쓰면 된다.

지원. 변화를 겪는 중이거나 목표에 도달하려 할 때 우리는 마치 힘든 오르막길을 가는 것과 같다. 당연히 우리는 좋은 일이든 궂은 일이든 일상생활보다 큰일을 상대한다. 우리 안에는 자원이 없다. 하나님은 다른 사람들의 지원을 통해 우리에게 힘을 주신다. 병을 이기고 상실을 소화하고 꿈을 이루는 일은 모두 영적,

정서적으로 나 자신에게 있는 것보다 많은 힘과 정력을 요한다.

사랑. 성경은 또한 말한다. "무엇보다도 뜨겁게 서로 사랑할지니 사랑은 허다한 죄를 덮느니라"(벧전 4:8). 당신이 무슨 일을 당했고 무슨 일을 행했고 지금 무슨 일을 해야 하든 당신에게는 사랑의 안전망이 필요하다. 사랑은 삶의 독소를 없애준다. 내 편이 되어 내 곁을 지켜주는 사람들이 있음을 알 때 당신은 능히 본분을 다할 수 있다.

용기. 당신의 본분에는 반드시 모험과 두려움이 따른다. 감당 못할 위험이 엿보일 때도 있다. 바울은 큰 위험에 처한 친구들에게 말한다. "그러므로 여러분이여, 안심하라. 나는 내게 말씀하신 그대로 되리라고 하나님을 믿노라"(행 27:25). 우리에게도 그렇게 말해 줄 사람들이 필요하다. 당신이 아무리 믿음이 좋아도 두려운 시간, 문제가 너무 커 보이는 시간이 있게 마련이다. 그럴 때 내 편이 되어 용기를 북돋아줄 하나님의 사람들이 우리 모두 필요하다.

피드백. 피드백은 자신을 바로잡게 해주기에 삶의 목표에 도달하려면 피드백이 있어야 한다. 성경이 누차 말하듯 하나님은 사람을 통해 우리를 바로잡아 주신다. "슬기로운 자의 책망은 청종하는 귀에 금 고리와 정금 장식이니라"(잠 25:12).

지혜. 필요한 지식과 지혜가 우리에게는 다 있지 않다. 하나님은 지혜로운 사람들을 통해 우리 삶에 그런 것들을 말씀해 주신다.

경험. 당신의 처지를 이미 겪어보아 이해하는 사람이 당신 팀에 있다면 얼마나 큰 복인가. 환난의 시기나 성장의 시기에 우리는 이미 겪어본 사람들의 경험이 필요하다.

모범. 한번도 보지 못한 일을 잘할 수는 없다. 하나님이 우리에게 길을 열어주시는 가장 강력한 방법 가운데 하나는 모범이 될 만한 사람들을 보내시는 것이다. 성경은 말한다. "게으르지 아니하고 믿음과 오래 참음으로 말미암아 약속들을 기업으로 받는 자들을 본받는 자 되게 하려는 것이니라"(히 6:12). 결혼, 일, 개인적 성장 등 삶의 어느 분야에서든 우리는 내가 하려는 일을 이미 하고 있는 사람들을 보아야 한다. 보고 배울 수 있을 때 우리는 가장 잘 배운다. 아이가 부모를 흉내 내며 자라는 것처럼 우리도 삶의 여러 영역에서 모범이 되는 사람들을 보며 자란다.

가치관. 가치관은 당신의 지표다. 그런데 가치관은 빈 공간에서 만들어지지 않는다. 공동체의 장 안에서 형성된다. 우리는 다른 사람들에게서 새로운 가치관을 배운다. 가치관을 지키고 다듬어가는 일도 주변 사람들의 지원으로 가능하다.

감시. 자동차의 각종 계기는 엔진의 이상 유무를 보여준다. 마찬가지로 우리도 감시가 필요하다. 다른 사람들에게 '감시'를 받아야 한다. 그래야 지금 내 상태가 어떻고 더 주력해야 할 부분이 어디인지 알 수 있다.

성경에서 하나님이 누군가에게 길을 열어주실 때는 최소한 한 명이라도 다른 사람을 보내 돕게 하실 때가 대부분이다. 선지자

일 때도 있다. 다윗을 계도해 바로잡은 나단이 그런 경우다. 친척일 때도 있다. 모세에게 이스라엘의 첫 정부를 구성하는 법을 일러준 이드로가 그런 경우다. 친구일 때도 있다. 침체된 사도 바울을 격려했던 디도가 그런 경우다. 물론 하나님이 초자연적으로 천사나 환상이나 심지어 예수님 자신을 보내 말씀하실 때도 있다. 지금도 세계 도처에서 그런 일들이 일어나고 있다는 소식을 우리는 듣는다. 그러나 전체적으로 우리를 향한 하나님의 주요 프로그램은 친구들을 곁에 보내 우리에게 사랑과 지원과 도움을 베풀게 하시는 것이다. 삶에 어떤 역경이 닥치든 우리는 그들의 도움으로 견뎌낼 수 있다.

지금 자신에게 물어보라. 당신이 주변에 모아들인 여정 지원팀은 어떤 사람들인가? 역사상 가장 지혜로웠던 솔로몬 왕은 그것을 이렇게 표현했다.

두 사람이 한 사람보다 나음은 그들이 수고함으로 좋은 상을 얻을 것임이라. 혹시 그들이 넘어지면 하나가 그 동무를 붙들어 일으키려니와 홀로 있어 넘어지고 붙들어 일으킬 자가 없는 자에게는 화가 있으리라. 또 두 사람이 함께 누우면 따뜻하거니와 한 사람이면 어찌 따뜻하랴. 한 사람이면 패하겠거니와 두 사람이면 맞설 수 있나니 세 겹 줄은 쉽게 끊어지지 아니하느니라(전 4:9-12).

당신의 '세 겹 줄'은 누구인가? 늘 곁에 있어주고 앞에서 끌어주며 두려움 없이 당신에게 진실을 말해 줄 사람들은 누구인가? 낙심될 때 당신을 위로해 주고, 하나님에 대해 당신이 이미 알고 있는 것 이상을 말해 주며, 당신이 문제를 자초하려 할 때 지적해 줄 친구들은 누구인가? 당신이 의지할 수 있는 사람은 누구인가? 막막할 때 당신을 가르쳐주고, 도움이 필요할 때 이끌어주며, 패배할 때 함께 울어주고, 승리할 때 함께 기뻐해 줄 사람은 누구인가?

당신의 그룹은 격의 없는 모임일 수도 있고 나름대로 틀을 갖춘 모임일 수도 있다. 후자의 지원 환경에는 몇 가지 요소가 있다. 마음을 열고 거기에 따르면 당신 내면에 변화가 일어나며 하나님과 더 가까워진다. 삶의 어느 영역에 도움이나 훈련이나 회복을 ― 성장하는 환경을 ― 찾는다면 다음 요소들을 잘 살펴야 한다.

- 고충을 털어놓을 수 있는 안전한 곳이라야 한다.
- 사랑 많고 정직하며 해당 주제에 경험이 있는 리더가 필요하다.
- 해당 주제에 관한 정보와 진리가 있어야 한다.
- 모임 날짜와 시간 등 규칙적인 스케줄이 있어야 한다.
- 멤버들에게 개인적 책임을 요구해야 한다.
- 모험이 수반되는 경험이 따라야 한다.
- 사랑에 차 있으면서도 단도직입적인 조언과 지적이 필요하다.
- 목표와 실천사항이 있어야 하고 숙제를 내주어야 한다.
- 실패할 때 낙심과 정죄를 느끼지 않고 배움과 성장의 기회로 삼

도록 유도해야 한다.

일이 많다고 생각될지 모른다. 일은 일이다. 그러나 매우 가치 있는 일이다.

세상에는 기본적으로 두 부류의 사람들이 있다. 인격적으로 성장하고 있는 사람들과 제자리에 정체되어 있는 사람들이다. 하나님과 그분의 길을 추구하는 사람들이라면 길동무로 환영하라. 그들은 꾸준히 자라고 있기 때문이다. 그들은 당신이 하나님의 길을 벗어나지 않도록 도울 사람들이다. 그러나 정체되어 있거나 사랑과 삶과 성취를 허무는 일을 하는 사람들에게는 마음을 주지 말라. 그들은 당신의 꿈을 말살하고 당신을 하나님의 길에서 벗어나게 할 사람들이다.

필요한 사람들 중 일부는 이미 당신 삶 속에 있을 수도 있다. 그렇다면 당신을 섬기는 그들에게 감사를 표하라. 또한 여정의 다음 걸음을 이어가는 데 그들이 필요하다고 말해 주라. 당신을 감시하고 지원하며 피드백을 줄 수 있는지 그들에게 물어보라. 당신이 물어주면 그들은 필시 깊은 자부심과 감동을 느낄 것이다.

현재 당신 삶 속에 지원을 베풀 좋은 사람들이 충분치 않다면, 적극적으로 나서서 찾으라. 필요한 팀을 만나려면 틀을 갖춘 지원 그룹에 속해야 할 수도 있다. 어떤 방법으로 하든, 세월을 두고 거듭 입증된 사실이 하나 있다. 최고의 팀에 속한 사람이 이긴다. 당신도 그런 사람이 되어야 한다.

제3장
원리3 : 지혜에 높은 가치를 부여한다

잰은 약병을 손에 들고 바닥에 쓰러진 채 차고에서 남편에게 발견되었다. 남편은 잰이 우울증인 줄은 알았지만 그 정도로 심각한 줄은 몰랐다. 주변의 어느 누구도 몰랐다. 잰은 매우 성공한 여자였고 친구도 많았다. 잰이 자살을 꿈꾸고 있을 줄을 아무도 짐작하지 못했을 것이다. 물론 잰이 누구에게 말할 사람은 아니었다.

우울증과 자살할 정도의 절망은 다른 문제다. "내가 이렇게까지 침울해진 것을 어찌 누구에게 말할 수 있나? 남들이 어떻게 생각하겠나?" 잰의 생각은 거기서 더 나아가 "그나저나 그 사람들이 무슨 도움이 된단 말인가?"에까지 이르렀다. 그녀 딴에는 늘 배워오던 방법을 다 써서 삶을 추스르려 해보았다. 잰은 좋은 책이라는 책은 다 읽고, 좋은 설교와 강의는 다 듣지 않았던가? 교육도 잘 받지 않았던가? 남에게 알리는 부분에서도 그녀는 몇 년 전 한 차례 상담을 받았으나 도움이 되지 못했다. 상담자도 돕지 못하는 일을 친구가 어쩔 것인가? 게다가 그녀는 자기 문제로 친구들에게 짐을 지우고 싶지 않았다. 약만이 유일한 해답처럼 보였다.

다행히 남편이 알게 되어 잰을 병원으로 데려갔다. 잰을 면담하던 나는 완전히 무기력해진 잰의 모습에 서글픔을 느꼈다. "난 아무 희망이 없어요." 그녀는 멍한 시선으로 내게 말했다. "전혀. 나를 변화시킬 수 있는 건 아무것도 없다는 것을 알아요. 그저 이 우울증에서 헤어나지 못하는 거지요. 아무도 이해 못해요."

잰은 깊은 우울증의 본질을 대변하고 있었다. 희망이 없다는 것이다.

"남편한테 발견된 게 너무 분해요." 그녀는 말을 이었다. "지금쯤 다 끝났을 수도 있는데." 이로써 나는 그녀가 아직도 죽을 뜻이 있음을 알았다. 잰은 사태가 전혀 달라지지 않을 것이며 자기 기분도 절대 회복되지 않을 거라고 철석같이 믿고 있었다. 그 절대적 확신이 내게 강하게 다가왔다.

대화하면서 그녀와 나의 커다란 시각 차이에 놀랐다. 그녀는 희망이 없었지만 나는 그녀에 대해 희망이 넘쳤다. 그녀는 죽음만이 유일한 해결책이라 믿었지만 나는 그녀의 회복에 확신이 있었다!

회복될 수 있다는 말에 잰은 마치 외계인 보듯 나를 쳐다보았다. 나는 아랑곳 하지 않고 물론 과정에 어려움도 있고 회복이 쉽지는 않겠지만, 아무리 본인이 절망적으로 느껴져도 절망적 상황은 아니라고 다짐을 주었다. 나는 경험과 교육을 통해 그녀의 우울증의 원인이 무엇이며 대책이 무엇인지 안다고 힘주어 말했다. "짧은 시간 당신에 대해 조금 알게 된 것만 가지고도 나는 당신이 할 수 있음을 압니다." 그러나 그녀는 내 확신을 믿을 준비가 되어 있지 않았다.

"난 이렇게 병원에 있고 싶지 않아요." 그녀는 그 말뿐이었다.

"예, 압니다." 나는 말했다. "하지만 여기 계시지 않습니까? 그리고 저희로서는 당신의 상태가 호전될 때까지 여기 계시게 할 수밖에 없습니다."

"아뇨. 난 여기 있을 마음이 없어요." 그녀는 훨씬 강경하게 항변했다. "난 절대 호전되지 않아요. 그러니 퇴원시켜 주세요."

"죄송하지만 퇴원은 안 됩니다." 나는 거부했다. "하지만 저는 당신이 호전될 것을 믿습니다. 물론 지금 당신한테는 그게 보이지 않지요. 이 순간 당신의 시각으로 보면 탈출구가 없습니다. 그런 의미에서 당신 말이 맞습니다. 하지만 제가 아는 것을 바탕으로 제 시각에서 보면 길이 있습니다. 당신한테 보이지 않을 뿐입니다."

나는 말을 이었다. "그러니 저희와 함께 계시면서 직접 보시면 됩니다."

자살 충동을 느끼는 사람들이 대개 그렇듯 잰에게도 내 격려는 소귀에 경 읽기였다. 그녀의 대답은 내 기대대로였다. 잰은 힘없이 이렇게 말했다. "어차피 난 권한이 없는 것 아닌가요? 당신들이 나를 가둬 놓았어요. 그러니 될 대로 되라지요."

지혜가 변화를 낳는다

다년간의 임상 경험을 통해 나는 삶에 대해, 하나님이 길을 여시는 방식에 대해 아주 귀한 교훈을 배웠다. 그 교훈은 늘 되풀이되는 대본에서 온 것인데, 대략 이런 식이다. 우선 완전히 절망에 빠진 사람이 병원에 입원하거나 내게 상담을 받으러 온다. 사실 내가 접해 온 여러 상황을 감안하면 그 정도 표현으로 부족하다. 고민 중인 문제가 부부관계의 위기든 중독이든 속 썩이는 자녀든 실직이든 장기적 우울증이든 절대 무슨 수로도 상황이 나아질 수 없다고 철석같이 믿는 사람들을 나는 수없이 만났다. 자신의 주관적 경험으로 볼 때 그들은 바닥에 떨어져 변화의 가망이 전혀 없었던 것이다.

그러나 내 경험을 통해 나는 상황을 다르게 보는 법을 배웠다. 내게 보이는 것은 이것이다. 많은 사람들이 희망이 없다고 느끼지만 나는 그들의 문제가 해결될 수 있음을 절대적 확신으로 느낄 수 있다.

한 사람은 다 끝났다고 확신한다. 한 사람은 승리가 보장된 것을 확신한다. 차이는 무엇일까? 한 마디로 지혜다.

오해는 말라. 내가 지혜로운 사람이라든지 지능이 남다르다는 말이 아니다. 천만의 말이다. 하지만 지혜가 삶에 적용된 기술과 지식일진대 나도 지혜의 원리를 조금은 안다. 그 원리로 사람들은 불가능해 보이는 문제를 해결할 수 있다. 이는 그저 상처받고 절망에 빠진 사람들을 대해 온 오랜 경험에서 온 것이다. 그동안 나는 어떤 방법들이 통하는지 보았고, 경험 있는 스승들에게 배웠다.

내가 하려는 말은 이것이다. 특정 상황에 필요한 지혜를 갖춘 사람은 문제 해결의 희망은 물론 보장마저 얻는다. 본인이 바른 대책만 쓴다면 회복될 것을 나는 안다. 그 이유는 그들을 회복시켜 줄 참되고 검증된 하나님의 길이라는 원리들이 있기 때문이다.

우울증을 예로 들어보자. 우울증을 유발하는 검증된 원인들이 있다. 그 요인을 공략하면 우울증이 치료될 것을 나는 안다. 예컨대 우울증이 마음의 고립과 정서적 소외에서 비롯된 경우, 다른 사람들과 소통하는 법을 배우면 우울증은 사라진다. 무력감에서 비롯된 우울증의 경우, 더 이상 조종당하지 않는 법을 익히면 우울증이 걷힌다. 마찬가지로 우울증이 처리되지 않은 비애나 상처의 결과일 경우, 그 고통을 처리하면 우울증은 서서히 없어진다. 생화학적 문제에서 기인한 우울증의 경우, 약을 바로 쓰면 회복된다. 원인이 무엇이냐에 따라 얼마든지 같은 원리다.

한 가지는 분명하다. 나는 여태 우울증이 해결되는 것을 보아 왔고, 효과 좋은 검증된 치료 방법들을 알고 있다. 훌륭한 스승들이 전수해 준 지혜로 인해 나는 희망을 갖는다. 나는 우울증에 걸린 사람이 회복될 것을 안다. 내 요지는 사실상 하나님이 잠언에 하신 말씀과 동일하다. 그분은 희망이 지혜에서 온다고 말씀하신다(잠 24:14).

많은 경우 우리가 절망을 느끼는 것은 당장 어찌할 바를 모르기 때문이다. 방도가 없을 수도 있다는 생각까지 거기에 더해지면 그야말로 사태는 절망적으로 보인다. 그리고 어떻게 보느냐에 따라 감정이 달라진다.

그러나 사실을 말하자면, 해결책에 관한 한 하나님은 무제한이다. 그분은 길을 내실 수 있고 반드시 내신다. 그분 말씀처럼 때로는 내 상황에 적용되는 지혜를 얻게 하시는 것이 곧 그 길이다.

잠언은 성경의 놀라운 책이다. 하나님이 지혜를 얼마나 중시하시는지 잠언을 보면 분명히 알 수 있다. 여러 어려운 상황에서 당신이 굳게 붙들 수 있는 지혜로운 통찰을 몇 가지 살펴보자.

- 고통을 주는 사람이나 곤란한 사람 때문에 힘들 때. "[지혜가 너를] 악한 자의 길과 패역을 말하는 자에게서 건져내리라"(잠 2:12).
- 문제의 답을 찾으려는 수고가 부질없는 일처럼 느껴질 때. "지혜가 제일이니 지혜를 얻으라. 네가 얻은 모든 것을 가지고 명철을 얻을지니라"(잠 4:7).
- 어떻게 해야 내게 가장 좋은 길이 될지 막막할 때. "지혜를 얻

는 자는 자기 영혼을 사랑하고 명철을 지키는 자는 복을 얻느니라"(잠 19:8).

성경이 거듭 말하는 것처럼 — 그나마 이것은 수많은 예의 일부일 뿐이다 — 하나님이 길을 여시는 한 방편은 우리에게 지혜를 주시는 것이다. 우리는 현재의 문제와 가능한 도움에 대해 여태 몰랐던 것을 새로 배우면 된다. 지혜를 얻는 과정에 있어 몇 가지 기억해 둘 것이 있다.

지혜와 진리는 하나님에게서 온다
지혜를 얻는 첫 번째 관문은 하나님이다. 지혜는 직접 그분에게서 온다. 역경이 닥치거나 막막한 상황에 처할 때 우리는 하나님께 구할 수 있다. 그분은 필요한 지혜를 반드시 주신다. 신약의 이런 진리를 생각해 보라.

너희가 여러 가지 시험을 당하거든 온전히 기쁘게 여기라 … 너희 중에 누구든지 지혜가 부족하거든 모든 사람에게 후히 주시고 꾸짖지 아니하시는 하나님께 구하라 그리하면 주시리라(약 1:2-5).

최근에 나는 결혼생활 30년 만에 이혼하게 된 한 여자와 대화했다. 그녀는 이렇게 말했다. "힘들었어요. 하지만 귀한 것을 배웠어요. 매일 새로운 상황이 닥칠 때마다 — 돈 문제로 입씨름하는 것부터 자녀 양육권 문제까지 — 난 어찌해야 할지 전혀 막막했어요. 그런데 하나님께 구하면 늘 어떻게든 일러주시는 거예요. 필요한 답이 어떤 식으로든 꼭 왔어요. 필요할 때 필요한 것을 그분이 알려주신다는 것을 배웠어요. 미리 알려주시지 않고 그때그때 알려주신다는 것도 배웠어요!"

우리가 구하면 하나님은 필요한 지혜를 주신다. 그 여자는 그것을 아주 잘 배웠다.

하나님은 다른 사람들의 지혜를 사용하신다

당신과 내가 어찌할지 모르는 난감한 상황들이 많이 있다. 큰 문제가 걸린 심각한 상황들도 있다. 하지만 실은 누군가 당신의 문제를 해결하는 법을 아는 사람이 있다. 우리가 할 일은 그 사람을 찾는 것이다.

첫째, 우리는 그런 사람을 찾도록 도와달라고 하나님께 기도해야 한다. 둘째, 우리는 해당 문제에 경험이 있는 사람들을 적극 찾아나서야 한다. 나는 재정 문제가 닥칠 때마다 한 친구에게 전화한다. 그는 돈 문제에 지혜가 있고 그래서 나는 그 분야에서 그의 도움을 받는다. 사실 우리한테 모든 해답이 있는 것은 아니다. 다른 사람들에게 있는 경우가 많다.

당신한테 필요한 것을 알 만한 친구들을 힘써 찾으라.

전문적 지혜를 구하라

친구한테 전화 한통 걸어서 필요한 지혜를 얻을 수 없는 경우도 있다. 좀 더 공식적 출처의 도움이 필요하다. '공식적'이라 함은 내게 도움이 필요한 분야에 기술을 갖춘 사람을 말한다.

최근 어느 세미나에서 나는 우리를 위한 하나님의 뜻과 꿈을 적극 구해야 할 필요성에 대해 얘기했다. 하나님한테서 온 꿈은 절대 잘못된 동기나 이기적 동기에서 비롯되지 않는다고 나는 설명했다. 좋은 동기에서 비롯된 꿈만이 진정 우리를 향한 하나님의 꿈이며, 그 경우 우리는 그분이 꿈을 실현할 길을 열어주실 것을 믿어도 좋다(약 4:2-3). 그래서 나는 정말 하나님께서 우리 마음에 주신 꿈이라면 그분이 실현할 길을 열어주신다고 말했다.

한 여자가 물었다. "꿈은 있고 실현할 돈은 없는데 하나님이 채워주시지 않는다면 어떻게 합니까?"

"당신의 꿈이 무엇입니까?" 나는 물었다.

"다시 공부해서 음악 활동을 하고 싶지만 형편이 안 됩니다. 하나님도 채워주시지 않고요."

"보조금 재단에 몇 군데나 지원해 보셨습니까?" 나는 캐물었다. "장학금을 몇 군데나 알아 보셨습니까? 당신이 이 은사로 섬기며 노래하는 것을 많은 사람들이 들었을 텐데, 그 중 몇 사람한테나 꿈의 실현을 위해 지원을 부탁했습니까?"

그녀는 눈을 깜박이며 말했다. "전혀 없는데요."

보라, 그녀는 돈이 없다고만 생각하고 있었다. 몇 번 기도해도 기적적으로 현금이 생기지 않자 하나님이 채워주시지 않는다고 단정했다. 나는 하나님이 때로 공식 장학재단과 재정 지원 상담자들을 통하여 그녀에게 필요한 돈을 채워주심을 지적해 주었다.

그리고 나서 그녀에게 이렇게 말했다. "코조금을 타는 법을 아는 사람들한테 가서 그런 도움을 구하십시오. 최대한 많은 곳에 신청하십시오. 그렇게 했는데도 여전히 아무 도움이 없다면 그때는 하나님이 채워주시지 않아 꿈의 문이 닫혔다고 말해도 좋습니다. 하지만 그때까지는 아닙니다."

잊지 말라, 하나님은 지혜를 구하라고 우리에게 명하신다. "구하라 그리하면 너희에게 주실 것이요 찾으라 그리하면 찾아낼 것이요 문을 두드리라 그리하면 너희에게 열릴 것이니 구하는 이마다 받을 것이요 찾는 이가 찾아낼 것이요 두드리는 이에게 열릴 것이니라"(마 7:7-8).

여러 해 동안 우리는 심리학자들과 정신과 의사들과 상담자들을 면담하고 채용해 왔다. 모두 정식 교육을 받은 사람들이었다. 그러나 정말 우리 마음에 들었던 지원자들은 눈에 띄게 다른 점이 있었다. 제도 교육을 훌쩍 뛰어넘어 학교 이외의 공식 기관들에 있는 노련한 선배들에게 이미 지혜를 구해 왔던 것이다. 그들은 평생교육 세미나에 참석했고 책을 읽었고 테이프를 들었고 워크숍에 참여했다. 그러니 그들이 그런 일들을 하지 않는 다른 사람들 무리보다 월등히 앞서 있는 것은 우연이 아니었다.

우리를 찾는 내담자들도 마찬가지다. 상담 결과가 가장 좋은 사람들은 우리가 제공하는 도움을 넘어서 정식 학습과 실전을 통해 지혜를 얻는 사람들이다. 그들은 그룹과 워크숍에 참여하고, 성장과 관계에 대한 비디오를 보고, 강의 테이프를 듣는다. 당신도 찾기만 하면 당면 상황에 필요한 지혜를 얻을 수 있다. 출처는 얼마든지 있다.

- 목회자
- 다양한 필요에 맞는 프로그램을 갖춘 교회
- 대학의 사회교육원
- 세미나
- 서적과 테이프
- 워크숍
- 수련회
- 전문가
- 자활 그룹

지혜의 음성을 시험하라

지혜를 구할 때는 지혜로운 조언을 내놓는 사람들이 정말 될 알고 있는지 확인하는 것이 중요하다. 세상에는 돈으로 살 수 있는 지혜가 많이 있다. 사실 성경은 아무리 비싼 값을 치르고라도 지혜를 얻는 것이 우리 목표가 되어야 한다고 말한다(잠 4:7). 그러나 쓸데없는 '지혜'와 경험을 사느라 돈만 낭비할 수도 있다.

다른 방향에서 예를 들어보자. "특효 보장의 단돈 70달러짜리 복근 기구"로 정말 임금 왕 자가 새겨질 정도로 복근이 탱탱해진 사람을 몇이나 아는가? 아무도 없잖은가? 반면 꾸준한 운동으로 건강한 몸매를 유지하는 사람들은 주변에 많이 있다. 텔레비전에서 '재테크' 프로그램을 사서 정말 부자가 된 사람을 당신은 하나라도 아는가? 반면 재정 분야 우경험자의 지도를 받거나 업무 기술을 개발해서 재정적으로 탄탄해진 사람들은 주변에 꽤 있을 것이다.

소위 전문가라고 아무나 믿지 말라. 속전속결식의 '해결책'도 믿을 게 못된다. 이력을 조사하라. 업무에 정통한 상담자한테서 좋은 사람을 의뢰 받으라. 사람들을 여러 상담자에게 보내는 목회자와 대화하라. 친구나 목회자나 기타 믿을 만한 사람한테서 정말 실력 있는 사람을 소개 받으라. 하듯 쓸데없는 상품의 청구서만 떠안게 되지 않도록 조심하라. 물건을 사더라도 좋은 성과를 낸 이력이 있는 것이라야 한다. 그저 전문가로 자처한다고 해서 아무나 전문가가 되는 것이 아님을 명심하라.

우연한 우주가 아니다

하나님이 당신을 두신 우주 안에는 질서가 있다. 관계, 일, 정서 등을 지배하는 원리가 있다. 일이 되고 안 되는 것은 하나님이 처음 만물을 창조하신 이래로 작용해 온 법칙 때문이다. 지혜의 문제라면 성경은 이렇게 말한다. "여호와께서는 지혜로 땅에

터를 놓으셨으며 명철로 하늘을 견고히 세우셨고 그의 지식으로 깊은 바다를 갈라지게 하셨으며 공중에서 이슬이 내리게 하셨느니라"(잠 3:19-20).

하나님이 당신의 딜레마 속에 내실 길의 일부는 이미 열려 있을 소지가 높다! 십중팔구 이미 다 나와 있을 것이다. 당신은 그 길을 찾기만 하면 된다. 그러려면 당신의 힘겨운 상황에 적용되는 지혜를 구해야 한다.

한 가지는 분명하다. 우리는 하나님의 길이 통함을 믿어도 좋다. 그러니 그분께 도움을 청하고 힘을 다해 지혜를 구하라. 그리고 지혜를 얻거든 혼신을 다해 적용하라.

제4장
원리4 : 무거운 짐을 내려놓는다

글렌은 새 직장에 대해 흥분해 있었다. 나는 그렇게 흥분한 사람은 처음 보았다. 그의 새 자리는 의료기기를 판매하는 회사의 마케팅 부서였다. 그가 채용된 목적은 영업부의 판로가 열리도록 의사들, 병원 관리자들, 기타 의료계 요인들과 관계를 형성하는 것이었다. 사람들과의 관계 형성이 보직의 골자라니 글렌처럼 외향적인 남자한테는 그야말로 물고기가 물을 만난 것에 다름없었다.

첫 몇 주간 그의 삶은 송두리째 바뀐 듯했다. 재능이 있고 총명한 글렌은 언제나 성공을 자부했다. 그는 늘 남들의 큰 호감을 샀다. 두뇌와 성격을 겸비한 그는 창의력, 지성, 대인 기술을 요하는 일자리라면 어디에나 적임자로 보였다. 다만 그런 일이 아직 없었을 뿐이었다. 사실 그는 서른일곱인데도 20대 후반 때보다 별로 나아진 게 없었다. 그러나 이번 일만은 다를 거라고 그는 장담했다.

글렌은 자기가 그 자리에 얼마나 딱 맞는 사람인지 스스로도 믿기지 않을 정도였다. 그의 첫 업무는 마침 그쪽에 와 있던 일단의 정형외과 의사들을 데리고 나가 골프를 치면서 친분을 트는 것이었다. "이게 꿈이오 생시오?" 그는 아내에게 말했다. 계속해서 그는 그 시간이 아주 좋았고 자기가 일행을 계속 웃겼으며 자신의 수고 때문에 영업부 매출이 훌쩍 뛸 거라고 아내에게 말했다. 자신의 창창한 미래가 눈앞에 보이는 것만 같았다. 사무실도 좋은 자리로 옮기게 되리라.

글렌은 계속 다른 모임들에 다녔다. 늘 그랬던 것처럼 사람들은 그를 아주 좋아했다. 전망이 밝아 보였다. 그러던 중 3주쯤 되던 어느 날 재정부에서 그에게 전화가 걸려왔다. 영수증이나 비용 보고서를 제출하지 않았음을 지적해 주는 전화였다. "아 예." 글렌은 사과했다. "죄송합니다. 사장님이 추진 중이신 새 거래 건으로 제가 좀 바빴거든요. 절 더러 여기저기 다 다니라고 하시는 바람에 말입니다. 필요한 걸 오늘 안으로 보내드리겠습니다."

전화를 끊자마자 그는 다시 일에 파묻혀 잊어버렸다. 이후 며칠간 자신의 약속이 생각났으나 그때마다 "나중에 하지 뭐" 하고는 넘어갔다. 그러나 평소의 글렌답게 '나중'은 오지 않았다. 사장 존이 직접 전화했다. "글렌, 지금 막 재정부장 레이먼드의 전화를 받았소. 당신의 서류를 기다리느라 일이 묶여 있다 합디다. 분석을 마치려면 서류가 필요하다던데, 왜 서류를 내지 않는 거요?"

"죄송합니다." 글렌은 사과했다. "일이 너무 많아서 그랬습니다. 당장 제출하겠습니다."

글렌은 일단 그를 안심시켰다. 수화기를 내려놓자 글렌은 약간 속이 뒤틀렸다. "이거 좀 심한 거 아냐?" 그는 중얼거렸다. "그깟 서류 뭉치가 뭐 그리 대수라고? 내가 하는 일이 회사에 얼마나 중요한지 모른단 말이야?" 그는 자신을 몰라주는 그들에게 약간 화까지 났다.

그 주 내에 글렌은 이사회 연례회의에 사용할 중요한 연구 보고서를 최고 경영진에 제출하도록 되어 있었다. 이번에도 그는 보고서를 제때에 제출하지 못했다. 이번에도 사장이 전화를 걸어왔다. 이번에는 화가 나 있었다. "글렌, 그 자료 지금 어디 있소? 이사회 회의에 꼭 필요하단 말이오."

"사장님, 죄송합니다. 어제 어느 병원의 발표회에 가느라 아직 손대지 못했습니다. 지금 작성하겠습니다." 글렌은 설명했다.

존은 그것이 글렌의 습성이 아닌가 싶어 걱정되었고 그래서 그를 따로 만나보기로 마음먹었다. 그가 기일을 안 지킬 때마다 다른 사람들이 고충을 당함을 알리고 시정을 요구할 참이었다. 존은 글렌이 많은 대외 업무를 맡고 있어 좋았지만, 중요한 서류를 제출하지 않는 무책임이 거슬렸다. 노련한 관리자답게 존은 대인 기술이 아무리 좋아도 그걸로 적당주의가 무마될 수 없음을 알았다. 그는 또 글렌과의 협력 관계도 잘 다져두고 싶었다. 그는 글렌을 좋아했고, 그의 똑똑함과 친화력에 정말 감동하던 터였다.

만남은 잘 풀리지 않았다. 존은 건설적 의견 교환을 예상했으나 결과는 격한 감정 폭발이었다. 글렌은 분노로 반응했고 빈정대기까지 했다.

"나는 전체 그림을 보고 굵직한 일들을 하고 있는데 왜 다들 자잘한 일들로 옹졸하게 그러는 겁니까? 사장님까지 이걸 이렇게 문제 삼으시다니 이해가 안 갑니다." 글렌은 투덜거렸다.

존은 듣고만 있었다.

글렌은 계속했다. "사장님의 비판이 상처가 됩니다. 무시당하는 기분입니다."

"무시할 뜻은 없소." 존은 부드럽게 그러나 권위를 담아 말했다. "이번 건은 우리 모두의 목표 달성에 중요한 문제입니다. 사사로운 문제가 아니오. 당신 일의 중요성은 잘 알고 있소. 이건 그저 문제를 해결하자는 것이오."

존은 글렌이 알아듣기를 바라며 떠났다. 경험이 풍부한 관리자답게 존은 흔들리지 않았고, 글렌의 반응 때문에 사안을 벗어나 곁길로 빠지지 않았다. 그러나 글렌의 반응을 보며 존은 그가 오래가지 못할 거라고 예측하게 되었다.

안타깝게도 존의 예측은 들어맞았다. 피드백과 지적이 거듭될수록 글렌은 더 저항하며 존을 비롯한 경영진에 분개했다. 그는 동료 직원들에게 경영진에 대한 불평을 늘어놓았고 그래서 문제가 더 악화되었다. 결국 글렌의 형편없는 행정력과 불화 조장은 그의 재능과 기여로도 상쇄될 수 없는 지경에 이르렀다. 그에게 큰 기대를 걸었던 모든 경영진에게 유감스럽게도 그는 해고되었다.

글렌의 상사들에게 그는 곧 잊혀진 존재가 되었다. 그들은 다시는 그를 볼 일도 없었고 글렌의 성격 문제로 골치 아플 일도 없었다. 그러나 글렌의 문제는 그가 두 번 더 취직하여 내리 실직당하는 동안 두고두고 아내와 학령기 세 딸을 괴롭혔다. 그의 가족은 두 번이나 이사해 다시 시작해야 했다. 그제야 글렌은 깨달았고, 하나님은 그에게 길을 열어주셨다.

하나님이 글렌에게 열어주신 길은 무엇인가? 하나님은 그에게 마침내 과거를 떨칠 길을 열어주셨다.

짐 가방을 내려놓으라

인생에는 '종결'이라는 개념이 있다. 원리는 이렇다.

우리 모두의 삶에는 때로 괴롭고 어렵고 어쩐지 소화하기 힘든 관계와 경험과 교훈이 있다. 그 결과 우리는 어떤 감정과 습성과 갈등을 지고 살아가는데, 이는 딱히 현재와 관련된 것이 아니라 과거의 사람들 및 사건들과 관련된 것이다. 이런 것들은 '종결'되지 않았기 때문에 현재의 상황, 현재의 관계, 현재의 목표를 방해한다. 서글프게도 우리가 지고 사는 이런 '짐'은 제대로 처리되어 '종결'되지 않는 한 사라지지 않는다.

글렌의 일은 전혀 새삼스러운 것이 아니었다. 그의 삶의 오랜 습성이 새로운 목표, 새로운 장소, 새로운 사람들 속에서 다시 한 번 재현된 것뿐이었다. 글렌의 문제는 모두 그의 아버지와의 관계에서 비롯되었다.

글렌의 아버지는 깐깐하고 고압적인 사람이었다. 글렌은 무슨 수로도 아버지 마음에 들 수 없었다. 아무리 노력해도 아버지의 양에 차지 않는 것 같았다. 그는 언제나 무시당하고 괄시받는 기분이었다. 아버지 마음에 들려고 갖은 애를 썼지만 허사였다.

그 결과 글렌은 깊은 상처를 받았고 비판에 민감해졌다. 그럴 만도 했다. 여러 모로 그의 아버지는 비열했다. 그래서 글렌은 남들 앞에 열등감이 들었다. 자라면서 그는 대다수 사람들이 그러듯이 열등감을 극복하려 무진 애를 썼다. 뭐든 열심히 했고 잘 했다. 재능이 뛰어났으므로 대개 성과도 좋았다. 그러다 중요한 인물(존이나 코치나 다른 상사)한테서 무슨 일로 비판을 들으면 글렌은 그 사람에 대해 다시 열등감이 도졌다. 인정받지 못하고 무시당한 것 같아 상처가 되었다. 한 마디로 전에 부자 관계에서 느꼈던 모든 감정이 현재 인정받고 싶은 권위 인물과의 관계 속에 자현되곤 했다.

열등감을 극복하려는 노력은 부질없었다. 글렌은 과거의 감정과 습성을 처리한 적이 없었던 것이다. 따라서 그 모든 감정과 습성이 아직도 그의 내면에 고스란히 남아 작용하고 있었다. 표출될 기회만 노리고 있는 꼴이었다. 그러다 새 권위 인물을 만나면 글렌은 다시금 상처를 받았고, 상사가 부탁하는 일들에 저항했다. 일종의 수동적 항변이었다. 저항하면 할수록 비판이 더 쏟아지는 악순환 속에서 결국 그는 다시 실직하곤 했다.

글렌의 행동 습성에 있어 가장 서글픈 사실은 상사들이 대체로 그를 비난할 뜻이 없었다는 것이다. 다만 치유되지 않은 상처와 예민함 때문에 비판이라면 무조건 — 건설적 비판까지도 — 그런 식으로 느껴졌다. 글렌은 시대착오어 빠져 어렸을 때의 감정을 그대로 느끼기 시작했다. 안타깝게도 행동마저 어린아이 같아졌다. 하지만 어린아이를 고용하고 싶은 회사가 어디 있겠는가.

글렌은 '종결'의 개념을 몰랐다. 하나님은 우리 안에, 어떤 상황에서든 삶을 처리하는 극히 당연한 길을 심어두셨다. 그분의 도움으로 우리는 과거의 고통스런 상황에서 비롯된 낡은 상처와 습성을 떨칠 수 있다. 하지만 현 상황에까지 지고 온 짐을 처리하지 않는 한 옛 상처와 문제는 새로운 상황마다 끼어들어 쑥대밭을 만들 수 있다. 그야말로 과거가 현재가 되는 것이다.

마음에 입은 상처를 아직 처리하지 않았다면 그 케케묵은 사건이 계속해서 당신 삶에 소위 '문제'를 일으킬 것이다. 하나님은 모든 일이 마음먹기 나름이라고 약속하신다. 우리가 날마다 상대하는 문제들은 잠언 말씀대로 내면에서 온다. "모든 지킬 만한 것 중에 더욱 네 마음을 지키라. 생명의 근원이 이에서 남이니라"(잠 4:23).

마음의 상처가 글렌의 삶에 영향을 미치고 있었다. 현재의 상사한테 무슨 지적을 받으면 그는 마치 부당한 아버지를 대하는 느낌이었다. 과거를 벗어나 새로운 현재를 누릴 수 있으려면 그는 '마음을 지킬' 필요가 있었다.

과거로부터 자신의 마음을 구하라

그렇다면 과거의 낡은 짐을 떨치도록 하나님이 우리에게 열어주시는 길은 무엇일까? 그분의 도움으로 당신이 취할 수 있는 여섯 단계가 있다.

1. 과거에 문제가 있음을 인정하고 고백한다. 하나님의 도움으로 각양각색의 과거를 극복하는 사람들을 나는 보았다. 하지만 존재를 인정하지 않고는 문제를 극복할 수 없다.

최근 우리 라디오 프로에 한 여자가 전화를 걸어 남편과의 성관계에 의욕을 느끼지 못한다며 고민을 털어놓았다. 약혼 기간 내내 그에게 강한 성적 매력을 느꼈던 그녀가 막상 결혼해서 성생활이 시작되자 자기 말로 몸이 '얼어붙고' 의욕이 없었다. 그녀는 말했다. "실은 성관계에 반감마저 들어요. 정말 괴로워요. 나는 남편을 사랑하고 남편도 저를 사랑합니다. 이제 너무 지쳤어요." 그다음 그녀가 한 말에 깊은 뼈가 있었다. "제게 이런 느낌이 들 이유가 전혀 없거든요."

그러나 분노든 격정이든 '얼어붙는' 기분이든 세상에 이유 없는 느낌이란 없다. 그래서 나는 그 부분을 좀 더 자세히 물었으나 그녀는 한사코 강경했다. 그럴수록 나는 그녀가 남편에게 성욕을 못 느낄 이유가 전혀 없다고 믿어야만 할 이유가 있다는 생각이 들었다.

"케런." 나는 작정하고 캐물었다. "이런 문제가 생길 이유가 전혀 없다고 하셨지요. 하지만 당신을 잘 아는 사람에게 제가 이유를 묻는다면 그 사람은 뭐라고 말할 것 같습니까?"

답이 불쑥 튀어나왔다. "사람들은 제가 성폭행 당했던 일과 상관있다고 하겠지요. 하지만 저는 아무 상관없는 것 같아요. 관련성이 보이지 않아요."

"남편이 가까이 다가올 때 어떤 기분이 듭니까?" 나는 물었다.

케런은 잠시 생각하더니 말했다. "모르겠어요. 그냥 거리감이 들어요. 벗어나고 싶은 심정이랄까요."

"성폭행 당하는 사람의 감정이 바로 그렇다는 것을 아십니까? 피해자는 그 경험에 '거리감'을 둡니다. 그리고 그것이 성적인 일이다보니 성적인 경험에도 거리감을 둡니다. 당신 말로라면 현재 당신의 상태가 바로 그렇습니다."

과거에 경험한 커다란 상처의 사건이 지금의 그녀에게 중대한 영향을 미치고 있었다. 요지는 그녀가 그 사실을 인정하지 못하는 한 과거를 떨칠 수 없다는 것이다. 그리고 그런 경험을 처리하지 못하는 한 과거는 과거가 아니라 계속 현재다.

'인정'에 해당하는 하나님의 단어는 '고백'이다. 고백이란 어떤 일을 사실로 인정하는 것이다. 거추장스턴 과거의 짐 앞에서 우리는 뭔가 문제가 있었음을 인정해야 한다. 문제는 내가 일으킨 것일 수도 있고 남이 나에게 일으킨 것일 수도 있다. 아울러 우리는 그 문제가 내게 깊은 영향을 미쳐왔음을 하나님께 고백해야 한다.

2. 치유를 받고 비애를 표현한다. 다음 단계는 필요한 도움과 치유를 받아 과거의 상처를 처리하는 것이다. 당신의 상한 마음은 사람들을 통한 하나님의 도움과 사랑으로 아물어야 한다. 그분은 우리에게 "우는 자들과 함께 울라"(롬 12:15)고 하신다. 여기 상처가 아물기 시작하는 데 필요한 다른 사람들의 치유와 지원이 있다. 글렌은 아버지에게 받은 상처를 털어놓으며 그 아픔이 온당한 것임을 확인받을 수 있는 애정 어린 사람들이 필요했다. 마찬가지로 케런은 성폭행에 수반되는 두려움과 상처를 처리하도록 도와주며 함께 울어줄 사람이 필요했다. 그래야 성폭행은 위력을 잃을 수 있다.

하나님이 우리의 고통과 상처와 상실의 '종결'을 도우시는 과정에는 대개 비애가 수반된다. 과거의 상실과 상처는 온당한 슬픔과 공존할 때 치유될 수 있다. 간단히 말해 우리는 슬퍼해야 한다. 이는 상처를 치유하시는 하나님의 과정에 아주 중요한 단계다.

글렌과 케런이 비애에 부딪칠 수 있다면 ― '얼굴에 근심함'이 있다면 ― 비판에 대한 그의 예민한 마음과 폭행에 대한 그녀의 두려운 마음은 비로소 치유될 수 있다. 그들은 하나님과 사람들이 베푸는 사랑, 과거의 사람들한테 받지 못했던 사랑을 수용할 수 있고 그리하여 과거의 고통과 감정 속이 아니라 점점 더 현재 속에 살아갈 수 있다.

3. 용서를 받아들인다. 많은 경우 우리가 새로운 상황에 끌고 다니는 고통은 과거에 일어난 실패의 고통이다. 자신의 행동에 대해 죄책감이나 수치심이 있다면 새로운 관계나 상황에 잘 들어갈 수 없다. 자신이 못났다거나 쓸모없다고 느껴지기 때문이다. 신바람 나게 살아가려면 과거의 실패와 부족함으로 인한 죄책과 수치에서 벗어나야 한다. 짐을 두고 간다는 것은 내가 전적으로 수용되고 용서받고 사랑받는 존재임을 알아야 한다는 뜻이다.

하나님은 그런 용서와 사랑을 우리 모두에게 베푸신다. 우리는 그저 구하고 받기만 하면 된다. 우리가 무슨 일을 저질렀든 그분은 온전히 용서하실 것을 약속하신다. 우리 기분에 아무리 악한 일일지라도 말이다. 그분은 우리의 모든 실패를 취해 그 기록을 깨끗이 지우신다. 우리는 구하기만 하면 된다. "만일 우리가 우리 죄를 자백하면 저는 미쁘시고 의로우사 우리 죄를 사하시며 우리를 모든 불의에서 깨끗하게 하실 것이요"(요일 1:9).

과거의 죄와 수치를 씻고 거기서 해방되려면 그냥 구하라. 하나님은 반드시 새 출발의 길을 열어주신다. 예수께서 이루신 새 출발이야말로 성경 전체의 주제다. 누구나 원하면 그것을 누릴 수 있다. 그분은 우리의 모든 죄와 수치를 친히 담당하셨다. 그 결과 우리 모두는 모든 죄와 정죄에서 완전히 해방될 수 있다(롬 8:1). 우리를 위한 그분의 대가를 받아들이기만 하면 우리는 용서받을 수 있다.

당신의 과거는 위력을 잃을 수 있으나 당신이 계속 과거를 부인한다면 아니다. 하나님께 인정하고 용서받을 때 과거는 힘을 잃는다. 그러면 당신의 과거는 정말 과거지사가 된다. 당신은 짐을 두고 갈 수 있다.

그러므로 무슨 일로든 나쁜 감정이 남아 있거든 하나님께 그것을 없애달라고 기도하라. 그분은 우리 모두에게 다시 시작할 길을 열어주셨고 지금도 날마다 그 일을 하고 계신다. 넘어질 때마다 우리는 구하기만 하면 된다. 그분의 용서와 은혜는 언제나 다함이 없어, 구하는 모든 자에게 언제나 다시 기회를 주신다.

고백은 우리 서로간의 소외감을 극복케 하는 하나님의 길이기도 하다. 죄짓거나 실패하면 우리는 다른 사람들이 나를 받아주지 않을 거라고 생각하는 경향이 있다. 그래서 소외감과 고독감이 든다. 하나님이 나를 용서하셨음을 알면서도 때로 우리는 그런 느낌이 들 수 있다. 하나님은 우리 서로 간에도 그분께 한 것과 똑같이 하라고 하신다. 즉 서로 잘못을 고백하고 치유를 얻으라 하신다. "그러므로 너희 죄를 서로 고백하며 병이 낫기를 위하여 서로 기도하라"(약 5:16).

과거의 실패를 떨치도록 하나님이 열어주시는 가장 강력한 길 중 하나는 우리가 서로 말문을 여는 것 그리고 서로를 위해 기도하는 것이다. 그럴 때 우리는 과거의 실패 때문에 생겨난 소외감이 전혀 불필요한 것임을 깨닫는다. 수용과 기도 앞에서 실패는 위력을 상실한다.

4. 다른 사람들을 용서한다. 글렌의 과거에 대해 그와 대화한다면 그의 마음속에 많은 짐이 있음을 알게 될 것이다. 그의 직장 편력에 대해 긴 대화를 나누지 않더라도 많은 사람에 대한 그의 피해의식을 알게 될 것이다.

용서하지 않는 마음과 원한 때문에 글렌은 그 모든 아픔에 여전히 매여 살았다. 그에게 조금이라도 상처를 입힌 사람들은 사실상 지금도 날마다 그에게 상처를 주고 있었다. 그들은 그의 기억 속에 버젓이 살아 있었고 그런 기억은 그의 영혼을 갉아먹고 있었다. 그의 과거는 엄연히 현재였다.

이는 영적 암세포와 같다. 내가 떨치지 못하는 것들이 내 내면을 갉아먹는다. 하지만 하나님의 삶은 그렇지 않다. 앞서 읽은 것처럼 하나님은 "우리 죄를 다시 기억하지 아니하신다." 그분은 과거를 떨치신다. 용서하신다. 원한을 품지 않으신다. 그래서 그분은 자신을 향한 만인의 만사에서 자유로우시다. 그분은 한 번 처리하신 일은 그걸로 끝이다. 흔히들 하는 말처럼 그분은 '다시 홀가분하게 사랑'하신다.

하나님은 우리 모두에게도 다시 홀가분하게 사랑할 길을 열어주기 원하신다. 우리는 다 상처받았고 그분은 그것을 이해하신다. 그래서 그분은 남한테 받지 못한 빚에서 벗어날 길을 우리에게 열어주셨는데, 다름 아닌 그분이 우리 빚을 처리하신 것과 똑같은 용서라는 길이다. 다른 사람들을 용서하면 내가 자유를 얻는다.

용서란 상대에게 입은 상처를 부정한다는 뜻도 아니고 반드시 상대를 다시 믿거나 다시 내 심중에 들여야 한다는 뜻도 아니다. 이 모두는 상대가 자기 잘못을 깨닫고 회개하느냐 여부에 달려 있다. 상대를 다시 믿으려면 상대 쪽에서 믿을 만한 모습을 보이는 것이 중요하다. 용서란 미래의 문제, 즉 내가 속을 열어 다시 상처받을 자리에 설 것이냐의 문제가 아니다. 용서는 이미 벌어진 일을 떨치는 문제다. 상대에게 피해를 입고 빚을 받지 못했다는 사실을 직시하는 문제다.

빚을 받지 못했다는 느낌이 있는 한 우리는 상대의 가해 행위에 매여 있는 것이다. 그래서 성경에서 사용된 용서라는 단어에는 "빚을 탕감하다"는 뜻이 있다. 용서란 빚이 청산됐다고 말하며 상대를 그냥 놓아주는 것이다. 일단 용서하면 빚은 끝난 일이다. 상대를 벌하거나 앙갚음할 부담이 더 이상 없어진다. 그러나 원한을 품고 있으면 언제나 상대를 벌하는 마음으로 살아가게 된다.

용서는 양쪽 모두를 자유케 한다. 우리는 받을 수도 없는 빚을 받으려는 부담과, 정의와 정직을 구현시키려는 당위에서 해방된다. 용서란 전진할 수 있는 자유를 주는 티켓이다. 하나님은 우리에게 그분의 자유와 똑같은 자유를 누릴 길을 열어주셨다. 그분처럼 다른 사람들을 용서하는 것이다.

주변을 둘러보면 원한을 품고 사는 사람들과 과거를 떨칠 줄 아는 사람들이 확실히 차이날 것이다. 용서하는 사람들과는 같이 지내기가 훨씬 쉬우며 한결 가벼운 마음으로 함께 살아갈 수 있다.

5. 자신의 습성을 성찰한다. 지금까지 상처에 대해 얘기했으나 과거의 짐의 상당 부분은 그런 아픈 상황들에서 배운 우리의 행동 습성과 상관이 있다. 어려서부터 글렌은 모든 권위란 부당하고 비위를 맞출 수 없으며 따라서 그런 관계에서 자신은 철저히 무력하다고 배웠다. 거기서 아버지를 상대하는 전략이 생겨났다. 수동적으로 아버지를 피하며 아버지 말에 저항하는 것이었다. 그는 또 갈등에 대해 아버지와 직접 대화하지 않고 뒷전에서 위안과 위로를 찾았다. 그 결과 그는 문제를 해결하고 떨치는 법을 배우지 못했다. 그래서 간단한 실수인 비용 보고서의 늦은 제출이 급기야 실직 사태로까지 번졌던 것이다.

삶, 사람, 관계, 모험, 심지어 사랑 자체를 대하는 습성에 있어 지금 당신에게 문제를 일으키는 부분들이 있을 수 있다. 당신은 하나님의 방법이 생략된 특정 환경 속에서 그런 부분들을 운영하고 교섭하는 법을 배웠다. 그런 역기능적 습성은 하나님이 현재 당신에게 주시려는 모든 것들로부터 당신의 발목을 붙들 수 있다. 하지만 수천 년간 사람들에게 망가진 상황에서 벗어날 길을 열어 주시는 것이 하나님의 본업이었으니 걱정할 것 없다. 그분은 자기 백성을 이집트 노예 생활에서 인도하여 내어 삶을 대하는 새로운 '길' — 또는 습성 — 을 주셨다. 나중에 그분은 그들에게 조상의 길, 이전 세대의 길, 종주국 백성의 길에서 돌이킬 것을 명하셨다. 그런 길들을 점검하고 새로운 행동 습성을 배우는 것이 하나님이 그들에게 내신 길이었다.

우리에게 해로운 습성의 예는 끝없이 많지만 원리는 똑같다. 과거에 배운 나의 습성이 현재를 망치는 짐이 될 수 있다. 관계를 대하는 방식이 당신을 과거에 얽어맬 수 있다. 그런 길을 성찰하여 하나님이 내시는 새로운 미래의 길을 맞이하라.

6. 새로운 눈으로 새로운 자신을 본다. 우리가 지고 다니는 또 다른 짐은 과거의 관계나 상황 속에서 습득한 자아상이다. 글렌은 자신이 자격 미달이라고 배웠고 케런은 자신이 남들의 노리개라고 배웠다. 그래서 글렌은 상처를 잘 받았고 케런은 두려움에 시달렸다. 둘 다 충분히 이해가 된다. 하나님이 우리를 그렇게 지으셨기 때문이다. 인간은 자신을 사랑해 주는 사람들이나 때로 그렇지 못한 사람들을 통해 자신을 알게 된다. 다시 말해 우리의 자아상은 관계적 시각이다. 성장기에 우리는 다른 사람들의 눈을 '빌린다.' 나중에 새로운 관계에 들어설 때도 똑같다. 간혹 사람들이 새로운 사람을 만나 활짝 피어나는 이유가 거기 있다. 하나님께 지음 받은 모습 그대로 자신을 보아주고 존중해 주는 사람을 마침내 만난 것이다. 일부 사람들이 자기를 혐오하는 이유도 똑같다. 과거에 남들이 그들을 그렇게 보고 대했기 때문이다.

누구나 버려야 할 짐 속에는 과거의 관계에서 배운 여러 잘못된 자아상이 들어 있다. 지금 당장 시간을 내서 당신의 자아상을 점검해 보라. 이렇게 자문해 보라. 내가 나를 보는 눈은 현실적인가? 강점과 약점, 이미 있는 귀한 부분과 더 자라야 할 부분이 고루 반영되어 있는가? 나는 나를 사랑받는 존재로 보고 있는가?

하나님은 본래 인간을 지으시기를, 자기를 사랑해 주는 사람들을 통해 자기를 알게 하셨다. 우리는 우선 자신을 하나님께 사랑받는 자, 그분께 한없이 소중한 존재로 볼 필요가 있다. 절대적인 필요다. 그럴 때 비로소 우리는 나를 사랑해 주는 사람들이 보는 것처럼 나를 볼 수 있다. 이렇게 우리는 자신의 발목을 붙잡는 낡은 시각의 짐을 서서히 털어낼 수 있다.

마음껏 자기다워지라

성경의 이야기와 온 세상 신자들이 들려주는 이야기는 우리를 과거의 속박에서 해방시키시는 하나님에 관한 이야기다. 태초부터 그분은 과거의 무거운 짐에 허덕이는 사람들을 풀어주셨다. 우리가 아는 것이 하나 있다. 그분은 당신이 과거에 붙잡혀 살기를 원치 않으신다. 상처와 용서하지 않는 마음 등 과거의 역기능적 끈을 놓지 않으면 그것이 당신의 현재 삶에 틀림없이 영향을 미친다. 계속 처리하지 않으면 당신의 미래에도 영향을 미친다. 그러나 하나님은 벗어날 길을 내셨다. 슬픔, 고통, 용서하지 않는 마음, 죄책, 수치, 낡은 관계 습성의 짐 가방을 풀 수 있는 길을 내셨다.

당신의 무거운 짐을 푸는 그분의 길을 보여 달라고 기도하라. 짐 없이 가뿐하게 여행하라. 그분의 인도간 따라가면 여태 상상도 못했던 행복과 관계와 만족을 지금부터 듬뿍 누리게 된다.

제5장
원리5 : 내 단점과 약점을 인정한다

"샤론 — 난 떠나오. 새 전화번호가 나오는 대로 전화하겠소. 아이들 문제와 돈 문제로 서로 얘기가 필요할 테니 말이오. 결국 이렇게 돼서 유감이오. 랍."

샤론은 온몸이 얼어붙은 듯 주방을 둘러보았다. 벽마다 자신과 남편 랍과 아이들 사진이 가득했다. 갑자기 발밑이 푹 꺼지기라도 한듯 그녀는 현실감과 방향감각을 잃었다. 상처와 두려움과 슬픔이 걷잡을 수 없이 밀려왔다.

평정을 되찾고자 그녀는 상황을 되짚어보려 했다. 그녀는 하나님을 믿었으나 이 순간 그분이 어디 계신지 아득하기만 했다. 그녀는 온 마음으로 랍을 사랑했다. 그녀에게 그는 영혼의 반려요 평생의 동반자였다. 오래 전 처음 만났을 때 그들은 둘 다 하나님의 인도하심을 느꼈다. 그녀는 확신했다. 모든 징표가 있었다. 그리고 랍은 아이들에게 좋은 아버지였다. 그 모두가 어찌 이렇게 끝날 수 있단 말인가?

최근 부부 사이가 좋지 않았고 남편이 결혼 생활에 불만이 많았음을 샤론은 알고 있었다. 지난 몇 달간 그는 마음을 닫아걸고 거리를 둔 채 생각이 딴 데 가 있고 쌀쌀맞기까지 했다. 그녀는 남편이 멀게 느껴졌다. 교회에서 나란히 앉아도 전처럼 손을 잡는 일은 없었고 아예 남남인 것 같았다. 설상가상으로 랍은 직장에서 보내는 시간이 점점 많아졌다.

최근 자기들이 겪어온 스트레스도 그녀는 알고 있었다. 회사는 랍에게 타지방 전근 방안을 제시했다. 수락하면 직위가 훨씬 높아지지만 수락하지 않으면 면직될 우려가 있었다. 문제가 현실화되어 결단의 순간이 오자 이들 부부는 가까운 친구들과 함께 많이 기도하고 생각하고 의논했다. 결국 전근이 최선의 결정임이 분명해졌다. 고향과 교회와 가까운 사람들을 두고 떠나려니 무척 힘들었다. 이제 새 지역에서 랍은 직장에 적응하려 애써왔다. 이사하고 아이들 전학 시키고 현지 사정을 익히고 이웃들을 사귀고 소속감을 느낄 만한 교회를 찾느라 몇 주가 지났다. 사실 바로 그 교회에서 나와 내 아내는 그들을 만나 이 사연을 알게 되었다.

랍이 거리를 두고 마음을 닫기 시작했을 때 샤론은 그것을 느끼고 걱정했다. 그녀가 무슨 문제라도 있느냐고 물으면 매번 그는 아니라고 했고 그러면 그녀는 기도해 주겠다고 말하곤 했다.

부부 관계는 소리 없이 죽어가고 있었고 몇 달이 지나도록 둘은 그 상태로 공존했다.

샤론은 문제를 대부분 이사 탓으로 돌렸다. 물론 이사로 인한 손해도 있었다. 그러나 실은 이사 오기 오래 전부터 그들 부부 사이에 심각한 불화의 씨앗이 있었다. 샤론이 그런 불화의 조짐을 알아차리지 못했다는 것이 문제의 가장 심각한 부분이었다.

샤론은 영적으로 눈먼 부분이 있었다. 하나님의 도움과 치유의 손길을 한 번도 허용하지 않았다. 삶을 도무지 책임질 줄 모르는 사람들이 있거니와 그녀도 그중 하나였다. 문제가 터질 때마다 샤론은 늘 남의 잘못으로 보았다. 그녀는 남들을 비난하고 자신을 변명하며, 자기도 문제에 한몫 했음을 인정하지 않았다.

이는 보기 드문 현상이 아니다. 사실 우리는 다 어느 정도 그런 면이 있다. 태초부터 그랬다. 아담과 하와가 서로 손가락질하며 마귀를 탓하던 날 책임 전가는 시작되었다. 이스라엘 백성이 광야에서 원망하던 날 책임 전가는 계속되었다. 그러므로 영적으로 심하게 눈먼 증세는 비단 샤론의 경우만이 아니었다.

샤론은 나쁜 사람이 아니었다. 사실 그녀는 심성이 착한 사람이었다. 그녀는 하나님과 가족들과 친구들을 사랑했고 그들 모두의 유익을 구했다. 그녀는 좋은 아내, 좋은 엄마, 좋은 친구가 되려 많이 애썼다. 일이 잘될 때는 정말 잘됐다. 그러나 문제가 터지면 상황이 아주 나빠졌다. 가장 가까운 사람이다 보니 대부분의 경우 문제는 남편 탓으로 돌아갔다.

예컨대 샤론이 아이들 때문에 힘들면 그것은 랍이 직장 일로 바빠 도와주지 않기 때문이었다. 돈이 빠듯하면 랍이 돈을 더 많이 벌어오지 못해서였다. 부부간에 진지한 사랑의 대화를 나누고 싶은데 남편이 너무 피곤해서 사양하면 그것은 랍이 샤론의 감정에 무관심하기 때문이었다. 랍이 샤론의 의견에 동조하지 않고 주관을 내세우면 그것은 아내를 좌지우지하는 것이었다. 최악의 순간은 랍이 샤론 때문에 힘든 일을 언급할 때였다. 그럴 때면 샤론은 이성을 잃고 화가 폭발하여, 오히려 남편이 자기를 비난하고 판단한다며 맞받아쳤다.

물론 랍도 어느 정도 책임이 있다. 그는 태도를 바꾸어 아내의 비위를 맞추려 하다가도 그래봐야 아무 소용없으면 그냥 포기하고 대화를 끊었다. 또는 아내의 무책임을 지적하려 했으나 샤론은 매번 부인했고 그럴수록 그는 아내를 피했다. 또는 아내에게 입은 내면의 상처를 내색하지 않은 채 얼굴에 철판을 깔고 강한 척하려 했다. 어쨌거나 그는 너무 금방 포기했다.

사실 이사는 이미 상처 난 부부 관계에 상처를 덧입혔을 뿐이다. 샤론은 이사를 결정할 때 100퍼센트 기도로 동참했으면서도 이사로 인한 문제들을 남편 탓으로 돌렸다. 그녀는 남편의 경력에 실망했다고 말했고, 고향에서 더 좋은 일을 찾아보지 않은 그를 비난했다. 랍은 무슨 수로도 샤론을 만족시킬 수 없었다. 아무리 사랑과 시간과 지원을 아끼지 않으려 해도 그녀를 행복하게 해줄 수는 없었다. 무슨 문제든 잘못은 전적으로 랍에게 있었다.

사실 별거가 시작되기 전에도 샤론은 결혼 생활의 문제를 나한테 말했다. 나는 꽤 오랫동안 그들과 친구로 지냈으므로 문제를 약간 눈치 챘었다. 랍은 물론 완전하지는 않았지만 사사건건 구박받는 데서 벗어날 필요가 있었고, 샤론은 자신에게도 문제가 있음을 좀처럼 인정하지 못하는 것 같았다. 나는 샤론에게 그런 얘기까지 했다. 내가 그런 식으로 말하면 대체로 샤론은 "하지만 당신은 그 남자가 어떤 인간인지 모른다!"는 식으로 반응했다. 그러면 대화가 겉돌았다. 몇 번 그녀와 대화를 시도하다 허탕친 나는 문제를 접어두었다.
　다행히 하나님은 샤론과 랍의 상황이 끝났다고 보지 않으셨다. 사실 가장 캄캄할 때 하나님은 가장 밝은 빛을 비추신다. 돌아보면 이 부부의 경우 칠흑같이 어두워질 때까지 하나님이 그냥 두신 것 같다. 그것이 샤론에게 분명한 자각을 주시는 그분의 길이 아니었나 싶다.

　충격이 필요할 때가 있다
　진실에 눈이 뜨이려면 충격이 필요할 때가 있다.
　샤론은 자신의 끊임없는 비난이 결혼 문제의 뿌리라는 생각을 몇 달째 외면했다. 샤론의 행동은 랍에게 어찌나 상처가 되었던지 그는 자기가 하나님께든 인간에게든 사랑받고 있는지 의심스러웠고 마음속에 생기와 사랑과 문제 해결의 에너지가 고갈될 정도였으나 그녀는 그것을 까맣게 몰랐다. 물론 랍은 갑자기 떠날 게 아니라 다른 조치를 취했어야 했다. 그러나 랍의 작별 쪽지의 충격은 최초의 작은 돌파구가 되었다. 하루아침에 샤론은 제 감정을 탓할 대상을 잃었다. 그녀는 어찌해야 좋을지 앞길이 막막했고 결정이 서지 않았다. 랍에게 전화해 돌아오도록 설득해야 하나? 변호사를 사야 하나? 아이들한테는 뭐라고 말해야 하나?

앞서 말했듯이 다행히 샤론은 하나님을 사랑했다. 그래서 예로부터 지금까지 사람들이 그래왔듯이 그녀는 길 잃고 막막한 자라면 누구나 해야 할 한가지 일을 했다. 기도로 하나님께 나아가 도움을 청한 것이다. 아무 일도 없었다. 적어도 당장은 그랬다. 현실은 달라지지 않았다. 어떤 징조나 신호나 음성도 없었다. 그러나 샤론은 포기하지 않고 하나님께 매달렸다. 그분만이 자신의 소망이었기에 계속 기도했다.

샤론에게 들었던 이야기를 떠올리노라니 이런 생각이 난다. 하나님은 그분께 나아가는 우리를 종종 오랫동안 씨름하도록 두신다. 예수님은 평생 가장 괴로우셨을 시간에 세 번이나 기도하셨지만 하나님의 응답은 없었다(마 26:39-44). 하나님은 나의 간구와 소원과 갈망이 정말 내 것이 되도록 — 대충 건성으로 바라지 않고 진심으로 간절히 바라도록 — 도와주시는 셈이다.

샤론은 계속 기도하고 찾으며 응답을 기다렸다. 며칠 만에 그녀의 마음속에 변화가 일기 시작했다. 땅 속의 씨앗에서 작은 새싹이 움트듯 샤론의 내면에 랍과 관련된 새로운 감정이 돋아난 것이다. 이후 그녀의 설명에 따르면 자신을 '버린' 남편에게 평소처럼 실망과 상처가 느껴진 것이 아니라 오히려 남편의 상처가 처음 느껴졌다. 구체적으로 그녀는 남편으로 인한 고통이 더 이상 느껴지지 않고 오히려 자기가 남편에게 입힌 고통이 느껴졌다. 여태까지 남편의 잘못의 표본으로 알았던 대화들이 떠올랐다. 다만 이번에는 자신이 했던 말들이 기억났다. 매사를 남편 잘못으로 몰아붙이던 비난의 말들이었다. 자기에게도 일부 잘못이 있음을 남편이 지적하려 할 때마다 자기가 일언지하에 남편의 말을 무시했던 기억이 되살아났다.

특히 기억나는 밤이 있었다. 막중한 업무 스트레스로 유난히 약해진 순간 랍은 침대에서 잠들기 전 아내에게 잠시 안아달라고 했다. 다독거림이 필요한 어린아이처럼 힘든 시기를 견뎌낼 위안을 구한 것이다. 그때 샤론은 화가 치밀어 "당신이 좀 더 유능하다면 사내대장부가 이런 모습을 보이지는 않을 걸요"라고 말했다. 그리고는 돌아누워 남편에게 등을 돌린 채 잠들었다.

이제 눈이 밝아진 샤론은 매정했던 자기 모습에 기가 막혔다. 남편에게 입힌 상처와 거부의 감정이 깊이 느껴졌다. 아울러 남편의 아픔에 대한 고뇌와 후회도 찾아들었다.

떠나간 남편으로 인한 충격과 자기 반응의 진실을 밝혀준 하나님의 은혜가 어우러져 샤론을 건졌던 것이다.

진실은 아플 수 있지만 당신을 자유케 한다

하나님이 샤론의 마음을 부드럽게 열어주신 이 과정은 며칠간 계속되었다. 편치 않은 시간이었다. 자기 잘못을 인정하지 않고 남편을 향한 책임을 무시하는 자기 모습에 그녀는 계속 부딪쳐야 했다. 하나님이 명확히 깨우쳐 주시는 이 시간 동안 그녀는 자신이 싫었다. 나는 성경말씀 한 구절이 생각났다. 자신의 실패를 깨달을 때 우리도 때로는 자신에 대해 그런 감정이 들 때가 있다. "그때에 너희가 너희 악한 길과 너희 좋지 못한 행위를 기억하고 너희 모든 죄악과 가증한 일로 말미암아 스스로 밉게 보리라"(겔 36:31). 그래도 그녀는 진실을 감당할 힘을 달라고 계속 하나님께 도움을 구했다.

동시에 샤론은 보다 긍정적인 다른 감정이 들기 시작했다. 랍에게 보다 깊은 의미의 감사와 사랑을 느꼈던 것이다. 자신도 문제에 의당 한몫했음을 인정하고 나니 마음에 여유가 생겨 남편의 좋은 점들이 보였다. 그 모든 장점들 때문에 그와 결혼하지 않았던가.

모든 것들이 샤론의 머릿속에서 맞아들기 시작했다. 하나님의 작은 메시지들이 비로소 이해가 되었다. 나와 몇몇 다른 친구들이 들려준 피드백, 랍이 떠나버린 위기, 거기다 이제 이런 내적 깨우침까지 — 모두 메시지는 하나인 듯했다. 남편을 찾아가 화해하라. '화해'한다는 것이 정확히 무슨 뜻인지 몰랐지만 샤론은 남편에게 전화를 걸었다.

둘이 만난 자리에서 그녀는 그간 자신에게 있었던 일을 최대한 잘 말한 다음, 오랜 세월 그에게만 책임을 떠넘기고 자기 문제와 실패는 인정하지 않은 것을 진심으로 사과했다. 어려웠지만 그녀는 남편의 갑작스런 떠남이 고통을 주었다는 얘기는 하지 않았다. 이번 대화에서는 분명히 자신의 실패만 얘기하고 싶었던 것이다. 나중에 그녀는 그때 일에 대해 "내 평생 가장 어려운 대화였다"고 말했다.

랍은 랍대로 대경실색했다. 샤론을 만나러 가면서 그는 봇물 같은 성난 비난을 예상했다. 그러나 진심으로 뉘우치는 샤론의 모습을 보며 랍은 하나님의 역사로 그녀가 정말 달라졌다는 확신이 들었다. 그때부터 그도 자신의 멍들고 불신하던 마음을 아내에게 털어놓기 시작했다. 샤론은 그의 첫사랑이었다. 랍은 즉시 샤론과 다시 합하고 싶은 마음이 들었고 샤론도 마찬가지였다. 며칠이 못되어 그는 다시 집으로 돌아왔다. 언제나 오고 싶었던 곳이었다.

이야기는 거기서 끝나지 않는다. 샤론은 일종의 영적 거듭남을 체험했다. 자신의 실패를 인정할 줄 알아야 함을 자각한 것이다. 그러나 출생이 본래 그렇듯이 새 생명은 다 자란 모습으로 등장하지 않고 작고 미숙한 모습으로 나온다. 상담을 통해 샤론은 앞으로 정말 달라지려면 랍에게 야기한 고통을 인정하는 정도가 아니라 자기 삶의 습성을 책임져야 함을 깨달았다. 자신의 행동을 변화시키는 과정에 들어서야 했던 것이다. 춤 파트너의 발을 밟고서 미안하다고 말하기는 쉽지만 다시 그런 일이 없도록 강습을 받는 것은 다른 문제다!

샤론은 이렇게 말한다. "나는 무질서, 자기중심성, 남편에 대한 비현실적인 기대 따위를 '내 것'으로 인정하기 시작했어요. 내 방어적 태도는 말할 것도 없고요. 그 시간 내내 제가 기도하기를 정말 다행입니다. 하나님이 계속 내 마음을 녹여주셔야 했으니까요. 성장하려면 꼭 보아야 할 나 자신의 모습들이 정말 보고 싶지 않았거든요."

샤론의 새로운 내적 습관은 결혼 생활을 벗어나 다른 부분들에까지 좋은 파장을 일으켰다. 우선 잘못도 없는 아이들을 혼내던 일이 없어졌다. 대신 그녀는 때로 일관성 없고 때로 비판적인 자신의 양육 방식이 아이들에게 미친 영향을 자인했다. 샤론의 친구 관계도 좋아졌다. 특정인들을 따돌리는 행동을 버렸기 때문이다. 그녀는 친구들에게 사과했고, 자기가 선을 벗어날 경우 솔직한 피드백을 달라고 부탁했다. 샤론은 이사 오게 만드신 하나님께 대한 분노도 버렸다. 그리고 결혼 생활을 제대로 할 기회를 다시 주셔서 너무나 감사하다고 그분께 겸손히 고백했다.

하나님이 샤론에게 열어주신 길에는 부산물도 있었다. 샤론이 하나님의 도움으로 자신의 부족함을 인정하기 시작하자 랍도 좀 더 안심하고 자신의 단점을 인정했다. 마음을 닫아걸고 일에 파묻혀 살며 혼자만의 생각 속으로 숨어들던 그의 모습이 사라졌다. 문제를 일으키거나 샤론을 실망시킬 때면 그는 솔직히 그렇게 인정하기 시작했다. 끝으로 이들 둘은 늘 꿈에 그리던 부부가 되고자 정도를 걷기 시작했다. 샤론과 랍의 결혼 생활은 분명 완

성품은 아니다. 둘 다 성장의 여지가 있다. 그러나 하나님이 그들에게 자기 삶을 책임질 길을 열어주시자 그들의 자녀양육, 일, 우정에 근본적인 변화가 나타났다. 지금 그들은 뜻 깊은 방식으로 다른 부부들을 섬기기까지 하고 있다. 그들로서는 정말 격세지감이 아닐 수 없다.

그날 주방에서 하나님께 나아갈 때만 해도 샤론은 하나님이 남편에게 남편의 잘못을 보여주실 줄 알았다. 하지만 하나님은 샤론이 자기 삶을 인정하고 책임질 줄 알아야 한다는 사실을 보여주셨고, 이런 기도 응답에 그녀는 놀랐다. 하지만 이는 하나님이 내시는 길을 찾는 값일 뿐이다. 길을 내시는 분은 그분이지만 그 길로 걷는 것은 우리 책임이다. 예수님은 "아무든지 나를 따라오려거든 자기를 부인하고 날마다 제 십자가를 지고 나를 따를 것이니라"(눅 9:23)고 말씀하셨다.

샤론의 이야기를 회상하면서 나는 그 순간 주방에 번개가 치고 나팔이 울리며 천사가 나타나 그녀에게 다음 단계를 정확히 일러주었다면 좋았을 텐데 하는 생각도 조금은 든다. 그랬다면 사람들에게 길을 열어주시는 하나님의 방식에 대한 확실한 예가 되었을 것이고 우리 모두의 신앙 여정에도 큰 힘이 되었을 것이다. 하나님은 때로 시공의 피륙을 찢고 은혜와 능력으로 우리의 일상 세계에 우레처럼 임하신다. 그것이 내 깊은 믿음이며 직접 체험한 바이기도 하다. 그분은 정말 하나님이다. 초자연적인 기적의 신이다.

그러나 한편으로 나는 하나님이 샤론에게 그렇게 하시지 않고 대신 시간을 두고서 내적 인식과 깊은 자각을 주셔서 다행이라는 생각도 든다. 그게 왜 다행일까? 우선 샤론의 사연은 하나님의 방법이나 접근이 절대 예측을 불허함을 우리에게 일깨워 주기 때문이다. 내 삶 속에 그분의 다음 행보가 무엇일지 우리는 절대 공식을 만들어낼 수 없다. 이것이 일깨워 주는 것이 또 있다. 그분이 인간의 마음속에 조용히 일으키시는 기적이야말로 종종 최고의 기적이라는 것이다.

원리의 실천

샤론의 이야기에 나타난 중요한 작용 원리가 있다. 주인의식과 책임의 원리다. 기본적으로 주인의식이란 인간이 삶, 목표, 문제에 대해 다음과 같은 입장을 취하는 것이다. 내 삶은 내 문제다. 내 소원과 필요와 갈망이 무엇이든 하나님은 내가 내 몫을 다해 그것을 이루기 원하신다. 하나님이 주신 꿈이 무엇이고 내가 풀어야 할 문제가 무엇이든 나는 목표 진전에 일조할 수 있다.

이것이 하나님의 능력이 아니라 인간의 노력이요 의지력이라고 말할 사람들도 있을 것이다. 천만부당한 말이다. 누구보다도 가장 많은 책임을 지시는 분은 하나님이다. 우리가 어찌할 바를 몰라 막막할 때 그분은 책임지고 길을 내주신다. 그분은 끊임없이 우리에게 건짐과 보호를 베푸신다. 시편기자는 선포했다. "여호와는 나의 반석이시요 나의 요새시요 나를 건지시는 이시요 나의 하나님이시요 내가 그 안에 피할 바위시요 나의 방패시요 나의 구원의 뿔이시요 나의 산성이시로다"(시 18:2).

이렇듯 하나님은 우리를 그분과 함께 길을 여는 파트너, 동역자로 보신다. 그분은 그분 일을 하시고 우리는 우리 일을 한다. 사도 바울은 말했다. "그러므로 나의 사랑하는 자들아, 너희가 나 있을 때뿐 아니라 더욱 지금 나 없을 때에도 항상 복종하여 두렵고 떨림으로 너희 구원을 이루라. 너희 안에서 행하시는 이는 하나님이시니 자기의 기쁘신 뜻을 위하여 너희에게 소원을 두고 행하게 하시나니"(빌 2:12-13).

"구원을 이룬다"는 것은 무슨 말인가? 하나님이 우리를 건지시고 구원하셨으니 이제 우리는 책임감 있게 그분과 그분의 길에 합당한 삶을 살아야 한다는 뜻이다. 날마다 하나님을 의지함, 신뢰, 사랑, 정직 그리고 그분에게서 오는 모든 것들이 그 삶의 특징이다. 우리가 그렇게 하는 동안 그분은 신령한 기적을 베푸셔서 목표를 이루신다.

샤론의 이야기는 하나님의 동역자가 된 좋은 예다. 하나님이 하신 일은? 친구들을 보내주셨고, 랍이 집을 나가되 이혼 수속은 밟지 않게 하셨고, 샤론의 마음을 열어 자신의 눈먼 부분을 보게 하셨다. 샤론이 한 일은? 찾고 듣고 마음을 열고 하나님을 포기하지 않았다. 그리고 길을 보여주시는 그분의 빛 앞에 마침내 책임을 수용했다. 결국 주인의식의 원리는 영적 분별의 문제다. 우리는 하나님이 길을 예비하신다는 것을 알아야 하며, 주인의식을 가지고 그 길에 발을 내딛어 걸어야 한다.

잘못과 책임을 인정하는 주인의식

모든 문제의 원인이 내게 있는 것은 아니라는 사실 때문에 고민하는 사람들이 있는데, 이는 온전한 주인의식에 방해가 될 때가 많다. 경제 불황으로 정리 해고된 사람은 해고가 자기 탓이 아니라는 이유로 사측에 다른 일자리를 요구하고 싶을 수 있다. 군림형 남편을 둔 아내는 자기 문제가 아니라 남편 문제라는 이유로 그저 무력감에 젖어있을 수 있다.

모든 문제의 원인이 내게 있지 않다는 데 이의를 달 사람은 아무도 없다. 이는 타락한 세상을 살아가는 정말 비참한 현실의 일부다. 무죄한 자들이 다친다. 그러나 문제 해결에 있어 결국 누구 잘못이냐는 중요하지 않다. 문제를 걱정하는 사람이 곧 문제 당사자다. 그렇게 생각하면 훨씬 도움이 될 것이다.

이런 식으로 자신의 삶에 책임을 질 때 우리는 변화의 능력이 생긴다. 주인의식은 우리에게 행동 능력을 준다. 내 다양한 기술을 살려 계획을 짜고 아픈 상황에 부딪치고 잘못을 바로잡게 하는 것이다. 문제를 '내 것'으로 인정하는 사람들은 주도권을 취할 줄 안다. 실직한 그 남자는 여기저기 임원 채용 면접을 본다. 불행한 그 아내는 남편이 관심을 보이든 말든 외부의 도움을 구한다.

주인의식은 우리에게 자유를 준다. 당신은 더 이상 과거, 헛된 희망, 상대의 변화를 바라는 마음, 낙심과 수동성 따위의 노예가 아니다. 당신은 자유로이 해답을 모색하고 모험에 나서고 조치를 취한다.

사실 주인의식은 축복이다. 처음에는 불편하게 느껴지지만 나중에 보상이 온다. 동전의 이면인 책임 전가는 반대로 일종의 저주다. 처음에는 기분 좋지만 때가 되면 우리를 망가뜨린다. 엄격히 말해 책임 전가란 문제의 모든 책임을 다른 사람이나 다른 것에 투사하는 것이다. 그것은 우리를 굴레에 묶어둔다. 그래서 우리 각자는 주어진 상황에서 남을 흠잡고 탓하고 변명하고 얼버무리고 책임을 부인하는 성향이 혹 자신에게 있는지 잘 살펴서 해결할 필요가 있다.

약간의 책임 전가가 도움이 될 때도 있다. 단 이럴 때의 '책임 전가'란 주어진 상황에서 책임 소재를 파악하는 과정을 뜻한다. 어떤 의미에서 우리는 일종의 영적 감사(監査) 과정을 통해 누가 어떻게 문제에 일조했는지 알아내야 한다. 이는 상대를 비난하는 것과는 다르며, 우리로 문제 해결에 만반의 준비를 갖추게 한다. 이렇게 책임 소재를 파악하면 용서해야 할 잘못이 무엇인지 알 수 있다. 동시에 나도 정말 문제에 한몫했다면, 고백하고 용서를 구하고 회개해야 한다.

알코올 중독 아내를 둔 남편은 무조건 자기가 아내의 음주를 유발했다고만 생각할 것이 아니라, 아내의 책임은 아내에게 돌릴 필요가 있다. 이것이 책임 소재의 파악이다. 동시에 그는 자기가 의당 나서서 단호한 입장을 취해야 했는데 그러지 못한 데 대해서는 책임을 자인할 필요가 있다. 이런 평가 시간을 통해 한 마디로 우리는 문제의 뿌리를 찾아낼 수 있다. 하지만 정말 관건은 누가 문제를 일으켰느냐가 아니라 문제와 그 해결책임을 잊지 말라.

내 것으로 인정해야 할 것들

당신 삶에 열어주시는 하나님의 길을 원하거든 자신의 단점과 약점을 인정하라. 하나님은 주인의식을 축복하신다. 내 것으로 인정하고 책임질 수 있는 것들을 간략히 꼽아보면 다음과 같다. 그럴 때 당신은 하나님의 동역자가 될 수 있다.

- **자신의 불행.** 어떤 고통이나 불편을 겪고 있든 거기에 대해 주인의식을 갖게 해달라고 하나님께 기도하라. 그리고 해결 방안을 찾게 해달라고 기도하라.
- **구체적 이슈.** 문제의 근본 원인을 파악하라. 관계의 불화인가? 신앙 여정인가? 직장 문제인가? 끊기 힘든 습관인가?
- **필요한 자원.** 문제 해결에 필요한 자원을 주도적으로 나서서 찾아야 한다. 도움과 지원과 위로와 조언을 받으라. 답을 갖고 당신을 격려할 수 있는 사람들을 만날 때까지 찾으라.
- **약점과 장애물.** 힘이 딸려 도전에 부응하지 못하는 영역들을 파악한 다음 그 부분들을 개발해 나가라.
- **감시.** 소수의 사람들에게 감시를 부탁하라. 고민 해결이나 목표 달성의 본분에서 곁길로 빠지지 않도록 당신을 지켜줄 사람

들이다.
- **지원 팀.** 긍휼과 위로가 충만하되 당신이 문제 해결의 다음 단계를 취할 책임을 회피하도록 그냥 두지 않을 친구들을 구하라. 당신을 피해의식에 젖어 살게 해줄 사람들이라면 전염병 피하듯 피해야 한다!
- **하루 단위로.** 어제에 집착하거나 내일의 해방을 바라기보다는 오늘의 문제에 집중하라. 자기 삶에 책임지는 사람들은 현재 속에 살아갈 줄 안다.

끝으로 매사에 모든 책임을 다 지려는 유혹을 물리치라. 당신의 고충은 당신 혼자 질 짐이 아니다. 하나님이 함께 져주신다. 당신을 위해 즐거이 일하실 그분이다. 당신의 어깨도 내 어깨도 모든 짐을 다 질 만큼 넓지 못하다.

기쁜 소식은, 주인의식을 가지면 삶이 더 잘 풀린다는 것이다. 그분 방식대로 살면 그분이 짐을 잘 감당하도록 곁에서 우리를 도우신다. 예수님은 "내 멍에는 쉽고 내 짐은 가벼움이라"(마 11:30)고 말씀하셨다.

제6장
원리6 : 문제를 선물로 받아들인다

친구 게리가 만나서 아침이나 먹자고 했을 때 나는 그에게 뭔가 고민이 있음을 느꼈다. 한동안 못 보고 지냈으므로 나는 그 만남이 기다려졌다. 식당에서 인사를 나눈 후 게리는 불쑥 내뱉었다.
"나 해고당했네."

해고? 나는 깜짝 놀랐다. 게리는 대학을 갓 졸업해 일터에서 자기 입지를 굳히는 중인 풋내기 청년이 아니었다. 그는 큰 제조회사의 노련한 고위 간부였고 그 자리에 있은 지도 오래되었다. 그는 그 일이 좋아 평생직장으로 삼을 작정이었다. 그에게는 부양해야 할 아내와 세 자녀도 있었다. "게리, 갑자기 해고라니 어찌된 일인가?" 나는 물었다.

사연인즉 간부급 인사 구조조정으로 그는 새 상사 댄과 맺어졌다. 게리와 댄은 잘 맞지 않았다. 게리는 질서정연하고 치밀한 반면 댄은 보다 열정과 도전의식이 강했다. 댄은 게리에게 좀 더 모험에 나서 새로운 아이디어들을 시도하고 부하 직원들을 대하는 방식도 바꾸라고 재촉했다. 게리는 그런 개념들이 정당함을 알면서도 댄이 근면, 책임, 직원들의 자율성 제고 등의 중요성을 간과하고 있다고 생각되었다. 게리는 또 댄의 기대가 꽤 무리라는 생각도 들었다.

게리는 댄의 체제에 맞춰보려 했으나 그의 목표와 기대에 부응할 수 없었다. 문제 시정을 위한 길고 괴로운 시도들 끝에 결국 게리는 해고되었다.

"게리, 내가 해줄 수 있는 일이 뭔가?" 나는 그가 내 격려와 혹 두어 군데 일자리를 알아봐 주기를 원하겠거니 넘겨짚으며 물었다. 그의 대답은 뜻밖이었다.

"존, 나를 위해 기도해 주게. 이 상황에서 하나님이 가르쳐 주시려는 것을 잘 배울 수 있도록 말일세."

"무슨 말인가?" 나는 자세히 물었다.

그는 말했다. "이번 일로 내 삶에 제동이 걸린 셈이네. 전에 없던 일이지. 사실 앞이 전혀 안 보이네. 하지만 이 모든 일 뒤에 하나님이 계심을 알지. 도대체 무슨 뜻인지 알다가도 모르겠지만 그래도 우연이 아니라고 확신하네. 그래서 위기에 대처하는 최선의 길은 하나님과 함께 시작해서 거기서부터 풀어나가는 거라고 생각되네. 하나님이 가르쳐 주시려는 것을 배우는 거야말로 이 시점에서 최고의 방책이 아닌가 싶네."

　게리의 말은 지당한 말이었다. 나는 기도해 주겠다고 말했다.

　그후 게리가 실직의 아픔을 딛고 일어서는 몇 달간 우리는 계속 긴히 연락하며 지냈다. 그 기간에 나는 친구를 깊이 존경하게 되었다. 그는 자기연민이나 남 탓에 빠지지 않았다. 오히려 날마다 자기를 위한 하나님의 길을 묻고 찾았다. 동시에 그는 열심히 적극적으로 일자리를 찾아 좋은 직위로 다른 회사에 입사했다. 그는 지금도 그 회사에서 잘 지내고 있다.

　게리가 그 시기에 모든 에너지를 구직에 쏟았다 해도 아무도 그를 나무라지 않았을 것이다. 그는 가족들을 먹여 살리고 할부금을 갚아야 했다. 어떤 기준으로 보아도 그것은 정당한 일이었을 것이다. 단 최선의 일은 아니었을 것이다. 게리에게 최선의 일은 하나님께 배우는 것이었다.

　게리는 자기가 곤경에서 헤어날 길을 스스로 찾을 수 있을 만큼 똑똑한 사람임을 알았다. 그러나 믿음이 있었기에 그는 상실 뒤의 교훈, 변화, 성장을 찾아 나섰다. 문제를 하나님의 얼굴이 보이는 창으로 보고 하나님이 마음에 빛을 비추실 때까지 그 창가에 서 있는 것이야말로 최선의 길임을 그는 알았다. 게리는 딜레마를 하나님 방식으로 통과하고 싶었다. 하나님이 자기를 책임져 주실 거라는 믿음이 있었기 때문이다.

　찾고 구하고 기도하고 성경을 읽고 사람들과 대화하는 게리에게 하나님은 과연 응답하셨다. 처음에 게리는 하나님의 교훈이 불편하게 느껴졌다. 시간이 가면서 하나님은 댄의 평가가 근본적으로 옳았음을 게리에게 보여주셨다. 게리는 모험과 변화에 저항했다. 그는 실패와 통제력 상실이 두려웠다. 하나님과의 관계에서도 그랬다. 그의 삶과 일과 신앙은 안전제일주의였다. 게리의 습관과 믿음의 틀 안에는 모험과 창조의 여지가 별로 없었다. 그 점에 관한 한 하나님의 능력이 그를 위해 역사할 여지도 별로 없었다.

일단 자기 문제를 깨달은 게리는 변화와 성장을 위해 노력했다. 많은 수고가 필요했으나 결국 그는 새 사람이 되었다. 지금도 그는 여전히 책임감 있고 확실한 사람이다. 하지만 지금 만나면 그는 내면에 더욱 생기가 넘쳐 보인다. 그에게는 이제 다음 업무 이상의 것이 있다. 이제 게리는 새 일들을 시도한다. 경험에 더 마음이 열려 있다. 그는 또한 같은 식으로 다른 사업가들의 성장과 개발을 돕는 재능이 자신에게 있음을 발견했다. 직장 문제로 도움이 필요한 남자들에게 그는 교회를 통해 자원해 아주 즐겁게 멘토 역할을 하고 있다. 게리는 문제를 계기로 삼아 더 좋고 새로운 방식으로 하나님을 만났다.

시각의 문제

게리처럼 우리도 다 문제가 있다. 문제는 삶의 일부다. 그러나 문제를 어떻게 푸느냐에 따라 우리는 두 그룹으로 갈라진다. 즉 문제에서 끝나는 사람들이 있고 문제를 넘어서는 사람들이 있다.

첫째 부류의 사람들은 위기를 만나면 그 자리에 딱 멈춰서 꼼

짝도 하지 않는 경향이 있다. 그들은 최대한 빨리 문제가 없어지기만 바랄 뿐이다. 둘째 부류는 게리처럼 문제에서 뭔가 쓸 만한 것을 건진다. 하지만 그러려면 하나님 은혜의 역사가 필요하다. 우리는 단순히 문제 자체만 다루고 넘어가는 성향이 있기 때문이다.

문제의 분야가 직장이든 관계든 건강이든 정서든 상실이든 우리는 다 불을 끄는 일과 불씨가 다시 살아나지 않게 살피는 일에 총력을 기울이는 경향이 있다. 사라지기를 바라는 재발성 홍통일 수도 있다. 전에 대책을 배웠던 부부 불화일 수도 있다. 식생활에 문제가 있어 여러 요법과 방안을 시도하는 중일 수도 있다. 문제다. 괴롭다. 없어졌으면 좋겠다. 그래서 당신은 거기에 주력한다.

문제를 해결하고 고통을 줄이려는 게 잘못은 아니다. 하지만 문제에서 벗어나는 길이 우리의 일차 관심사가 되어서는 안 된다. 하나님은 역경을 우리와 아주 다른 눈으로 보시기 때문이다. 역경은 우리를 그분과 그분의 길로 데려다준다. 그런 의미에서 역경은 그분의 선물이다. 그분은 우리 안에 소화(消火) 능력 훨씬 이상의 것을 키우고자 하신다. 그분께는 우리에게 주실 새 삶과 많고 많은 교훈이 있다. 문제를 통과하는 법을 배울 때 그것을 누릴 수 있다.

여기 통과한다는 단어가 중요하다. 하나님의 관심은 우리를 문제 밖으로 끄집어내시는 데 있지 않고 문제를 잘 통과하도록 도우시는 데 있다. 그래서 문제에 대한 하나님의 접근 방식은 종종 우리와 아주 다르다. 통증에 대한 의사와 환자의 시각 차이에 견줄 수 있다. 당신은 통증이 있어 의사에게 간다. 당신은 주사나 약, 즉 통증을 없애줄 것을 원한다. 그것도 당장 원한다. 그러나 당신의 현명한 의사는 그 통증이 보다 깊은 문제의 증상임을 안다. 그는 수술과 물리치료라는 더 많은 통증을 처방한다.

선택은 당신 몫이다. 당신은 통증이 재발할 것을 알면서도 당장의 진통제를 요구할 수도 있고, 치료 과정을 통과해 문제를 발본색원할 수도 있다. 삶의 문제와 위기를 대할 때도 당신은 똑같은 선택에 부딪친다. 하나님은 당신을 온전히 사랑하시며 당신이 가장 잘되기를 원하신다. 그러나 당신의 의사처럼 그분의 관심은 당신의 즉각적 위안보다는 장기적 건강과 성장에 있다.

그래서 성경에 이런 말씀이 있다. "내 형제들아, 너희가 여러 가지 시험을 당하거든 온전히 기쁘게 여기라. 이는 너희 믿음의 시련이 인내를 만들어내는 줄 너희가 앎이라"(약 1:2-3). 하나님의 길은 문제에서 빠져나오는 것이 아니라 문제를 통과하는 것이다. 그럴 때 우리는 역경에서 배우며 하나님의 길을 발견한다.

그러므로 우리는 문제에서 빠져나올 길을 찾기보다는 문제를 통과하려는 마음이 필요한데, 이때 두 방향을 바라보면 도움이 된다. 위를 보고 안을 보는 것이다.

두 방향

첫째, 우리는 위를 본다. 내 힘으로 안 풀리는 문제는 본질상 내 능력 밖이다. 해결할 수 있었다면 벌써 해결했을 것이다. 그러므로 고충이 무엇이든 당신의 해결 시도를 다 모아도 부족하다. 문제는 나를 나의 끝으로 데려간다. 내 자원과 힘과 의지와 인내가 바닥나는 곳이다. 나의 끝을 본다는 것은 즐거운 일이 아니다. 무력감, 상실감, 두려움, 막막함이 느껴지는 일이다. 거기서 멈추어 자기연민에 빠지거나 무력감을 한탄만 하고 있으면 우리는 정말 진창에서 헤어나지 못한다. 다행히 우리는 다른 길을 택할 수 있다.

우리는 문제를 계기로 위를 볼 수 있다. 초점을 문제 자체에서 떼어 문제를 보시는 하나님의 시각으로 향할 수 있다. 문제는 우리에게 우리의 작은 세계와 익숙한 해답과 편안한 습관을 벗어나 하나님이 기다리고 계시는 미지의 세계를 엿볼 수 있는 기회를 가져다준다. 나의 끝이야말로 하나님이 참으로 계시는 곳이다. 길 잃은 아이가 부모의 음성을 찾듯이 우리도 문제와 해답과 교훈과 길을 아시는 분께 나아가 하늘을 찾는다. 무한하신 하나님이 언제나 우리 곁에 계신다.

우리는 안전주의 성향이 있다. 예측 불가능한 하나님을 의지하고 바란다는 것은 편한 길이 아니다. 차라리 내가 알아서 하고 싶은 것이 우리 마음이다. 그러나 하나님은 그런 접근이 우리 영혼을 고갈시킴을 아시기에 일부러 그것을 막으신다. 그분은 우리가 눈을 들어 그분의 모든 기회와 자원을 보기 원하신다. 종종 하나님이 일하시는 방식은 쓰레기로 막힌 메마른 시내에 퍼붓는 폭우와 같다. 호우의 세찬 물살에 쓰레기가 떠밀리고 막힌 데가 뚫려 다시 물길이 터진다. 깨끗하고 시원한 물이 시내에 새 생명을 준다. 이렇게 생각해 보라. 위를 볼 때 우리는 하나님께 마음을 여는 것이고 하나님은 우리에게 자신을 여신다.

다음, 우리는 안을 본다. 우리가 겪는 변화는 위에 계신 하나님을 보는 것으로 그치지 않는다. 우리가 문제를 계기로 하나님께 가면 그분은 우리를 내면의 여정에 오르게 하시며 우리에게 가르쳐 주시려는 바를 보여주신다. 그분은 늘 가르치시고 격려하시고 인도하시고 치유하시고 지도하시며 우리 내면의 실상 즉 태도와 반응을 깨닫게 하신다. 마음의 내적 작용을 보여 달라고 기도하면 그분은 우리 마음 구석구석에 환한 스포트라이트를 비추어 상처와 흉터와 약점과 소신 등 그분께 복종시켜 다루심을 입어야 할 부분들을 밝혀주신다.

예를 들어 나는 독신자들에게 강연할 기회가 많은데 내면 성찰이 그들의 당면 이슈에 매우 적절함을 느낀다. 그들 중 대다수는 결혼을 간절히 원한다. 그러나 대부분 관계에 크게 낭패를 본 경험이 있다. 그 결과 다양한 태도가 생겨난다. 어떤 사람들은 문제의 답으로 마음을 닫아건다. 그 중에는 자기연민 속에 살아가는 이들도 있다. 어떤 사람들은 "결혼할 만한 괜찮은 남자(여자)가 없다"는 식으로 이성 전체를 싸잡아 비난한다. 그런가하면 혼자 있는 것보다는 아무하고나 함께 있는 게 낫다는 태도를 보이는 사람들도 있다. 이들은 아무나 마음에 끌리는 사람과 데이트하고 결혼해서 독신 문제를 해결한다. 누구도 내면의 길을 걷는 사람들이 아니다.

그러나 내면의 길을 걷는 독신자들도 있다. 그들은 안을 보게 도와달라고 하나님께 기도한다. 과거의 깨진 관계와 낭패에서 교훈을 건진다. 관계 문제에 자기도 일조한 바가 있는지 그리고 엉뚱한 사람에게 끌리는 마음을 그냥 두었는지 보여 달라고 기도한다. 그리고 바른 대상을 고르려면 자기에게 어떤 변화가 필요한지 그분께 여쭙는다. 하나님의 도움으로 눈을 떠서 자기 내면을 보면 좋은 열매가 풍성히 맺힌다. 결국 이런 사람들은 사랑의 대상을 선택함에 있어 훨씬 지혜롭다.

내면 성찰의 중요성에 관해 또 하나 짚어둘 것이 있다. 내면을 보노라면 하나님이 핵심 문제 — 초석이라 할 수 있는 태도의 문제 — 를 지적하실 가능성이 아주 높다. 그런 태도에서 나오는 반응은 비단 한 부분만 아니라 삶의 많은 영역에 나타난다. 상담을 하다보면 많은 내담자들이 자기 내면 깊숙이 숨어 있는 이슈가 애초에 여정의 발단이 된 특정 문제보다 훨씬 많은 것들과 관련되어 있음을 깨닫곤 한다. 사실 삶 전체에 흐르는 주제일 경우가 많다. 예컨대 앞에 소개한 게리는 자신이 모험과 모든 새로운 것을 두려워한다는 사실을 깨달았다. 앞서 보았듯이 이는 그의 직장 생활에 영향을 미쳤다. 그러나 게리는 자신이 관계의 모험도 두려워한다는 사실을 내면 성찰을 통해 깨닫고는 놀랐다. 처음에는 본인도 잘 몰랐지만 게리는 너무 안전주의 일색이었다. 때로 아내와 친구들 쪽에서 그의 삶과 차단된 느낌이 들 정도였다. 그들에게 잘해 주고 자상한 그였지만 자신의 속내를 털어놓거나 약한 모습을 보이는 모험은 피했던 것이다.

지금까지 보았듯이 하나님은 우리가 우리 삶의 주제나 습성을 파악하도록 도우신다. 그분의 도움으로 인내하며 진실을 접할 때 우리는 그런 주제나 습성이 생각보다 내 삶의 훨씬 많은 부분에 영향을 미치고 있음을 깨달을 수 있다.

고통을 정상으로 본다

고통을 정상으로 보게 해준다는 점에서도 문제는 선물이다. 즉 문제는 우리로 고통을 정상적인 삶의 한 부분으로 여기게 만든다는 것이다. 작은 문제의 사소한 불편이든 참담한 상실의 고통이든 우리의 실존은 다분히 고통을 수반한다. 본래 우리는 문제나 고통을 삶의 일부로 겪는 것이 싫다. 우리는 삶이 지금과 다르기 원한다. 그래서 고통과 고생이 오면 우리는 이래서는 안 된다고 항변하고 부정하고 따진다. 하지만 삶이란 고달픈 것이다. 아무리 저항해도 고통의 현실은 하나도 달라지지 않는다.

고통을 부정하고 항변할 때 우리는 사실상 하나님과 싸우는 것이다. 하나님은 "삶에 고통과 고생이 있어서는 안 된다"고 말씀하시지 않는다. 그렇게 말하는 건 우리다. 그러나 하나님은 궁극적 실체를 다 아시는 분이므로 우리의 유일한 반응은 그 싸움에 지는 것이다. 그것만이 삶의 이치에 맞고, 그래야만 이길 수 있다.

고통과 문제에 대한 항변을 접을 때 우리는 어차피 붙들 수 없는 것을 놓을 수 있다. 우리는 어떤 선택과 방법과 교훈과 기회가 내 것인지 배운다. 수용하는 자리에 들어서는 것이다. 우리는 고통이 삶의 일부임을 수용한다. 내게 모든 답이 없음을 수용한다. 문제가 언제나 끊이지 않을 것을 수용한다. 하나님과 대면할 때까지 신비로 남을 문제들이 있음을 수용한다. 이런 수용을 통해 우리는 하나님의 실체 안에 살게 되고 그리하여 참 현실에 적응하고 변화될 수 있다. 또 수용을 통해 우리는 융통성과 여유를 찾게 되고 그래서 하나님이 좀 더 쉽게 우리를 지도해 문제를 통과하게 하실 수 있다.

하나님의 고난에 동참함

문제는 또한 하나님의 고난에 동참하게 해준다는 점에서 선물이다. 하나님은 문제에 몸을 사리시거나 문제로 인한 고생을 피하시는 분도 아니다. 다른 방법이 가능하심에도 그분은 친히 고난의 길을 택하셨다. 그분은 문제로 아프실지라도 문제를 상대하신다.

아담과 하와 이후 우리는 늘 하나님께 문제였다. 그분은 우리를 사랑하고 이끌어 주실 생각뿐이건만 우리는 태초부터 그분께 등을 돌렸다. 그분은 우리를 멸하고 다시 시작하실 뜻이 없다. 우리를 향한 애정 때문이다. 그분이 가까이 오려 하시면 서글프게도 우리는 종종 주먹질을 하거나 직접 하나님이 되려 한다. 이것이 하나님께 문제를 일으킨다. 그분의 사랑에 대한 우리의 반응이 그분의 바라시는 바와 다른 것이다.

우리들 대부분이 잊고 살지만 하나님께도 마음이 있다. 그분은 매사에 깊이 느끼시며 특히 우리에 대해 그렇다. 그분을 향한 우리의 자세는 그분을 아프시게 할 수 있다. 하나님의 백성이 그분께 사랑을 잃었을 때 그분의 반응은 "내 마음이 내 속에서 돌이키어"(호 11:8)였다. 예루살렘의 강퍅한 마음을 보시고 예수님은 암탉이 새끼들을 날개로 덮듯이 그 백성을 어떻게든 모으려 하셨으나 그들은 그분의 사랑을 거부했다(마 23:37).

문제에 대한 하나님의 반응은 문제에 똑바로 맞서 책임감 있게 조치하시는 것이다. 그분은 회피하거나 부정하거나 문제의 의미를 오해하시지 않는다. 그러면서 그 과정에서 그분은 고통당하신다. 그분은 우리에게 구속과 회복과 용서와 개선과 치유를 베푸시면서 우리가 저질러놓은 문제로 고난당하신다. 문제를 그런 식으로 대하시는 하나님을 배울 때 우리는 그분의 고난에 동참해 하나가 된다. 고금의 신앙 선배들이 깨달은 바와 같이, 그분의 고난에 동참하면 그분과 더 가까워지고 현실을 있는 그대로 보며 삶과 문제에 바르게 접근할 수 있다.

이렇듯 문제를 통해 많은 것을 배울 수 있음은 하나님의 고난에 점점 가까이 가기 때문이다. 특히 우리는 "믿음의 주요 또 온전하게 하시는 이"이며 "그 앞에 있는 기쁨을 위하여 십자가를 참으(신)"(히 12:2) 예수님을 통해 그리한다. 하나님의 고난에 동참할 때 우리는 깊어지고 성숙해진다. 이 길을 걸어본 사람들이 흔히 고백하는 것이 있다. 결국 과정의 발단이 됐던 문제 자체는 그 과정에서 배운 하나님 방식의 고난에 비하면 별로 중요하지 않다는 것이다.

이런 삶을 누리는 자가 되라. 하나님께 문제를 없애달라고 하지 말라. 그건 그분의 방식이 아니다. 그분은 그것이 당신에게 최선이 아님을 아신다. 삶이란 다분히 문제에서 문제로 넘나드는 것이다. 문제를 성장의 다음 단계로 보고 끌어안으라. 그리고 위를 보고 안을 보면서 그분과 함께 전진하라.

고난을 넘어 성장으로

때로 우리는 문제가 마치 참음과 인내의 연습일 뿐인 것처럼 문제에 접근하는 성향이 있다. 즉 자신을 그저 죄 없이 고생하는 자, 고통을 견디는 법을 배우는 자로만 보는 것이다. 물론 인내를 배움으로 얻을 것이 많지만 이는 상황을 좁게 본 것이다. 단지 힘든 시기를 참는 정도가 아니라 그 이상으로 나아가라.

새로이 경이와 호기심을 품으라. 자신의 통제권 문제, 하나님과 삶에 대한 이상주의적 기대, 상한 마음, 이기심 등에 대해 하나님께 물으라. 게리처럼 당신도 성장과 변화와 치유와 회개의 제목들을 종종 만날 것이다. 그것이 당신의 새 삶으로 이어진다.

제7장
원리7 : 삶을 오는 대로 맞이한다

나는 뼈에 골감소증이라는 병이 있다. 골밀도가 너무 낮다는 뜻이다. 더 잘 알려진 골다공증의 전조인 골감소증에 걸리면 뼈가 쉽게 부러질 수 있고 다시 붙는 속도도 느려진다. 두어 해 전 나는 케냐에서 열기구 사고로 등이 부러졌는데, 의사들의 추정으로는 골감소증이 아니었다면 등이 부러지는 일은 없었을 것이라고 했다.

진단을 받은 후로 나는 많은 시간을 들여 치료법과 방책을 조사했다. 내 어머니는 골다공증이 있는데 이 병을 지니고 살기란 쉽지 않았다. 피할 수만 있다면 나는 뼈가 골골한 상태로 늙어갈 마음은 없다.

하지만 기쁜 소식도 있다. 의료계는 이 병을 완화시킬 수 있는 길들을 많이 찾아냈다. 전문가들의 권유대로 영양제를 먹고 날마다 무게를 견뎌내는 운동을 하면 뼈가 차차 강해진다. 담당 의사도 이런 요인들을 살려 내게 식생활과 운동의 처방을 내렸다.

그대로 해나가면 증세가 호전될 수 있다니 다행이다. 문제는 그런 조치들이 정말 효과를 낼 것이냐는 것이다. 치료 효과의 측정은 중요한 일이므로 해마다 의사는 특별한 엑스레이 사진을 찍어 내 상태가 좋아지고 있는지 나빠지고 있는지 파악한다. 뼈의 변화는 아주 느리므로 그보다 자주 엑스레이를 찍어봐야 소용없다. 내 상태를 측정하려면 해가 바뀌도록 기다리는 수밖에 없다.

그 긴 기간을 무지 상태로 살려니 처음에는 익숙지 못했다. 예컨대 이 장을 쓰는 현재 다음 엑스레이 검사까지는 6개월이 남았다. 나는 나름대로 계속 영양제도 먹고 운동도 하지만 내 진짜 상태는 알 도리가 없다. 다이어트 중인 사람이 체중계에 올라가듯 나도 결과를 즉각 알 수 있다면 얼마나 좋을까. 나 자신을 좀 더 꼼꼼하게 감시할 수 있다면 좋을 것 같다. 그러나 의학 발전의 현 수준에서는 그런 방도가 없다. 내가 할 수 있는 일이라고는 상태가 나아지기를 바라며 열심히 처방대로 따르는 것뿐이다.

기다림이란 힘들다. 그러나 이런 상황으로 인해 오히려 얻은 것도 있다고 말할 수밖에 없다. 우선 내가 시간의 주인이 아님이 너무나 분명해진다. 시간은 저 혼자 주인이 되어 제 속도와 과정대로 움직인다. 하나님이 우리에게 열어주시는 길은 대체로 시간이 걸린다. 우리 모두 이 현실을 받아들이는 것이 좋다.

나는 기적을 행하시는 하나님의 능력과 우리를 향한 즉각적이고 초자연적인 역사를 믿지만 동시에 하나님이 우리를 대하시는 정상적인 길에는 사건의 흐름이 수반된다는 것도 믿는다. 하나님은 그 과정을 지휘하시고 우리는 거기에 따라야 한다. 그러려면 우리 쪽의 인내가 꽤 필요하다.

기다림은 인내를 요하지만 시간은 하나님이 일하기로 택하신 장이다. 생각해 보라. 그분은 우주를 단계별로 창조하셨다. 이스라엘 백성이 약속의 땅에 들어가는 데 40년이 걸렸다. 약속된 메시아가 태어나기까지 수백 년이 흘렀다. 하나님은 시간을 감안하여 우리를 돌보시고 일하신다. 그런 예가 성경 도처에 수없이 많다. 시간이 어쨌단 말인가? 우리는 즉각적 문제 해결과 답과 변화를 원하건만 하나님은 왜 시간이 걸리시나?

내가 거듭 목격한 사실은 이것이다. 하나님의 치유 성분들이 우리 상황에 배어드는 데 시간이 걸린다.

예컨대 우리가 모든 면에서 하나님께 활짝 열려 변화되려면 시간이 걸린다. 우리는 그분의 사랑, 진리, 은혜, 도움에 철저히 계속 노출되어야 한다. 우리는 대개 한 번 듣고 배우지 못한다. 상한 마음에 그분의 도움이 순순히 흘러들려면 시간이 걸린다. 치유와 변화에 시간이 필요함은 우리 몸을 보아도 알 수 있다. 예컨대 우리는 병균에 감염되면 며칠씩 항생제를 먹는다. 시간이 가면서 약이 모든 감염 부위에 영향을 미친다. 항생제가 계속 병균과 싸워 결국 병균을 근원적으로 약화시켜 퇴치하는 데도 시간이 걸린다.

이런 예들로 미루어 우리는 시간이 저주가 아니라 축복임을 알 수 있다.

하지만 나는 당장 원한다

시간을 견디기란 쉽지 않다. 우리 안에는 당장 해결을 졸라대는 유치한 면이 있거니와 시간은 종종 그 면을 끄집어낸다. 우리는 잔뜩 조바심이 난다. 금방이라도 포기할 듯 낙심과 좌절에 빠진다. 시간의 일정한 속도는 현실이건만 우리는 여러 방법으로 그 현실을 우회하려 한다. 예컨대 고통스런 위기에 닥치면 무조건 당장 벗어나야 한다는 압박감에 사로잡히는 사람들이 있다. 믿음만 충분하다면 하나님이 항상 즉시 건져주신다고 믿는 사람들도 있다. 속도가 붙지 않으면 무력감을 느끼는 사람들도 있고, 결과에만 집착하여 좌절을 참지 못하고 충동적 성향을 보이는 사람들도 있다.

그러나 시간에 저항하거나 우회하려 하는 사람들보다 시간의 제약에 순복하는 사람들이 대체로 더 좋은 결과를 얻는다. 지름길과 속전속결을 고집할 때 우리는 아무 성과도 없이 똑같은 문제를 연신 되풀이하는 경향이 있다.

의미 있는 목표는 시간이 걸린다. 이것을 기억하면 인내를 기를 필요성을 깨닫는 데 도움이 된다. 다시 말해 보상과 결과가 즉각적인 일들은 대개 인생 전체를 놓고 보면 별로 중요하지 않다.

반면 시간이 더 걸리는 일들일수록 보다 의미 있고 중요한 경우가 많다. 예를 들어 재정적 꿈을 복권 당첨에 거는 사람들이 있는가 하면 몇 년씩 수련하고 배우고 경험을 쌓아 훌륭한 사업 계획을 추진하는 사람들도 있다. 이들을 가리켜 성경은 "부지런한 자의 경영은 풍부함에 이를 것이나 조급한 자는 궁핍함에 이를 따름이니라"(잠 21:5)고 말한다.

기다림이 힘든 까닭은 내가 믿기로 시간에 약간 '지하' 성격이 있기 때문이다. 즉 하나님은 우리에게 길을 열어주시되 우리는 그분의 일하시는 손길을 보지 못할 때가 많다. 내게 아무 일 없는 것 같은 그 시간에도 하나님은 내 관계와 가정과 일과 마음속에서 일하고 계신다. 그것을 믿을 수 있다는 것은 정말 믿음의 은사다. 예수님의 다음 비유를 생각해 보라.

> 하나님의 나라는 사람이 씨를 땅에 뿌림과 같으니 그가 밤낮 자고 깨고 하는 중에 씨가 나서 자라되 어떻게 그리 되는지를 알지 못하느니라. 땅이 스스로 열매를 맺되 처음에는 싹이요 다음에는 이삭이요 그 다음에는 이삭에 충실한 곡식이라. 열매가 익으면 곧 낫을 대나니 이는 추수 때가 이르렀음이라(막 4:26-29).

하나님이 길을 내시려면 우리가 두 가지 할 일이 있음을 이 이야기는 보여준다. 첫째는 하나님께 받은 씨가 무엇이든 그것을 뿌리는 것이다. 이는 진실을 인정하는 것일 수도 있고, 문제를 직시하는 것일 수도 있고, 그간 꼭 붙들고 있던 것을 하나님께 내려놓는 것일 수도 있다. 둘째로 우리가 할 일은 하나님의 속도를 재촉하지 않으면서 기다리는 것이다. 그분도 하실 일이 있다. 그분은 성장의 성분들을 취해 우리 삶에 뭔가 좋은 것을 만들어 내심으로 길을 여신다.

시간의 속도를 참는 것은 관계 치유의 큰 부분이다. 오래 전 나는 한 친구를 실망시켜 감정에 큰 상처를 준 일이 있다. 관계가 어색해졌다. 그는 내 잘못을 용서하고도 한동안 내게 거리를 두었다. 우리의 우정을 본궤도로 돌리기 위해 최대한 빨리 문제를 봉합하려 하던 내 모습이 기억난다. 그러나 그런 식으로 되지 않았다. 친구가 다시 내게 다가오는 데 시간이 필요했다.

무리하게 밀어붙이기보다 우리는 둘 다 하나님이 내주시는 길로 관계가 호전되도록 기도했다. 나는 그에게 상처를 준 내 행동이 다시 반복되지 않도록 변화에 힘썼다. 우리는 또한 계속 관계를 유지하며 그때그때의 일들에 대해 서로 얘기했다. 서서히 상황이 약간 나아졌으나 나는 여전히 긴가민가했다.

어느 날 그와 함께 저녁식사를 하던 중 내 입에서 무심코 나온 말이 애초의 내 잘못을 환기시켰다. 입 밖으로 말이 나오는 순간에야 알았다. 나는 그때의 상처를 다시 들쑤신 게 아닌가 싶어 속으로 얼어붙었다.

내 불안한 모습을 본 친구는 내 속마음을 알았던지 이렇게 말했다. "이봐, 자네의 표정을 보기 전까지는 무슨 말인지 몰랐네.

나는 이미 떨친 일일세. 이제 자네가 떨쳐야 할 차례야."

예수님의 위 비유처럼 하나님은 시간을 두고 우리 관계를 치유 성분들에 노출시키셨고 그리하여 결국 모두 아물어 우리는 둘 다 앞으로 나아갈 수 있었다.

시간 경과를 견디는 데 도움 되는 것이 하나 있다면 자신이 처한 하나님의 전개 과정에 적극 참여하는 것이다. 나를 위한 그분의 길의 일부인 여러 과제, 경험, 학습, 시도, 관계에 적극 가담하면 큰 도움이 된다. 내 삶 속에 행하시는 하나님의 일에 가담할 때 우리는 어떤 의미에서 영원을 경험하는 것이다. 영원이란 하나님이 계신 곳이기 때문이다. 흥미롭게도 우리의 참여도가 높을수록 그 여정은 시간을 초월하게 된다.

나는 늘 우리 아이들에게서 그것을 본다. 주일 밤이면 아이들은 다음날 학교 갈 일이 생각만 해도 끔찍하다고 야단이다. 그러나 월요일 학교에서 돌아온 아이들은 그날 학교에서 있었던 이런저런 일들로 얘기가 끊이지 않는다. 이와 같이 우리도 직접 참여하지 않으면 일각이 여삼추 같다. 시간 속에 들어갈수록 시간을 잊는 법이다.

세월 자체가 약은 아니다

이와는 정반대로, 중요하게 알아둘 것이 있다. 시간 경과는 하나님이 길을 내시는 충분조건이 아니다. 인내하며 기다리기만 하면 하나님이 소원을 들어주신다고 생각하는 사람들이 있다. 그렇지 않다. 매사에 세월이 약이라고 믿는 사람들이 많거니와 그들은 삶의 정체 상태를 벗어나지 못한다. 그들은 하나님이 사태를 변화시켜 주시기를, 다른 사람이 다가와 주기를, 자신의 감정이 달라지기를 기다린다. 그러다 변화가 없으면 실망한다.

시간이란 하나님의 치유 성분들이 우리 상황과 상호작용하는 장에 지나지 않기 때문이다. 하나님이 길을 내시는 데 쓰시는 다른 요소들도 똑같이 다 필요하다. 우리는 발목을 삐면 저절로 낫기를 기다리지 않는다. 부목도 대고, 운동과 물리치료도 하고, 조심해서 찜질도 하며 마사지도 한다. 시간 자체로는 절대 부족하다. 하나님이 내시는 길 안에서 우리의 할 바를 다하려면 사랑과 진실과 지원과 조언과 안전과 책임이 모두 필요하다. 주변에 그런 것들을 두루 갖추라. 시간 자체만으로는 시간낭비일 때가 많지만 시간에 치유 성분들이 더해지면 깊고 오랜 결과를 낳는다.

계절마다 역할이 있다

시간의 가까운 친척들이 있다. 이를 계절이라 한다. 시간이라고 다 같은 게 아니다. 하나님의 순리 안에서 시간마다 쓰임새와 의미가 다르다. 다양한 계절의 특징을 알면 도움이 된다. 즉 나의 할 일과 기대를 알아 시간의 일에 협조할 수 있다. 성경의 위대한 지혜는 우리에게 이렇게 가르친다. "범사에 기한이 있고 천하 만사가 다 때가 있나니 날 때가 있고 죽을 때가 있으며 심을 때가 있고 심은 것을 뽑을 때가 있으며"(전 3:1-2).

성장의 사계절을 살펴보자. 하나님이 길을 내시려면 우리 쪽에서 계절을 활용하고 잘 순응해야 한다. 여기에는 우리가 경험하고 있는 성장과 고충의 모든 상황이나 환경이 다 해당된다.

겨울. 이 계절은 추운 날씨와 굳은 땅 때문에 비생산적이고 죽은 듯 보인다. 그러나 겨울은 아주 중요한 시간이다. 장래의 성장에 방해가 될 죽은 것들과 쓰레기와 돌들을 이때 치운다. 허물어진 담과 기계도 고치고 수선한다. 그리고 미래를 계획하고 설계한다.

이 계절을 틈타 장차 할 일을 준비할 수도 있다. 예컨대 목표 달성의 시간과 공간을 확보하기 위해 일정과 업무 내용을 정할 수 있다. 좋은 교회, 그룹, 전문가 등 내게 어떤 자원이 필요한지 연구할 수도 있다. 겨울은 차분히 앉아 성장을 준비하는 시간이다.

봄. 봄은 새 출발과 싱그런 희망의 시간이다. 땅을 갈아 통기를 시키고 비료와 물을 주고 기온을 조절한다. 잠시 기다려, 기적처럼 돋아나는 여린 새싹을 보살핀다. 새나 짐승이 삼키지 못하도록 계속 밭을 살핀다.

성장의 봄철에 우리는 지난 겨울 계획하고 작정했던 일을 실행에 옮긴다. 관련 주제를 새로 연구할 수도 있고, 그 주제를 다루는 그룹에 가입할 수도 있다. 땅 속에서 첫 변화가 돋아나기 시작하거든 사람이나 환경이 그것을 짓밟고 앗아가지 못하게 잘 지켜야 한다.

여름. 성장이 확 눈에 띈다. 작물이 더 크고 실해지면서 밭은 갈수록 푸르러진다. 봄에 시작된 일이 잘 지속될 수 있도록 관리만 잘해 주면 된다. 여름비 등 성장의 성분들이 여전히 필요하며, 보호도 마찬가지다.

성장의 여름철에 우리는 부지런히 매진한다. 봄철에 좋은 변화가 시작되었다 해서 안심하고 멈춰서는 안 된다. 가을의 풍성한 수확을 위해 현 위치에서 계속 정진하라. 같은 과제, 같은 관계에 계속 남아 있으라. 당신은 지금 당신 안에 시작하신 하나님의 일을 세워가는 중이다.

가을. 가을은 뿌린 것을 거두는 수확의 시간이다! 드디어 수고의 유익을 누리며 열매를 거둔다. 열매 중 더러는 오늘 먹고 더러는 다가오는 춥고 어두운 시절에 대비해 저장한다.

성장의 가을철이 되면 우리의 정서, 행동, 관계 그리고 일 등에 변화가 나타난다. 겉만 뜯어고친 변화가 아니라 진정한 내적 변화의 산물이다. 삶의 그 특정 영역에서 당신은 새 사람이다. 그래서 가을은 하나님을 향한 감사와 축제의 시간이다. 그간 받은 것을 도로 주며 하나님과 사람들을 섬기는 시간이기도 하다.

우리는 본질상 사계절 내내 풍성한 수확만 찾는 사람들이다. 우리는 지금 결과를 원하며, 당장 보이는 결과가 없으면 금방 낙담한다. 현재 처한 계절의 본분에 순복하며 가을철을 기다리기란 쉽지 않다. 그러나 계절이 내게 순응하기를 요구하기보다 내가 계절에 순응할 때, 때가 차면 결실을 거둔다. 그렇지 않은 사람들은 애석하게도 똑같은 실수를 반복하고 똑같은 실패와 고통을 당한다.

이 위대한 진리를 붙들라

시간과 계절은 하나님이 우리에게 길을 열어주시는 장이다. 시간이 가르쳐주는 위대한 진리를 붙들라. 시간의 길을 배우라. 변화와 성장의 시간을 활용해서 삶의 어느 부분에 진척을 이루라. 그런 시간이 있기 이전보다 한결 나아질 것이다.

늘 확신할 수 있는 것이 있다. 우리가 제 몫을 다하며 시간을 통과하고 우리 안에 커다란 변화를 이루는 삶의 사계절에 순응하면, 영원 속에 거하시는 하나님은 우리와 나란히 걸으시며 친히 깊은 변화의 사역을 감당하신다.

안심하라. 하나님은 절대 우리를 혼자 두시지 않는다!

제8장

원리8 : 전존재로 하나님을 사랑한다

몇 년 전 나는 내가 다니던 교회의 주일예배 응답팀에서 섬긴 적이 있다. 설교 후 목사님은 기도나 신앙적 도움이 필요한 사람들을 앞으로 나오도록 초청하곤 했다. 그 사람들을 돕는 것이 응답팀의 할 일이었다.

믿음의 다음 단계를 내딛도록 하나님이 자기 내면의 뭔가를 이끄신다고 느끼는 사람들을 돕는 일은 정말이지 큰 보람이었다. 종종 나는 한 인생의 참으로 성스런 순간을 접했다. 어느 주일 낸시가 사춘기 아들 스캇과 관련된 문제로 울며 앞으로 나왔다. 아들은 반항하여 마약에 손댔고 학교에서도 큰 문제를 일으켰다. 스캇은 어머니의 충고나 도움에 일체 저항했다. 어머니의 걱정을 무시하거나 아예 자기를 귀찮게 하지 못하게 변명을 꾸며댔다.

모든 어머니가 그렇듯 낸시도 아들이 하나님을 만나 바르게 살기 원했다. 나는 그녀와 함께 기도하며 나름대로 격려하려 했다.

주일이 몇 번 지난 후 낸시는 같은 고민으로 다시 내게 나왔다. 그리고 몇 주 후 다시 나오고 또 나왔다. 결국 그녀는 따로 시간을 내서 자기 상황에 대해 얘기하고 싶다고 말했다. 우리는 점심시간에 만나기로 했다.

알고 보니 낸시는 먹고살기 위해 부업까지 하면서 아들을 기르느라 애쓰는 편모였다. 그녀는 숫기가 없는 자기로서는 큰맘 먹고 교회에서 기도를 요청한 것이라고 했다. 그러면서도 자기가 공연히 작은 일을 크게 떠벌리는 게 아닌가 우려했다. 나는 방황 중인 자녀를 대하는 것이 결코 작은 일이 아니라고 그녀를 안심시켰다.

이어 나는 약간 불편한 질문을 던졌다. "교회 앞에 나가 누군가에게 기도를 부탁한다는 것이 당신에게는 어떤 의미가 있습니까?"

낸시는 잠시 생각하다가 말했다. "글쎄요, 저는 하나님만이 아들과 저의 해답임을 알아요. 교회 앞에 나간다는 것은 내 신앙이 진지하다는 것, 내가 하나님을 정말 사랑한다는 것, 그분이 도와주시면 뭐든 원하시는 대로 하겠다는 것을 그분께 알리는 내 나름의 길이 아닐까요."

"지당하신 말씀입니다." 나는 힘주어 말했다. "저도 당신이 하나님을 정말 사랑한다고 믿습니다. 우리가 그분을 구하고 사랑하면 그분은 우리에게 응답하여 길을 보이십니다."

"하지만 생각하셔야 될 것이 있습니다." 나는 말을 이었다. "당신은 하나님의 도움을 받을 만큼 그분을 충분히 사랑하지 않을 수도 있습니다."

낸시는 약간 어리둥절했다. "무슨 말인지 잘 모르겠어요. 앞으로 나갈 때 저는 그분께 제 삶을 전부 드린 겁니다. 감춰두고 있는 게 없어요. 더 드릴 게 없습니다."

나는 대답했다. "하나님을 향한 헌신의 진실성을 추호라도 의심하는 게 아닙니다. 다만 자신도 모르게 그분과의 관계에서 제외시킨 부분이 조금이라도 있지 않을까 해서입니다. 그분께 내려놓지 않은 부분이 있음을 자신이 모를 수도 있고 혹 이런 일의 중요성을 모를 수도 있습니다. 하나님을 사랑한다는 것은 당신 삶을 그분께 드리는 것 이상입니다. 하나님을 사랑한다는 것은 당신 마음과 성품과 정서의 모든 면을 그분과의 관계에 가져오는 것입니다. 그래야 그분이 당신과 함께 일하시며 당신을 도우실 수 있습니다."

그녀에게 내 말뜻이 분명치 않아 나는 이런 예를 들었다. "당신에게 만성 복통이 있다고 합시다. 병원에 가니 의사가 위벽 염증이라는 진단과 함께 약을 지어줍니다. 하지만 당신이 특정 음식에 알레르기 증세가 있음을 의사에게 깜박 잊고 말하지 않았다고 합시다. 먹기만 하면 늘 속이 부글거리는 그 음식을 당신은 어젯밤에도 먹었습니다. 설령 약을 먹어도 당신의 복통은 어찌되겠습니까?"

"그대로겠지요." 그녀는 말했다.

"맞습니다." 나는 말을 이었다. "당신은 치료에 더없이 헌신적이고 더없이 진지하지만 당신의 존재 중 알레르기라는 특정 부분은 처방에 참작되지 않았습니다. 따라서 바라던 결과는 나오지 않습니다. 병이 나으려면 당신의 전부가 개입되어야 합니다."

"만일 지금의 제 상황이 그렇다면, 저의 어느 부분이 빠진 걸까요?" 낸시가 물었다.

"지금까지의 얼마 안 되는 대화를 통해 제 눈에 띈 것이 하나 있습니다. 당신의 두려움입니다. 제가 보기에 당신은 혹시 스캇에게 엄격한 제한을 가하면 그의 사랑을 영영 잃지나 않을까 두려워하고 있습니다. 상황이 이렇게까지 어렵다는 것을 다른 사람들에게 좀 더 털어놓지 못하는 것도 두려움 때문입니다. 그들 눈에 나쁜 엄마로 비칠 것 같아서 그럴 수도 있겠지요."

"고로 당신이 하나님과의 관계에 가져오지 않은 것 한 가지는 두려움입니다." 나는 말했다. "나는 당신이 진심으로 그분을 사랑한다고 믿습니다. 그분을 향한 당신의 사랑에 제가 한 가지 보태고 싶은 것은 당신이 감당해야 하는 그 많은 두려움입니다. 그것이 좋은 출발점이 될 것입니다."

낸시는 우리의 대화를 곰곰 생각했다. 그러면서 자신의 두려움을 하나님과 그분의 자원 앞에 내놓지 않은 적이 많았음을 비로소 깨달았다. 두려움을 내놓는 것을 잘못된 일이나 연약함 내지 믿음 부족의 표시로 생각했던 것이다. 이를테면 그녀는 두려음을 두려워했다.

다행히 낸시는 자신의 두려움을 직시하기 시작했다. 그녀는 두려움의 문제에 하나님의 도움을 구했고 사람들에게도 털어놓아 도움을 받았다. 시간이 가면서 그녀의 삶은 달라지기 시작했다. 아들을 돕기 위한 조치가 전보다 덜 두려워졌다. 두려움을 하나님께 내려놓자 그분은 그녀에게 훨씬 좋은 것 즉 아들의 회복을 주셨다.

대원칙은 하나님을 사랑하는 것

하나님은 당신을 조건 없이 사랑하시며, 당신의 어려운 상황 속에 길을 열어주기 원하신다. 낸시가 깨달은 것처럼, 그분의 길을 찾는 것은 내 쪽의 사랑의 문제이기도 하다. 내 존재를 다해 최대한 온전히 하나님을 사랑하는 것이야말로 유일하게 참되고 유의미한 출발점이다. 하나님을 사랑하는 것은 예수께서 크고 첫째 되는 계명으로 꼽으셨을 정도로 중요한 일이다(마 22:37-38).

물론 예수님은 옛날 구약 율법의 크고 첫째 되는 원리를 지칭하신 것이다(신 6:5). 하나님을 사랑함이 가장 큰 명령인 것은 삶의 다른 모든 원칙을 총괄하는 총체적 원리이기 때문이다. 그 사랑 때문에 우리는 하나님이 설계하신 본연의 모습으로 우주 안에 존재한다. 그분을 사랑하고 따르고 그분과 교통할 때 우리는 결국 그분이 원하시는 일이자 우리에게 가장 좋은 일을 하는 셈이다. 그러면 나머지 삶은 척척 맞아들게 되어 있다. 다른 원칙과 원리와 명령들은 무시되는 것이 아니라 오히려 성취된다. 사실 예수님은 하나님과 다른 사람들을 사랑하라는 두 계명이 모든 율법과 선지자의 강령이라 하셨다(마 22:37-40). 하나님을 사랑하면 당연히 그분이 중시하는 것을 중시하고 매사를 그분의 눈으로 보게 되어 있다. 하나님을 사랑할 때 우리는 영적 실체, 초월, 관계, 책임, 자유는 물론 훨씬 많은 것이 있는 그분의 세계에 들어선다.

그러므로 살다가 힘든 상황에 처해 앞길이 막막할 때면 하나님을 사랑하라. 이 명령으로 시작하면 발을 헛디딜래 헛디딜 수 없다.

그러나 낸시가 깨달은 것처럼, 하나님을 사랑하는 것은 단순하면서도 복잡한 일이다. 우리의 내면이 많은 부분으로 구성되어 있으며 각 부분마다 하나님을 사랑하는 법을 배워야 하기 때문이다. 하나님이 우리를 '지으심이 심히 기묘'하여(시 139:14) 우리 내면은 복잡다단하다. 그래서 예수님은 우리에게 마음을 다하고 목숨을 다하고 뜻을 다해 하나님을 사랑하라고 하신 것이다.

의미가 석연치 않거든 이렇게 생각해 보라. 우리 모두는 상충되는 감정을 경험으로 잘 안다. 관계에 대해서도 그렇고 내 가치관에 어긋나는 것을 바랄 때도 그렇다. 이는 우리 내면에 다른 부분들 — 마음, 목숨(영혼), 뜻(의지) — 이 있다는 증거다. 각 부분마다 하나님이 필요하고 그분의 사랑을 받아야 하며 그분을 통해서만 그것을 알 수 있다. 모든 부분은 함께 존재하며, 이어져 있으면서도 별개다. 모두 전력을 다해 그분을 사랑하도록 되어 있다. 그분을 사랑할 때 각 부분은 사랑과 생명의 원천이신 그분과 온전히 연결되어 모든 필요한 것을 받는다.

하나님은 당신 내면의 이런 부분들로 사랑받기 원하신다

당신 내면의 가장 중요한 부분들을 간략히 몇 가지 꼽자면 다음과 같다. 당신의 이런 조각들이 모두 하나님과 연결되어야 한다. 그래야 그분의 길을 찾는 일에 각 부분이 일조할 수 있다.

- **가치관.** 가치관은 우리 삶의 골조다. 우리에게 중요한 것과 중요하지 않은 것이 여기서 결정된다. 하나님께 중요한 것이 당신에게도 중요해야 한다. 가치관은 우리를 지휘하고 인도한다. 가치관으로 하나님을 사랑하지 못하면 ― 우리의 가치관이 그분한테서 나오지 않으면 ― 우리는 키 없는 배처럼 반드시 길을 잃게 된다.
- **열정.** 깊은 의욕과 충동은 계속 우리에게 살아 있는 느낌을 준다. 즐거운 내용일 수도 있고 괴로운 내용일 수도 있다. 흔히 사람들은 자기 열정을 하나님께 선뜻 열어 보이지 못한다. 자기 열정이 너무 주관적이거나 미숙하다는 생각 때문이다. 그러나 우리 열정을 하나님께 드리면 그분은 그것을 그분께 소용되는 열정으로 바꿔주신다. 하나님이 열정의 창조자임을 기억하라.
- **감정.** 마음을 다해 하나님을 사랑하려면 감정이 수반된다. 하나님은 우리를 폭넓은 감정의 존재로 지으셨다. 감정은 영혼의 상

태를 알려주는 신호 역할을 한다. 긍정적 감정과 부정적 감정을 통틀어 — 두려움과 위험, 기쁨과 사랑받는 느낌, 평안, 분노, 슬픔 같은 모든 감정으로 — 하나님을 사랑하면 그분은 감정을 사용하여 우리를 자라게 하시고 자아를 알게 하신다.

- **상처**. 우리는 다 수시로 내면에 깊은 상처를 받는다. 사람들이 우리를 실망시키고 꿈이 무산되고 상황이 꼬인다. 상처의 자리에 하나님을 모셔 들이면 그분이 길을 내신다. 공연히 아픔만 더하거나 하나님께 혼날까 두려워 일부러 그분께 상처를 내보이지 않을 수 있다. 그러나 하나님이 상처에 문외한이 아님을 잊지 말라. 그분께 상처를 드리면 그분이 치유해 주신다.

- **사랑**. 인간은 깊이 사랑하는 존재다. 우리는 자신에게 유익한 사람들을 사랑할 때도 있지만 썩 유익하지 못한 사람들을 사랑할 때도 있다. 우리가 사랑하는 것들을 하나님께 가져오면 그분은 우리가 사랑하고 신뢰하고 마음을 쏟을 대상을 좋은 사람들로 바꿔주신다.

- **동기**. 우리 삶의 선택의 배후에 동기가 있다. 동기는 행동의 보다 깊은 이유다. 사랑과 책임과 자유와 관련된 동기도 있고 자기보호와 두려움과 이기심과 관련된 동기도 있다. 그런 동기들을 하나님께 내어드리면 그분이 그분 자신의 동기처럼 변화시켜주신다.

- **죄**. 우리는 다 기준에 미치지 못하고 삶의 표적을 빗나갔다. 하나님께 죄를 가져오면 그분은 값없이 용서하시고 치유하시며, 죄

를 이겨내고 승리와 자유를 얻을 길을 열어주신다.
- **재능.** 우리가 다른 사람들의 복된 삶에 기여할 수 있도록 하나님은 우리 모두에게 강점과 재능을 주셨다. 당신의 재능으로 하나님을 사랑하라. 많은 사람들이 고백하는 것처럼, 이 길로 들어서면 생각지도 못한 방식으로 다른 사람들을 도울 길을 하나님이 열어주신다.
- **선호와 의견.** 많은 부분에서 우리는 자신의 선호와 의견을 살릴 자유가 있다. 그 자유를 소유하는 것도 삶의 일부다. 당신은 특정 유형의 교회나 예배 방식을 좋아한다. 그리고 특정 부류의 사람들에게 끌려 친구가 된다. 당신만의 선호를 두려움 없이 하나님께 가져오라. 당신이 선호하는 것들을 정리하여 더 복된 삶에 활용하도록 하나님이 길을 내주신다.

전존재로 하나님을 사랑하면 그분이 길을 여신다

하나님을 사랑한다는 것은 결국 관계의 문제다. 그분과의 관계는 본래 온전한 관계여야 한다. 즉 우리의 전부와 하나님이 우리에게 내주시는 그분의 전부가 만나야 한다. 당신 삶의 가장 소중하고 친밀하고 사랑에 찬 관계를 생각해 보라. 당신은 상대를 아낌없이 사랑하며 깊은 속을 털어놓았다. 존재를 다해 사랑해 왔다. 상대에게 당신의 비밀과 두려움과 가장 깊은 소원을 보였다. 약한 모습을 보이는 위험도 감수했다. 상대에게 기대고 의지했다.

다른 사람과 더불어 이런 차원의 교감을 누리는 사람들은 그

깊고 충만한 관계 때문에 생동감이 넘친다고 고백할 것이다. 살맛이 나는 것이다. 삶은 중요하며 의미가 있다. 그들은 "전에는 삶이 무채색이었는데 이제 온 세상이 총천연색이다"는 식으로 말한다. 하나님은 우리가 전심으로 그분을 사랑하기를 간절히 원하신다. 사랑에 찬 깊은 인간관계는 그것을 보여주는 그림이다.

가능한 모든 방식으로 하나님을 알아가는 것은 삶 전체를 아우르는 평생의 여정이다. 우리 삶과 영혼의 더 많은 부분이 그분께 드려질수록 하나님은 성장, 친밀함, 재능과 은사 활용, 일의 성공, 남을 섬김 등 각양 목표에 따라 우리에게 더 많은 길을 내주실 수 있다. 동시에 우리 내면의 모든 면으로 하나님을 사랑하면 자녀양육 문제, 연애 관계, 나쁜 습관, 신앙 문제 등 고민과 아픔에도 답이 열릴 수 있다.

근본 진리는 이것이다. 우리가 하나님께 길을 내드리는 만큼 그분은 우리에게 길을 내주신다. 그분을 전심으로 사랑한다는 것이 바로 이것이다. 그분께 채웠던 우리의 수갑을 벗기고 "제게 주님이 필요한 부분이 어디든 주님 원하시는 대로 하소서"라고 아뢰는 것이다. 하나님을 전심으로 사랑하신 예수님처럼 "내 원대로 마시옵고 아버지의 원대로 되기를 원하나이다"(눅 22:42)라고 고백하는 것이다. 하지만 사랑의 하나님은 그분 자신을 위해 하시지 않는다. 사랑의 하나님은 우리를 위해 하신다. 우리가 전존재로 하나님을 사랑하면 그분은 그분의 사랑과 은혜와 지원이 필요한 모든 부분에 출입하실 수 있다.

본래 우리는 하나님을 사랑하고 그분께 붙어 있을 때 활짝 피어나게 되어 있다. 거꾸로 우리는 그분과 붙어 있지 않으면 시든다. 예수님은 "나는 포도나무요 너희는 가지"(요 15:5)라고 하셨다. 그래서 어떤 사람들은 자기 영혼과 감정이 죽은 것처럼 느껴진다. 오랜 시간 하나님으로 생기를 유지하지 못한 것이다. 하나님께 새롭게 하실 기회를 드리지 않아 꿈과 의욕이 없는 사람들도 있다. 삶의 궁극적으로 중요한 것들에 자신을 바치지 않아 가치관이 시들시들해진 사람들도 있다. 우리가 전존재로 하나님을 사랑하면 그분은 또 다른 방식으로 우리에게 길을 내주신다. 바로 연합이다. 우리 내면의 각 부분들이 하나님과 이어지고 그분께 의지하고 그분을 사랑하면 또한 조화로운 연합 속에 서로 협력하기 시작한다. 잘 훈련된 완숙한 오케스트라처럼 각 부분이 전체와 잘 어우러져 아름다운 작품을 만들어낸다.

예를 들어 어떤 사람들은 머리로는 하나님을 잘 사랑하지만 가슴으로는 아니다. 그들은 원리에 밝아 옳고 현명한 일을 잘 가려내지만 가슴은 죽었거나 짓눌린 것처럼 느껴질 때가 많다. 반대로 뇌에서 어떤 명령이 떨어지든 격한 감정을 잘 다스리지 못하는 경우도 있다. 이는 충동적 행동으로 고민하는 사람들의 일면이다. 이들의 가슴은 나머지 부분들과 잘 협력하지 못한다. 이런 사람들이 가슴을 열고 그분의 사랑을 받아들이면 머리와 가슴의 시각이 같아지기 시작한다. 당연하지 않은가. 하나님의 본체는 조화이니 말이다. 그분은 자체적 갈등이 전혀 없다. 그래서 우리의 더 많은 부분이 그분과 이어질수록 내적 자아의 분열은 그만큼 줄어든다.

전존재로 하나님을 사랑할 때 그분이 열어주시는 길의 또 다른 측면은 우리에게 필요한 치유와 상관된다. 문제나 고통이나 상처를 당하면 우리는 다친 상태가 된다. 정서적 고통, 관계의 아픔, 신앙의 고민을 겪는다. 길을 내주시는 하나님이 이런 고난의 시기보다 더 절실히 필요한 때는 없다. 하나님은 본질상 치유자다. 그분은 치유하실 의향도 있고 자원도 있다. "상심한 자를 고치시며 그들의 상처를 싸매시는도다"(시 147:3).

하나님의 치유 과정은 우리가 내면을 전부 그 과정에 내놓는 만큼 이루어진다. 오랜 중요한 관계를 상실한 사람이 있다고 하자. 자기가 깊이 사랑하던 사람이 더 이상 그녀의 삶 속에 없다. 그녀는 기도도 하고 이겨 보려고도 하고 긍정적 사고도 해본다. 고통을 떨칠 수 있는 일이라면 뭐든 해본다. 하지만 애끓는 비애의 감정은 떠나지 않는다. 때로 이는 하나님이 주시는 희망을 그녀가 수용하지 않는다는 표시다. 동일한 필요를 채워줄 다른 관계를 찾을 수 있다는 희망 말이다. 사랑했던 사람의 자리에 다른 사람을 둔다는 것이 그녀는 배신처럼 느껴질 수도 있고 다시 누군가와 가까워진다는 것이 두려울 수도 있다. 이유야 어찌됐든 그녀는 친밀한 인간관계에 대한 필요를 하나님께 가져오지 않는다. 이 점을 인식하는 순간 그녀는, 우리가 하나님을 사랑하고 그분과 통하는 만큼 그분의 치유가 가능하다는 사실을 깨닫는다.

이제야 그녀는 자신의 필요를 가지고 자유로이 하나님을 사랑할 수 있다. 하나님은 하나님대로 좋은 사람을 그녀의 삶으로 인도하신다. 성경의 가르침 그대로다. "너희가 얻지 못함은 구하지 아니하기 때문이요"(약 4:2).

우리 사랑의 근원은 사랑이신 하나님

하나님은 사랑이시다. 존재와 소유를 다해 그분을 사랑하는 이들에게 그분은 길을 열어주신다. 자신을 더 많이 하나님께 내어드릴수록 당신은 더 성장하고 치유 받고 그분의 길을 찾을 수 있다. 그 점 안심해도 좋다. 우리가 하나님께 길을 내드리는 만큼 그분은 우리에게 길을 내주신다.

어떤 장애물이나 실패에 부딪쳤든 우선 자신의 마음부터 잘 살피라. 내면의 숨겨진 부분, 사랑받지 못한 부분, 단절된 부분을 하나님의 사랑과 관심과 치유력의 빛 앞에 내놓는 것이 해결책은 아닌지 살펴보라.

모든 부분을 동원해 — 마음과 목숨과 뜻을 다해 — 하나님을 사랑하라. 그리고 당신 삶에 펼쳐지기 시작하는 진짜 기적들을 지켜보라.

제2부
원리의 적용

하나님의 길은 늘 가장 쉬운 길도 아니며 종종 우리에게 익숙한 길도 아니다. 그 길을 가려면 자신의 필요와 무력함을 인정하고 믿음으로 행하고 모험을 감수하고 진실을 직시할 수 있어야 한다. 그러나 그분의 길이야말로 정말 우리를 돕고 치유하는 유일한 길이다. 예수님은 말씀하셨다. "좁은 문으로 들어가라. 멸망으로 인도하는 문은 크고 그 길이 넓어 그리로 들어가는 자가 많고 생명으로 인도하는 문은 좁고 길이 협착하여 찾는 이가 적음이라"(마 7:13-14).

제9장
데이트와 연애

어느 저녁 세미나에서 강연 중인 나에게 한 여자가 손을 들고 질문했다. "하나님이 표징을 주시는지 언제 알죠?"

"왜 그런 질문을 하십니까? 하나님의 표징이라고 생각될 만한 무슨 일이라도 있었습니까?" 내가 되물었다.

"글쎄요, 하나님이 저더러 옛날 애인과 다시 합하라고 하시는 게 아닌가 궁금해서요."

"어떻게 그런 생각이 들었습니까?"

"슈퍼에서 장을 보다가 우연히 그 남자와 마주쳤거든요. 그래서 그 남자와 다시 합하라는 하나님의 표징이 아닌가 생각했습니다."

처음에 그녀가 농담하는 줄 알았다. "그러니까 우연히 마주쳤다는 이유만으로 하나님이 그 남자와 다시 합하라고 하시는 것 같다 그겁니까?" 나의 놀란 마음이 그녀에게도 필시 느껴졌을 것이다.

"네."

"글쎄요." 나는 말했다. "그 남자와 마주칠 당시 당신이 어느 통로에 있었느냐에 모든 것이 달려 있지 않을까 싶은데요."

"네?" 그녀는 말했다. "어느 통로라니요?"

"슈퍼의 통로 말입니다. 예를 들어 당신이 제과점 코너에서 그와 마주쳤다면 아마 하나님의 표징이 아닐 겁니다. 오히려 그것은 둘이 다시 합하면 정말 달콤하여 맛이 그만이겠지만 그저 잠깐뿐이라는 표징이 아닐까요. 몇 시간 후면 깊은 추락과 함께 당분이 쭉 떨어질 테니까요. 그러니 아마도 오래가지 못할 겁니다.

청과물 코너에서 그와 마주쳤다면 그보다는 건강하겠지만 한두 가지 좋은 음식만으로는 안 되지요. 건강식이 되려면 좋은 음식이 많이 필요합니다. 과일이나 야채 몇 가지로는 어림없습니다. 관계에 양분이 부족합니다.

뿐만 아니라 당신이 그 남자의 장바구니 안을 보았는지 물어보고 싶군요. 마지막 만난 후로 그가 어떤 통로들을 다녔는지 살펴보았습니까? 그와의 관계는 어땠습니까? 좋았습니까?" 나는 물었다.

"아니요." 그녀는 말했다. "끔찍했어요. 나한테 잘해 주지 않았습니다. 정말 비참했어요."

"그렇다면 여태 그가 어디어디를 다녔는지 그의 장바구니 안을 보아야겠군요." 나는 말했다. "세탁용품 코너에서 세제를 좀 샀다면 이상적이겠지요. 당신과 헤어진 후 그 남자의 행동에 청소가 좀 필요한 듯해서 말입니다. 건강용품 코너에 가서 약을 좀 샀는지도 보아야겠습니다. 시름시름 앓았을 테니까요. 그의 장바구니에 그런 것들이 고루 들어 있지 않다면 아마도 관계는 조금도 나아지지 않을 겁니다. 애당초 하나님의 표징이 아니었을 겁니다." 나는 말했다.

나중에 생각하면서 나는 내 반응이 데이트 세계를 단적으로 대변하는 은유임을 새삼 깨달았다. 대체로 사람들은 걸리는 대로 취하고는 하나님이 어디선가 지켜주시기를 바란다. 그 결과 그들은 영양가 없는 관계에 빠지기 일쑤다.

데이트를 준비하라

수많은 똑똑한 사람들이 데이트에는 정말 형편없는 결정을 내린다. 데이트는 많은 문제를 야기시킨다. 환멸에 빠져 아예 데이트를 집어치우는 사람들도 있다. 하나님이 우리의 데이트를 원하시지 않는다고 가르치는 사람들도 있다. 그러나 존과 나의 견해는 다르다. 우리는 데이트가 좋은 일이라고 생각한다. 데이트는 성장과 재미, 중요한 상호작용, 관계 등을 가져다주는 귀한 시기일 수 있다. 자신의 관계 습성과 그것을 극복하는 법을 배우는 시기, 내가 좋아하고 좋아하지 않는 사람들의 부류와 어떤 사들이 내게 궁극적으로 좋은지 파악하는 시기일 수 있다. 데이트는 좋은 일이다.

그러나 데이트도 인간이 하는 일인지라 위험천만의 줄타기가 될 수 있다. 당신의 데이트 상대는 불완전한 사람들이며 그중에는 남보다 유독 더 불완전한 사람들도 있다. 게다가 당신도 불완전한 사람이며 그래서 그림은 더 복잡해진다. 격한 감정과 장래가 수반되는 데이트에 충분한 생각과 기도와 지혜로 임해야 하는 까닭이 거기 있다. 그렇게 할 때 하나님은 당신에게 데이트 생활에서 성장하는 길을 열어주신다.

데이트는 마음과 영혼을 요하는 진지한 사안이건만 대다수 사람들은 그렇게 생각하지 않으며 데이트를 준비하지도 않는다. 데이트는 일생을 좌우할 만큼 중요한 결정들에 영향을 미치는 활동이지만 대체로 우리들 대부분은 그 활동에 거의 훈련을 받지 못했다. 그런 결정들 중에는 무의식적인 것도 있으며, 우리는 때로 충동적으로 또는 적어도 충분한 계획 없이 그런 결정을 내린다. 당신의 데이트 생활이 영향을 미치는 영역을 몇 가지 꼽아보면 다음과 같다.

- 결혼 상대와 결혼 시기
- 관계와 사랑에 대한 긍정적, 부정적 감정
- 사람을 믿고 신뢰하는 능력
- 자아상

- 친구로 남는 사람들
- 다른 도시, 지방, 나라로의 이주 여부
- 영적, 인격적 성장 여부

얼마든지 더 많을 수 있다. 요지는 데이트가 장난이 아니라는 것이다. 데이트는 당신의 현재 모습과 미래의 모습, 당신이 사랑하거나 사랑하지 않는 대상, 당신 삶의 갖가지 방향을 정말 바꿔놓을 수 있다. 그래서 지금보다 훨씬 많은 주의가 필요하다. 사람들은 마음과 감정이 끌리는 대로 데이트하는 경우가 많다. 남녀 관계에 불이 붙으려면 그것도 필요하지만 마음과 감정은 등댓불 노릇을 하기에는 무지하거나 어리석거나 심지어 해를 자초할 수도 있다.

성장과 궁극적 만족의 가능성이 최대치에 달하는 데이트 습성이 있다. 당신의 마음과 감정을 그런 습성과 통합시킬 수 있다. 이를 돕고자 우리는 데이트에 임하는 열두 가지 원칙을 정리했다.

1. 우선 하나님을 구하고 최대한 건강한 사람이 된다. 책의 성격상 당신은 최상의 데이트 준비는 예수님이라는 말을 예상했을지 모른다. 맞다. 하지만 그것을 주일학교에서 하듯이 "착한 사람이 되라"는 식으로 표현하고 싶지는 않다. 이것은 심오한 진리다. 당신이 그 실체를 보았으면 좋겠다. 이것은 정말 당신의 데이트 생활을 구할 수 있고, 현재 당신의 데이트 상대가 누구든 당신이 그 사람에게 바라고 구하는 모든 것을 가져다줄 수 있다.

그러므로 내가 너희에게 이르노니 목숨을 위하여 무엇을 먹을까, 무엇을 마실까, 몸을 위하여 무엇을 입을까 염려하지 말라 … 공중의 새를 보라. 심지도 않고 거두지도 않고 창고에 모아들이지도 아니하되 … 오늘 있다가 내일 아궁이에 던져지는 들풀도 하나님이 이렇게 입히시거든 하물며 너희일까보냐, 믿음이 작은 자들아 … 너희는 먼저 그의 나라와 그의 의를 구하라. 그리하면 이 모든 것을 너희에게 더하시리라(마 6:25-33).

이것을 이렇게 풀어쓸 수 있다. "누구와 데이트할까, 그 사람을 어디서 찾을까 등으로 염려하지 말라. 새들도 잘하지 않느냐. 하나님이 새들을 다른 새들에게 인도하시지 않느냐. 그분이 꽃들을 아름다운 정원에 두시지 않느냐. 그분은 너에게 사교 생활과 만족스런 데이트 경험이 필요함을 아신다. 정말 염려해야 할 것은 이것이니, 그분과 그분의 의를 구하라. 그리하면 좋은 데이트는 열매로 따라올 것이다. 장래의 데이트 생활에 대해 염려하지 말라. 그것은 그때 생각할 일이다. 대신 오늘 네 영혼의 성장 상태가 어떻고 오늘 네가 어떤 사람이 되어가고 있으며 오늘 네 데이트가 어떤지 그것으로 염려하라. 그분을 구하고 그분이 원하시는 사람이 되라. 그러면 네 데이트 생활은 스르르 풀릴 것이다."

이렇듯 데이트는 당신이 최대한 온전하고 정직하고 사랑 많고 책임감 있고 창의적이고 만족한 사람이 되는 과정에 들어설 때 시작된다. 그런 삶은 하나님을 구할 때 온다. 그분의 인도대로 필요한 만큼 자라갈 때 온다. 그분의 '의'를 최대한 따를 때 온다. 이렇게 자기다워짐과 관계에 있어 '바른' 길을 찾으면 나머지는 당연히 따라오는 법이다.

2. 관계의 필요를 데이트 상황 바깥에서 채움 받는다. 옛말에 "고픈 배로 장에 가지 말라"는 말이 있다. 여기 원리는 결핍 상태에서는 현명한 선택이 어렵다는 것이다. 장보기만 아니라 데이트도 그렇다.

사라는 더 좋은 남자를 고르는 법을 배우고 싶어 했다. 그녀는 자기가 '엉뚱한 부류'에 끌리는 경향이 있음을 알고 있었다.

그녀의 데이트 사연을 들어보니 그간 자신이 선택을 잘못해서 '엉뚱한 남자들'과 사귀었다는 내용 일색이었다. 하지만 우리는 다른 것이 알고 싶어 이렇게 물었다. "외로울 때 누구에게 도움을 청합니까?"

"외롭다니요?" 그녀는 되물었다.

"관계가 끝났을 때 느끼는 외로움 말입니다." 나는 말했다.

사라는 말을 잃었다. 그런 생각은 처음이었다. 그녀는 공허감이나 외로움을 인식하지 못했다. '남자가 없을 때'의 자기 감정을 깊이 들여다본 적이 없었던 것이다. 그러니 혼자일 때의 자기 모습을 알 턱이 없었다. 소통할 줄 모르는 남자들과만 관계를 맺다보니 자신이 정말 얼마나 단절되고 사랑에 주려 있는지 자각할 수 없었다.

그래서 우리는 그녀와 약속을 맺었다. 사라는 외로움을 탈 때 남자 없이도 자기 삶을 풍요롭게 만드는 모임에 가기로 했다. 이성 관계가 없을 때도 그곳에선 침울하거나 외롭지 않았다. 서로 돕는 사람들과 친해져 마음을 털어놓고 외로움과 상처를 내보이는 사이 그녀는 점점 강해졌다. 데이트도 삶을 얻을 욕심에서가 아니라 삶을 나눌 대상을 찾으려는 마음으로 하게 되었다. 자신에게 좋지 않거나 관심이 느껴지지 않는 남자들을 거절하는 일도 훨씬 쉬워졌다. 결핍 상태가 아니었기에 좀 더 꼼꼼히 선택할 수 있었던 것이다.

이미 사랑받고 있는 사람은 남에게 의존하거나 매달리지 않는다. 데이트에 있어서도 더 훌륭한 선택을 내린다.

3. 자신의 습성을 파악하고 그것이 반복되지 않도록 고친다.
상담을 받는 사람들이 "나는 이러이러한 관계에 빠지는 경향이 있다"고 말하기 시작하면 우리는 그것이 호전의 조짐임을 안다. 그런 말은 그들이 자기 행동에 책임지기 시작했고 자신을 남에게 당한 피해자가 아니라 행위자로 보기 시작했다는 증거다.

대체로 우리 습성은 자신의 작품이다. 상황이 어떻든 대개 우리는 습성을 직접 만들어 내거나 습성이 생기도록 그냥 둔다. 물론 늘 100퍼센트 그런 것은 아니다. 하지만 습성이 존재한다면 우리는 그 습성의 형성에 내가 어떤 몫을 하고 있는지 살펴볼 필요가 있다.

자신의 습성을 들여다보기 시작하면 그것이 심각한 문제로 불거지기 전에 뭔가 조치를 취할 수 있다. 성경 말씀대로 역경은 지혜와 성숙을 낳을 수 있기에 때로 우리에게 좋다. 우리는 건강하지 못한 습성을 바꾸어, 거기서 비롯될 수 있는 문제들을 막을 수 있다. 안타깝게도 자신의 건강하지 못한 습성을 자각하지 못해 서글픈 사연을 연이어 반복하는 사람들이 많다. 모르니 반복하는 게 당연하다. 그러나 야고보의 말처럼 시련을 만나거든 하나님께 지혜를 구하며 그 과정을 인내하라. 그러면 당신은 보다 온전해진다(약 1:2-12). 아찔했던 데이트 시나리오는 당신의 과거가 되어 다시는 되풀이되지 않는다.

그러나 그렇게 하려면 당신에게 그런 습성이 생긴 이유를 알아야 한다. 당신이 특정 부류의 사람들에게 끌리는 이유는 무엇인가? 당신을 빨아들이는 것은 무엇인가?

다음은 몇 가지 생각해볼 만한 것들이다.

- 당신은 어려서 가족들에게 버림받았거나 학대당해 지금 단순히 옛날의 관계 습성을 재현하고 있다.
- 당신은 자신의 결핍된 부분을 채우려 하되 또 다른 결핍된 사람에게서 채우려 하고 있다.
- 당신은 상대가 당신이 원하던 사람이 아니라는 슬픔과 그 사람을 떠나보내야 하는 이별의 아픔에 부딪치기가 싫다.
- 당신은 이상적인 배우자상을 갖고 있어, 현실적 관계에 잘 맞지 않는 이상적인 사람들을 고른다.
- 당신은 가깝거나 친밀한 사이가 두렵다.

- 당신은 영적 삶이 통합되지 않아 역시 영적으로 통합되지 않은 사람들을 고른다.
- 당신은 성품의 해결되지 않은 부분 때문에 특정 부류의 관계만 가능하다.
- 당신은 자신에게 좋지 않은 사람이나 행동에 한계를 긋지 못한다.

이중 당신에게 해당되는 것이 있는가? 자신의 습성을 파악하고 해결하는 것은 중요하다.

4. 몇 가지 타협할 수 없는 가치기준을 정해 놓고 데이트한다. 고의로 데이트 상황을 힘들게 몰아가는 사람은 본 적이 없지만 뚜렷한 기준이 없어 데이트 관계가 힘들어지는 사람들은 많이 보았다.

내 삶의 길잡이가 될 가치기준을 데이트 전에 분명히 정해 두면 내게 해로운 관계를 질질 끌 소지가 훨씬 낮아진다. 가꾸고 싶은 관계와 상황은 물론이고, 피하고 싶은 사람과 상황도 잘 알아두라.

피하고 싶은 것들을 쭉 생각할 때 시편 101편의 다윗의 말을 염두에 두라. 그는 다음과 같은 모습을 보이는 자들과 상종하지 않겠다고 말했다.

- 비천함 — 하등 무익하거나 파괴적인 사람

- 배교자 — 직무를 태만히 하거나 믿음을 저버리는 사람
- 사악한 마음 — 시각이 왜곡되고 잘못된 사람
- 이웃을 은근히 헐뜯는 일 — 남의 험담을 하는 사람
- 악한 일 — 남의 불행이나 고통을 유발하는, 야비한 사람
- 교만 — 거만하여 자신을 남보다 앞세우는 사람
- 거짓 행함 — 배신과 변절을 일삼는 사람
- 거짓말 — 진실성이 없고 속임수를 쓰는 사람

당신의 목록에 올리고 싶은 내용은 무엇인가?

이런 성격 결함이 눈에 확 띌 것 같지만 인간이란 자신의 어두운 면을 꽤 교묘히 감출 수 있다. 그러므로 가치기준을 정해 놓고 그것을 바탕으로 데이트를 결정하라. 데이트 상대가 기준을 어길 때 그 가치관이 경보 장치가 된다. 그런 일이 생기거든 이렇게 말하라. "내 가치기준 가운데 하나는 정직입니다. 지난 번에 있었던 일은 정직하지 않았습니다. 그래서 나는 이 문제를 해결하기 전에는 더 나갈 수 없습니다." 그리고는 반드시 그 말대로 하라. 상대의 가치관이 당신과 맞지 않거든 관계를 정리하라.

피하고 싶은 성격 결함 외에 당신이 원하는 것, 가꾸고 싶은 가치기준도 생각하라. 영적 성장, 건강, 인격적 성장, 성적 순결, 독립, 주인의식 등 당신에게 중요한 것들을 생각하라.

데이트 상대는 당신이 정한다. 당신이 맺는 데이트 관계는 100퍼센트 자발적이다. 아무도 당신 대신 사람을 정할 수 없다. 당신

혼자의 책임이다. 당신 권한이니 그 권한을 행사하라. 당신에게 중요한 것들을 당신이 주관하라.

5. 취향을 확대한다. 나는 데이트를 거의 하지 않거나 사귀고 싶은 상대가 통 보이지 않는다는 독신자들을 많이 보았다. 대개 보면 이 사람들은 관심 대상에 대한 자격 목록이 지나치게 길다. 나와 대화한 한 여자의 목록에는 동일인에게 공존할 수 없는 것들까지 들어 있었다! 예컨대 그녀는 정리정돈이 아주 뛰어나면서 창의적인 사람을 원했다. 나는 그녀에게 정리정돈이 뛰어나면서 창의적인 사람을 한번도 본 적이 없다고 말해 주었다. 이 둘은 다분히 상충되는 특성이어서 동일인 안에 공존하기란 극히 드문 일이다. 그럼에도 그녀의 목록은 거기서부터 시작되었다.

나는 위험인물만 아니라면 누구와도 한동안 데이트를 해볼 것을 그녀에게 권했다. 골자는 그녀가 그간의 자격 목록을 제쳐두고 상대가 정말 어떤 사람인지 마음을 열고 알아보는 데 있었다. 이는 취향이 극도로 제한되어 있던 여자에게 내준 구체적 과제였다.

과제를 내주자 그녀는 농담으로 받아들인다는 듯 나를 쳐다보았다. 나는 농담이 아니라고 힘주어 말한 뒤, 그녀의 좁은 틀에 근접도 못하는 남자들을 만나보라고 했다. 그녀는 처음에는 망설였으나 해보기로 했다.

이전 같으면 상대도 하지 않았을 남자들과 데이트를 시작하면서 그녀는 자신이 중요하게 여겼던 많은 것들이 전혀 중요하지 않음을 깨달았다. 뿐만 아니라 자신이 미처 생각지 못해 목록에 올리지 못한 좋은 자질들도 있음을 배웠다. 그녀가 남자에게 바란 것은 좋은 성품과 좋은 신앙과 정서적 깊이였지 우락부락한 근육이 아니었다. 자기 '스타일'이 아닌 남자들을 만나고 사귀면서 그녀는 개인적으로나 대인관계 면에서나 여러 모로 넓어졌다. 몇 년 후 이 아가씨는 절대 자기 '목록'에 들지 않았을 직업의 소유자와 결혼해서 지금도 행복하게 살고 있다.

당신의 목록에 들지 않을 것 같은 사람들과도 마음을 열고 사귀라. 데이트하며 배우라. 데이트하며 즐기라. 데이트하며 인간과의 의미 있는 상호작용을 경험하라. 각 상황마다 상대방을 알아가고 당신 자신의 일면을 만나는 기회로 여기라.

6. 처음부터 내 모습을 그대로 보인다. 초기의 데이트는 상대에게 잘 보이고 호감을 주고 좋은 인상을 풍기는 일이 큰 몫을 차지한다. 전혀 잘못이 아니다. 나의 참 모습일랑 상대를 더 잘 안 후에 보이는 것이 아무래도 편하다.

그러나 나 아닌 딴 모습을 보이는 것은 다른 문제다. 이중적 모습은 위험하다. 그러나 많은 사람들이 데이트할 때 그렇게 한다. 예컨대 어떤 여자들은 스포츠라면 질색이면서도 데이트 상대가 열렬한 스포츠팬이기 때문에 괜히 즐기는 척한다.

상대의 마음에 들 것 같은 모습으로 연극할 게 아니라 자기 모습을 그대로 보이라. 물론 상대의 비위를 거스르거나 사사건건 내 입장을 밝히거나 항상 내 뜻을 관철시킬 필요는 없다. 다만 자기 모습에 충실하면 된다. 그렇지 않으면 문제를 자초한다. 나는 싫어도 상대가 좋아하는 일이라면 같이 해도 괜찮다. 이는 타협과 희생에 꼭 필요하다. 이기적이 되라는 말이 아니다. 다만 당신은 자신의 기분을 속이거나 나 아닌 딴 사람처럼 행동해서는 안 된다.

우선, 그랬다가 정말 효과가 나타나면 어떻게 할 건가? 상대가 당신 — 실은 상대에게 보인 가짜 당신 — 을 마음에 들어 한다면? 당신은 이 사람이 나를 잘 모르거나 내 필요를 채워주는 법을 모른다는 생각이 들어 관계에 불만을 품게 될 것이다. 아마도 당신은 그런 불만을 일부 표출할 것이고, 그러면 상대는 당신을 자신이 생각했던 사람이 아니며 그 관계가 사상누각임을 깨닫게 된다. 최선의 시나리오는 힘든 갈등이다. 당신이 약혼이나 결혼 후에야 솔직해지기 시작한다면 특히 그렇다. 최악의 시나리오는 지저분한 결별 — 또는 이혼 — 과 마음의 상처다.

아울러, 나 아닌 딴 사람 흉내를 내면 진정한 친밀함의 가능성이 배제된다. 서로의 차이는 감동이요 참된 관계의 일부다. 찡하고 통하는 불꽃은 서로의 비슷한 점과 이미 통하는 부분에서만 아니라 피차 다른 부분에서도 온다. 우리는 자신에게 없는 세계와 연합해 그것을 누리고 싶은 갈망이 있다. 우리는 상대방을 통해 넓어진다.

그러므로 데이트할 때는 자기 모습을 보이라. 자기다워지라. 그리고 상대에게도 그럴 수 있는 자유를 주라.

7. 나쁜 행동을 참지 말고 한계를 확실히 긋는다. 데이트 기간에 상대의 잦은 무례를 참아주고는 나중에 관계 악화의 이유를 의아해하는 사람들이 많다. 참아준 행동은 계속되는 법임을 명심하라. 당신은 늘 상대에게 당신을 대하는 법을 훈련시키고 있다. 당신에게 통할 것과 통하지 않을 것을 상대에게 일러주고 있다. 그렇다고 당신이 융통성 없이 앞뒤가 꽉 막힌 사람이 되어야 한다는 말은 아니다. 성경에 보면 허물을 용서하는 것이 자기의 영광이라고 했다(잠 19:11). 그러니 사소한 일이나 한 번의 지각 정도로 거창하게 문제 삼지 말라. 그러나 상대가 무례한 습성을 보이거든 참지 말라.

원치 않는 습성이 보이거든 조기에 지적하라. 데이트 상대가 부정적 행동을 그친다면 당신이 이긴 것이다. 상대가 지적을 싫어하며 떠난다 해도 당신이 이긴 것이다. 양쪽 결과 모두 당신에게 유익하다. 당신은 패할 수 없다.

8. 시간적 여유를 갖는다. 모르는 사람을 신원 확인도 없이 집 안에 들여놓을 사람은 없다. 그러나 많은 사람들이 사실상 모르는 사람을 자기 마음과 생각과 영혼과 몸 안에 들여놓는다. 진지한 또는 배타적 데이트 관계에 들어서기 전에 충분히 시간을 들여 상대를 잘 알아야 한다. 상대가 여기에 난색을 표하거든 그것을 경고 신호로 여기라. 상대는 왜 서두르나? 당신을 우선 친구로 알아가는 과정을 왜 즐기지 못하나? 이 부분에 문제가 있다면 상대의 통제 욕구나 의존 욕구의 신호일 수 있다. 상대를 여러 다른

상황에서 알아갈 필요가 있다. 상대의 친구들, 가치관, 가족, 신앙 등 알 수 있는 것은 전부 알아야 한다. 마음 문을 열고 진지한 관계로 들어갈 때 당신은 그저 호르몬이나 공상에 휩쓸리는 것이 아님을 알아야 한다.

뿐만 아니라, 너무 빨리 진지한 관계로 들어가면 자신의 사생활을 제쳐두고 싶은 유혹이 들 수 있다. 때로 사람들은 자신에게 중요한 모든 일들을 관계 앞에서 그만둔다. 상대방을 위해 자신의 관심사와 취미와 삶을 포기하는 것이다. 당신이 그렇게 하고 있다면 이는 당신 안에 의존 성향이 있으며 당신이 이 관계 속에서 자신을 잃어버리고 있다는 뜻이다. 시간적 여유를 가지고, 데이트 과정 중에도 자신의 삶을 지키라. 나중에 그 삶이 필요하다.

9. 주변 사람들과의 관계를 유지한다. 무리를 떠나 방황하는 양은 늑대에게 먹힌다.

당신의 지원 세력, 친구들, 때로 가족들은 당신을 가장 사랑하고 가장 잘 아는 사람들이다. 또 그들은 당신의 데이트 상대에 대해 가장 객관적인 사람들이기도 하다. 누군가에게 푹 빠져 그 사람을 친구들에게 소개하면 친구들이 "너 도대체 뭘 생각하고 있니?"라고 말할 때가 있다. 당신의 친구들은 감정이 개입되어 있지 않기 때문에, 당신이 못 보는 것들을 볼 수 있다.

내가 알던 한 여자는 자신의 '천생연분'을 만난 줄로 알았으나 지원 그룹에 말한 내용인즉, 남자가 진지한 관계의 조건으로 그녀의 성형수술을 원한다는 것이었다. 그들 덕분에 여자는 그 남자가 평생 행복을 모를 사람임을 보게 되었다. 남자에게 홀딱 반한 터라 혼자서는 보이지 않던 부분이었다. 공동체가 아니었으면 큰일 날 뻔했다.

둘만이 고립되어 데이트하지 말라. 데이트 상대를 당신의 친구들 무리에 끌어들이라. 친구들을 영적 가족으로 삼아 그들의 의견에 귀 기울이라. 공동체와의 관계를 끈끈이 유지하면 당신의 가장 깊은 필요가 채워지고 지원과 감시를 받을 수 있으며, 그것을 든든한 기초 삼아 더 현명한 결정을 내릴 수 있다.

10. 적극 찾아 나선다. 나는 데이트 생활에 소극적인 독신자들과 얘기할 기회가 많이 있다. 남자들은 좋은 여자들이 어디 있느냐고 묻고 여자들은 좋은 남자들이 어디 있느냐고 묻는다. 나는 양쪽과 다 대화하고 있는데 정작 그들 간에는 서로 대화가 없는 셈이다! 왜 그럴까?

한 가지 이유는 세상이 고도로 도시화되고 공동체적 성격을 잃다보니 사람과 사람이 만나는 오랜 검증된 방법들이 더 이상 존재하지 않는다는 것이다. 사람들은 바쁘게 살고 있고 공동체 의식이 별로 없다. 게다가 독신자들이 자주 가는 곳들 — 교회 등 — 은 늘 똑같은 사람들만 만나는 곳일 경우가 많다.

예컨대 많은 여자들이 내게 데이트 생활에 환멸을 느낀다고 말한다. 매주 새로운 남자들을 몇이나 만나고 있느냐고 내가 물으면 그들은 이상한 사람 보듯 쳐다본다. "당신이 다니는 경로를 말해 보십시오." 나는 말한다.

"그야 직장에 출근해서 거의 날마다 똑같은 사람들하고 일하지요. 일 끝나면 집에 가거나 룸메이트나 친구하고 저녁을 먹어요. 그리고는 자고, 다음날 똑같은 일과가 반복됩니다. 주말에는 교회에 가고요."

"매주 새로운 남자들을 몇이나 만납니까? 물론 당신에게 관심을 느껴 데이트를 청할 만큼 접촉도 충분하고 당신에 대해 정보도 충분한 경우를 말합니다." 나는 묻는다.

흔히 이런 안타까운 대답이 돌아온다. "하나도 없어요."

그러니 이런 독신자들이 어찌 새 후보자를 만나기를 바랄 수 있는가? 남자나 여자나 매한가지다.

데이트에 관한 한 하나님이 사람을 보내주시기만 기다려야 한다고 가르치는 사람들이 있다. 이 장 앞머리에 인용한 마태복음 6장 말씀처럼 우리가 하나님을 구하면 그분이 채워주신다. 날마다 새들을 돌보시고 먹이시는 것처럼 말이다. 우리는 그것을 믿는다.

하나님이 새들에게 먹이를 공급하시는 것은 사실이다. 그러나 새들은 날마다 둥지 밖으로 나가 먹이를 찾아 날아다닌다! 다시 말해 하나님은 채워주시지만 우리도 우리 몫을 다하기 원하신다. 삶의 모든 영역에서 "밖으로 나가야" 한다. 구하는 것이 직장이든 교회든 데이트 생활이든 뭔가 행동이 필요하다.

사람들을 더 많이 접할 수 있는 길을 몇 가지 소개한다.

- 친구들과 가족들을 동원한다. 친구나 친지들에게 부탁하라. 친

구들의 소개는 유서 깊은 중매 방식이며 지금도 효과가 좋다. 하지만 그들도 당신의 뜻을 알아야 도와줄 수 있다.

- 좋아하는 일들을 열심히 한다. 배우고 싶었던 운동도 배우고 평소 꿈꾸던 기술도 익히라. 집에서 텔레비전이나 보기보다는 열심히 살아갈 때 새로운 사람들을 만날 기회가 훨씬 많다. 또 성격도 더 원만해지고 삶의 보람도 커진다. 관심사가 같은 사람들을 만나기가 그만큼 쉬워진다.
- 같은 처지의 사람들과 뭉친다. 좌절에 빠져 뭔가 탈출구를 찾으려는 독신자들을 당신은 혹 알고 있을 것이다. 내가 아는 두 여자는 두 교회를 상대로 독신자 친교 모임을 만들어 매달 모이고 있다. 사람들은 친구들을 데려와 다른 친구들을 만나게 했고, 그 결과 좋은 일들이 많이 벌어졌다.
- 손 대접의 은사를 활용한다. 대접하는 재주가 있거든 직접 자리를 만들어보라. 재미도 있을 뿐 아니라 친구들이 다른 친구들을 초청하면 참석자 모두 새로운 사람들을 만나게 된다.
- 소개 받는 기관을 이용한다. 다들 성인이고 스케줄이 바쁘다 보면 여간해서 데이트 상대를 접하기 어려울 때가 있다. 직장 생활 때문에 그럴 겨를이 없을 정도다. 심사 과정이 확실하고 신앙과 가치관을 묻는 결혼정보업체라면 이럴 때 훌륭한 자원이 될 수 있다.

원하는 상대를 적극 찾아 나서라. 하나님의 도움을 구하라. 씨를 뿌리면 수확이 있는 법이다.

11. 거울을 본다. 새로운 사람들을 접하려고 나름대로 애쓰는데도 아무도 당신에게 관심을 보이는 사람이 없다면 자신에게 이유를 물어보라. 당신의 성품이나 행동이나 대인관계 방식에 자신도 모르는 방해 요소가 있을 수 있다.

이렇게 자문해 보라. "나는 남들이 매력을 느낄 만한 사람이 되기 위해 무엇을 하고 있나? 내게 고립을 자초하는 면은 없나? 나 자신에 대해 무엇을 배워야 하나?" 솔직한 친구들을 찾아 피드백을 받아보라. 정말 문제가 있을 수도 있다. 고쳐나가면 된다.

12. 자신을 순결하게 지킨다. 우리 문화에서 데이트 기간 중 성적 순결을 지킨다는 개념은 한물간 가치관처럼 보인다. 둘 다 원하면 성관계를 가져도 무방하다고 생각하는 독신자들이 많다. 배타적 관계일 경우 특히 그렇다. 그러나 혼외정사는 당신을 많은 고통에 빠뜨릴 수 있고 많은 좋은 것들을 놓치게 할 수 있다.

우선 성관계를 할 경우 데이트 상대가 내 곁에 — 또는 내가 상대 곁에 — 남아 있는 진짜 이유가 불분명해진다. 성관계만으로 충분한 만족이 될 수 있다. 헌신 없는 성관계는 특히 더하다. 그래서 정말 상대와 평생을 함께하고 싶은지 양쪽 다 모른다. 뿐만 아니라 설령 데이트 상대를 좋아한다 해도 이용당하고 싶지는 않을 게다.

둘째, 만족을 연기하고 관계를 쌓아가는 실제 상황에서 상대가 어떤 사람인지 알아야 하는데, 성관계를 하면 그것을 알 기회를 스스로 잃는다. 중요한 차원 즉 평생 지속될 관계의 차원에서 관계 방식을 배워야 하는 사람들에게 성관계는 방해가 될 수 있다.

셋째, 당신이든 상대든 성관계 때문에 더 가까워지지 않을 수 있다. 마음은 그렇지 못한데 몸만 전부 내주면 당신의 마음과 영혼과 몸이 나누인다. 그러면 나중에 마음 없는 성관계나 성관계 없는 마음만 남을 수 있다. 그렇게 나누인 상태로 지낸 사람들은 사랑과 성관계가 따로 놀아 고생할 때가 많다. 아울러 우리는 내면의 다른 문제들을 성관계라는 약으로 가릴 수 있다.

데이트 중의 성관계로 문제를 자초하지 말라. 제법 진지한 관계라도 예외가 아니다. 성관계가 끼어들면 데이트 관계의 진상이 묘연해지고, 전체 관계에서 성관계가 차지하는 부분이 얼마인지 알 수 없다. 그러다 나중에 헌신, 갈등, 자녀 등 모든 압박이 찾아오면 그때서야 처음부터 기초가 부실했음을 알게 된다.

이 모두와 그 이상의 이유로 하나님은 성관계를 거룩하고 존귀하게 여기며 부부 사이로 제한할 것을 명하셨다. 이는 결혼 후의 성관계를 더 아름답게 해준다. 몸 때문만이 아닌 그 이상의 이유로 내 곁에 남을 사람과 참된 관계를 이루게 해줌은 물론이다. 존중하는 마음으로 서로를 대하라. 그러면 큰 보상이 따른다(살전 4:3-8).

하나님 안에 거하라 ― 그리고 즐기라!

하나님은 길을 내시는 분이다. 그러니 날마다 그분과 함께 걸으라. 데이트 생활에 대해 기도하라. 그분이 무엇을 원하시는지 기도로 여쭈어라. 무엇보다 영적 삶의 활력을 유지하라. 영적으로 충만하면 데이트 생활을 근거로 자신의 가치나 기분을 정하지 않게 된다. 대신 하나님과의 영적 교제, 당신을 사랑하고 염려하는 공동체와의 영적 교제를 근거로 자신의 가치를 정하게 된다.

하나님 안에 거하면 신앙을 공유하지 않은 사람에게 반할 소지가 훨씬 적어진다. 하나님을 사랑하는 사람들과만 데이트하고, 당신도 그런 사람이 되라. 그것이 지혜다.

데이트는 심각한 사안이지만 재미있어야 한다. 그 점을 잊지 말라. 데이트를 현재의 내 모습과 장차 되고 싶은 내 모습을 좀 더 아는 기회로 활용하라. 경험을 통해 배우라. 하나님 안에 거하라. 그분과 그분이 주신 삶을 누리라. 그러면 혹 데이트가 없어도 불안하지 않을 것이다. 사느라고 너무 즐거울 것이다!

하나님과 함께, 믿음으로, 공동체 안에서 그리고 지혜롭게 데이트를 시작하라. 즐거운 시간이 되기를!

제10장

결혼과 관계

결혼은 인간에게 있을 수 있는 가장 중요한 관계다. 결혼은 하나님과 그 백성의 관계를 상징하며(엡 5:25-33) 또 나 아닌 다른 사람과 '하나'가 될 수 있는 가까운 관계를 의미한다. 그래서 좋은 결혼은 지상천국이 될 수 있다.

그렇다면 좋은 결혼의 열쇠는 무엇인가?

수십 년씩 결혼 생활을 잘 해온 부부들에게 나는 종종 비결이 뭐냐고 묻는다. 그들은 약간 수줍게 서로를 쳐다본 뒤 사랑, 존경, 하나님, 함께하는 시간, 공통 관심사 등 잡다한 답을 내놓는다. 결혼 전문가들도 끼어들어 좋은 결혼의 열쇠를 유년기의 발달부터 친밀함, 헌신까지 여러 가지로 주장한다.

나도 한 마디 보태고 싶다. 내 생각에 좋은 결혼의 열쇠는 결혼 안에 거하는 것 즉 연합을 이루고 지키그자 자신의 전 부분을 동원해서 혼신을 다하는 것이다. 부부는 하나님을 사랑하듯 마음과 목숨과 뜻과 힘을 다하여(막 12:30) 서로 사랑해야 한다. 진정 결혼 안에 거하는 사람들은 모든 부분 — 좋은 부분, 나쁜 부분, 화난 부분, 사랑하는 부분, 약한 부분, 강한 부분 — 을 배우자와 소통한다.

결혼에 대한 헌신을 말하는 것이 아니다. 결혼 안에 거한다는 것은 헌신 이상이다. 헌신은 배우자와 언약을 맺고 그 언약을 지키는 것이다. 이는 결혼에 꼭 필요한 부분이요 좋은 것이다. 그러나 헌신은 많지만 반면 소통이 적은 결혼도 있다. 언약은 지켜지지만 가장 깊은 차원에서 진정 마음과 마음이 통하지 않는다. 이런 부부들은 대개 관계가 안정되고 오래가지만 자칫 한쪽이나 양쪽 모두 속이 공허할 수 있다. 정반대 문제도 존재한다. 마음은 정말 통하는데 헌신이 약한 경우다. 디런 부부들은 좋을 때는 아주 잘 지내지만 역경이 닥치면 삐걱거린다. 결혼 안에 거한다는 것은 자아와 삶의 모든 면에서 깊은 헌신과 깊은 소통이 공존한다는 뜻이다.

우리는 다 좋은 결혼을 원하지만 실상은 그렇지 못한 사람들이 많다. 그들의 결혼은 고생이요 깊은 실망이다. 오래도록 아껴 온 희망과 꿈이 위태롭거나 회복 가망성이 희박한 채로 잠자고 있을 수 있다. 아주 괴로운 상태다.

당신이 그런 처지라면 나도 마음이 아프다. 하지만 — 고충을 무시하는 것은 아니다 — 힘든 결혼 생활 때문에 당신은 당신 삶을 향한 하나님의 길에 더 가까워질 수 있다. 하나님을 구하면 그분의 길이 당신의 결혼뿐 아니라 영혼까지 치유한다.

결혼 생활의 고충 때문에 사람들이 난생처음 자신과 자신의 답 너머로 눈길을 돌린 사례가 많이 있다. 자기보다 큰 문제에 부딪쳤기 때문이다. 달리 갈 데가 없기에 그들은 자기보다 어깨가 넓은 그분을 구했고, 그런 그들을 그분은 저버리시지 않았다.

삶의 모든 부분에서 그렇듯 하나님은 결혼 생활에도 길을 내시며, 특히 앞길이 막막할 때 어찌할 바를 일러주신다. 하나님은 당신의 결혼에 친히 인감도장을 찍으셨다. 그분은 당신들 둘을 짝지어 주셨다. 강력하고 초자연적인 방식으로 그분도 당신의 결혼 안에 거하신다. 그분이 애지중지하시는 결혼이니 그분 방식과 뜻대로 일하시게 하라. "그러므로 하나님이 짝지어 주신 것을 사람이 나누지 못할지니라"(막 10:9).

이 점을 명심하면서 좋은 결혼의 면모를 좀 더 자세히 살펴보자.

하나님의 뜻이 반영된 틀을 짜라

대부분의 개인, 관계, 기관에는 기본 틀 즉 중요한 신념이나 가치관이 있어 그것이 행동 기조를 좌우한다. 예컨대 폭력배는 무엇보다 의리를 중시할 수 있고, 사업가는 고객이 언제나 옳다고 말할 수 있다. 모든 결혼도 일련의 가치관에 준해 움직이며, 좋은 결혼에는 하나님의 뜻과 설계가 반영된 가치관이 있다.

당신은 어떤 가치관 위에 결혼을 쌓아가고 싶은가? 배우자와 마주앉아 얘기해볼 것을 권하고 싶다. 충분히 생각하라. 아예 기록해 두라. 그러면 필요할 때 다시 보며 기초를 확인할 수 있다.

결혼에 대한 하나님의 뜻이 반영된 가치관으로는 다음과 같은 것들이 있다.

1. 결혼의 중심은 하나님이다. 하나님을 중심에 둔다는 것을 그분을 기쁘시게 한다는 뜻으로 생각하는 사람들이 있다. 그분을 기쁘시게 하는 것도 좋은 일이지만 그것이 우리가 뜻하는 바의 전부는 아니다. 하나님을 당신 결혼의 중심에 둔다는 것은 그분을 당신의 관계 속에 모셔 들이고 결혼 생활에 관한 인도와 지도를 그분께 구한다는 뜻이다. 하나님은 엄연히 결혼 제도의 창시자이며 당신들 두 영혼의 창조주시다. 하나님은 당신을 당신보다 더 잘 아신다. 각 개인으로서 또 부부로서 당신들에게 가장 좋은 것이 무엇인지 그분은 아신다. 그분은 여태까지 당신에게 길을 열어주셨다. 당신의 삶과 결혼 생활을 그분의 보호와 인도에 맡기라(신 6:24).

2. 결혼은 우리의 가장 중요한 관계다. 부부의 연합을 가장 존귀하게 여기고 배우자를 최고 우선순위에 두라. 좋은 결혼은 대가를 요한다. 가장 사랑하는 사람을 위해 크고 작은 방식으로 자아에 대해 죽을 것을 요한다. 배우자에게 시간과 에너지를 투자하라. 상황이 힘들 때일수록 관계에 더 열심을 내라. 가장 많이 투

자한 것이 가장 많이 받는다는 원리를 잊지 말라.

3. 우리 결혼은 타협 없는 진실을 고수한다. 결혼은 부부의 정직성 만큼밖에 굳건할 수 없다. 좋건 궂건 진실은 사람을 관계로 이끌지만 부정직과 기만은 사람을 관계와 갈라놓는다. 서로 진실을 고집하고 요구하라(골 3:9).

4. 우리는 결혼을 통해 인격적으로 자란다. 하나님의 설계에 따르면 결혼은 우리에게 성장과 성숙의 장을 제공한다. 결혼은 우리의 이기심과 미성숙과 상처를 드러내며, 그것을 해결할 책임을 떠안긴다. 당신의 영적, 인격적 성장에 적극 힘쓰고 배우자와의 관계를 위해 계속 노력하라.

배우자가 당신을 행복하게 하기 위해 존재하지 않음을 명심하라. 이는 미성숙한 생각이며 파멸을 부른다. 당신의 성장을 도우려면 배우자는 때로 당신을 불행하게 해야 한다. 당신의 무책임이나 상처를 주는 언행을 지적해야 한다. 성장에 헌신하는 사람들은 부산물로 행복까지 얻을 소지가 높다.

5. 부부는 공동체 안에서 산다. 고립된 결혼이 잘된다는 것은 어불성설이다. 건강한 공동체의 은혜와 감시 아래 결혼 생활을 하기로 작정하라. 본래 결혼이란 부부가 서로의 필요를 전부 채워주는 자급자족 유기체가 아니다. 성경도 그렇게 가르치지 않는다. 대신 성경은 우리에게 하나님께 붙어 있고 몸 된 교회 ― 결혼을 에워싸고 보완해 주는 그룹 ― 에 붙어 있으라고 가르친다. 결혼 생활을 잘하는 부부들은 자기들을 사랑해 주고 긍휼을 베

풀고 솔직히 지적해 주며 약한 모습을 내보일 줄 아는 사람들을 찾아낸다.

그러나 짱짱한 틀은 좋은 결혼 요건의 일부에 지나지 않는다. 건강한 결혼을 원하는 사람들은 그 외에도 결혼의 등장인물 중 누가 중심 무대에 서야 할지를 알아야 한다.

나, 너, 우리를 존중하라

모든 부부는 결혼이라는 연극의 세 주요 등장인물을 만난다. 나, 너, 우리다. 결혼 생활이 좋은 부부들은 셋 모두의 중요성을 인식하며, 각 등장인물이 결혼의 전면에 나서야 할 때를 안다.

우리는 결혼해서 한 몸이 되었지 한 영이 된 것은 아니다(창 2:24). 결혼 생활이 좋은 부부들은 '나'와 '너'를 건강하게 중시한다. 각자의 개인적 시각과 개성을 존중하며, 각자의 은사와 재능과 강점과 약점이 부부 연합을 이룬다는 것을 안다. 결혼에는 각자 필요와 관심사가 다를 수 있는 자리가 엄연히 존재한다. 부부는 서로의 필요와 관심사를 인정한다. 어느 한쪽의 정체가 상대를 삼키지 않는다.

순전히 배우자의 행복을 위해 뭔가를 포기할 수 있다면 이는 좋은 결혼의 아름다운 일면이다. 이런 사랑은 아주 높은 사랑이다. 깊은 애정으로 '내'가 '너'에게 복종한다. 예를 들어 남편은 순전히 아내에게 필요하기 때문에 보다 나은 의사소통과 경청을 위해 노력할 수 있다. "남편들아, 아내 사랑하기를 그리스도께서 교회를 사랑하시고 그 교회를 위하여 자신을 주심같이 하라"(엡 5:25).

아울러 결혼 생활을 잘하는 부부들은 '우리'를 위해 '나'를 포기할 줄도 안다. 이는 하나님의 가장 큰 선물 가운데 하나인 결혼의 가격표가 같기 때문이다. 관계가 잘되기 위해 저마다 자신의 갈망과 꿈과 목표와 편의를 양보한다. 예컨대 아내는 아이들이 좀 클 때까지 직업의 목표를 연기할 수 있고, 남편은 결혼 생활과 가정을 위해 타지방 승진 발령을 고사할 수 있다.

그러나 '너'나 '우리'를 위해 '나'를 포기한다는 것은 줏대가 없거나 매사에 상대의 의사에 따른다는 뜻이 아니다. 이는 매우 능동적이고 주도면밀한 자세다. 때로는 '우리'를 위해 '나'를 내세워야 할 때도 있다. 이기적 이유에서가 아니라 배우자를 사랑하고 배우자의 성장을 원하기 때문에 부부간의 어떤 문제에 대해 내 감정을 솔직히 터놓고 표현할 수 있는 것이다. 예컨대 아내는 남편의 정서적 부재와 거리감을 지적할 필요가 있다. 남편에게는 이 모두가 아내의 자기 몫 챙기기로 비칠 수 있으나 사실 아내는 함께 처리하고 해결해야 할 결혼의 해악을 남편에게 경고하고 있는 것이다. 속을 보면 이 아내의 관심은 '우리'에 있다.

좋은 결혼의 또 다른 특성은 친밀함이다.

친밀함을 가꾸라

결혼은 신비롭고 신기한 방식으로 두 사람을 하나로 묶는다.

좋은 결혼은 둘을 한층 더 가깝게 묶는다. 친밀함은 애초에 상상도 못한 방식으로 점점 깊어져 마침내 양쪽 모두의 핵심 경험은 이렇게 된다. '이 땅에서 내가 가장 좋아하는 곳은 내 배우자 앞이다.' 세월이 흐르고 서로를 더 깊이 알게 될수록 이들은 더 가까워지고 더 애틋해진다. 이것이 친밀함의 본질이다.

결혼의 친밀함은 부부가 자신의 전부를 서로에게 내놓는 능력과 상관이 있다. 이들은 벌거벗은 자신을 부끄럼 없이 서로 내보인다(창 2:25). 이렇게 약한 모습을 보이는 것이야말로 인간의 최대 모험 중 하나다. 내 못나고 부족한 모습을 배우자에게 보인다는 것은 상대에게 나의 그 부분을 거부할 수 있는 재량을 주는 것이다. 그러나 좋은 결혼에서는 대개 약한 부분일수록 가장 소중하고 은밀한 부분이 된다. 부부는 서로의 연약한 마음을 이해하고 보호한다.

결혼의 친밀함은 또한 의존을 요한다. 부부는 기꺼이 상대에게 기대야 하고 상대가 기댈 때 받아주어야 한다. 부부는 상대의 함께함과 긍휼과 보호에 의존해, 하나님의 길을 따를 힘을 얻어야 한다. 이런 깊은 차원의 친밀함은 양쪽 모두 자신의 부족함을 인정하고 상대의 사랑과 위안을 받을 때 이루어진다.

친밀함의 또 다른 표지는 공감이다. 공감은 잠시 내 시각과 입장을 제쳐두고 배우자의 눈으로 보는 능력을 요한다. 그러려면 남편은 아내의 정서적 신발을 신고 아내의 심정을 느껴야 하고, 아내는 남편의 정서적 신발을 신고 남편의 심정을 느껴야 한다. 공감이 없이는 아무도 성장할 수 없다. 이해받지 않고는 아무도 자랄 수 없기 때문이다. 이것이 예수께서 인간의 형체를 입으신 이유 가운데 하나다. 인간이 겪는 시련을 겪으시려 함이다. "그가 시험을 받아 고난을 당하셨은즉 시험 받는 자들을 능히 도우실 수 있느니라"(히 2:18).

사람들은 공감이 동의할 수 없는 배우자의 행동을 찬성하는 것을 의미한다고 염려한 나머지 그들의 짝과 공감을 하지 않으려 할 때가 있다. 하지만 찬성과 공감은 다르다. 사안을 보는 시각이 분명히 다르면서도 당신은 배우자에게 이해심과 긍휼을 보일 수 있다.

그러나 원활한 결혼 생활은 친밀함만으로 부족하다. 친밀함이 피어나는 데 필요한 보호와 틀을 제공해 주는 것은 책임이다.

책임을 다하라

책임이라는 말이 그리 로맨틱하게 들리지 않는다. 여자가 자기 맘에 드는 남자에 대해 룸메이트에게 말할 때 처음 꺼내는 단어는 물론 아니다. 그러나 평생을 사는 동안 책임감은 건강한 결혼에 필수다. 양쪽 다 책임을 다하지 않는 한 부부의 친밀함은 자랄 수 없다.

'친밀한 결혼은 양쪽 다 책임감이 있다'는 말은 양쪽 다 자신과 결혼에 대해 주인의식이 아주 높다는 뜻이다. 이들은 자신의 사생활은 물론 부부 관계의 역할과 짐을 진다. 각자 자기 할 일을 하며, 일처리가 안 되어 있어도 상대를 비난하지 않는다. 사실 이들은 자기 몫 이상을 한다.

50 대 50 원칙으로 결혼 생활을 해나가려는 부부를 볼 때마다 나는 슬퍼진다. 한쪽에서 40퍼센트의 노력밖에 하지 못할 날이 반드시 오기 때문이다. 그렇게 되면 한쪽의 계약 불이행으로 인해 공과금이 쌓이고, 문제의 고백이나 화해가 이뤄지지 않고, 일이 밀리며, 분노가 폭발한다. 굳이 그럴 필요가 없다. 법이 관계를 지배하지 않으면 그렇게 되지도 않는다(마 5:41). 좋은 결혼에서는 양쪽 다 기꺼이 사랑으로 십리를 더 동행하여 상대를 섬긴다.

이런 부부들이 의존 벽이 있거나 상대의 잘못을 조장한다는 뜻이 아니다. 그들은 그러지 않는다. 책임감 있는 남편과 아내는 결혼과 배우자를 희생적으로 챙기면서도 언제 자신의 자원이 고갈되고 언제 해당 문제에 대해 배우자의 주인의식을 고취하고 언제 지적해야 하는지 안다. 이들은 사랑과 맺고 끊는 것을 구분한다. 사랑과 친밀함을 끊지 않으면서 상대에게 아니라고 말할 줄 안다.

건강한 부부는 서로의 자유를 보듬는다. 이기적이 되거나 상처를 입힐 자유까지도 말이다. 이들은 내 것이 아닌 삶을 내가 좌지우지할 수 없음을 안다. 그거야말로 노예 부리기의 본질이다. 상대의 행동에 늘 동의하지 않을 수도 있고 그 유해성에 반대 입장까지 취할 수도 있지만 이들은 절대 서로의 자유를 제한하지 않는다. 잘못할 자유가 없다면 전심으로 잘할 수도 없다는 사실을 현명한 부부는 안다. 이는 탕자의 비유가 가르쳐주는 교훈 가운데 하나다(눅 15:11-32). 건강한 부부는 차이를 허용하며, 자유 때문에 상대를 나쁜 사람으로 만들지 않는다. 이들은 사랑의 이름으로 자유를 보호한다.

끝으로, 결혼 생활을 잘하는 부부들은 진실과 친하다.

진실과 친해지라

결혼이 튼실한 부부는 나 아닌 딴 사람이 되려는 성향이 없다. 가식이 없다. 각자 상대의 약점과 결점을 알며 상대에게 수용과 용서를 베푼다. 부부가 각자 상대의 진실과 참 모습과 친해질 때 사랑과 결혼은 자랄 수 있다.

결혼의 본질 자체가 진실을 강요한다. 남편과 아내의 두 삶이 하나로 합해지면 둘은 더 이상 서로를 피해 숨을 수 없다. 시간이 가면서 진실이 드러난다. 언젠가 내 아내 바비는 내가 출장 가 있는 동안 아이들과 함께 학교 행사에 간 적이 있었다. 아내한테서 그 일에 대해 듣던 일이 기억난다. 여독으로 몹시 피곤했던 나는 아무래도 새 정보를 수용할 기분이 아니었다. 그저 듣고 있다는 인상을 주며 가끔씩 "음 — 음 —" 하는 정도였다. 아내의 말에 집중하지 않고 있던 나는 몇 시간 후 이렇게 묻고 말았다. "그래서 학교 일은 어떻게 됐소?" 남의 말을 귀담아 들을 줄 안다는 심리학자가 이 모양이다!

가장 사랑하는 사람에게 가장 큰 상처를 입힐 수 있다. 우리의 부족한 모습은 결혼 속에 당장 나타난다. 그러나 결혼이 건강하면 양쪽 다 안심하고 속을 내보일 수 있다. 부부로서 이들은 문제를 해결하고, 별것 아닌 것을 버리고, 용서하고, 수용하고, 서로에게 애정과 배려를 고수할 줄 안다. 특히 마지막 부분이 중요하다. 진정한 용서와 수용과 관계되기 때문이다. 부부의 용서와 수용은 "아내는 본래 저런 인간이야. 평생 달라지지 않을 테니 그러려니 하고 사는 수밖에" 식의 우울한 체념에서 오는 것이 아니다. 그 훨씬 이상으로, 진실을 받아들이는 것이다. 그제야 비로소 결혼다운 결혼 생활이 시작될 때가 많다.

수용하고 용서할 때 비로소 배우자한테 행복과 만족을 바라는 의존에서 벗어날 수 있다. 당신은 자신이 채움 받고자 배우자에게 특정 방식을 요구하지 않고도 상대를 마음껏 사랑할 수 있다. 사랑은 자기 유익을 구하지 않는다(고전 13:5). 서로의 결점을 수용할 수 있을 때 부부는 반사적 반응 없이 서로의 뿌리와 상처와 죄를 비로소 이해할 수 있다. 나 자신도 수용이 필요하다는 것과 나나 배우자나 하나님의 은혜와 도움이 절실히 필요하다는 것도 더 절감할 수 있다. "서로 친절하게 하며 불쌍히 여기며 서로 용서하기를 하나님이 그리스도 안에서 너희를 용서하심과 같이 하라"(엡 4:32). 당신이 수용하고 용서하련 배우자는 율법의 진노를 당하지 않아도 되며(롬 4:15) 대신 은혜를 경험할 기회가 열린다. 거기서 성장이 나온다.

좋은 결혼의 특징 하나는 양쪽 다 진실과 친하다는 것이다. 진실을 받아들이라. 성장의 길이 보일 것이다.

하나님의 치유의 길을 구하라

지금까지 이 장을 읽으면서 당신은 "내 결혼은 전혀 딴판이다! 내 평생 최악의 실망이었다"고 생각했을지도 모른다. 어쩌면 당신은 상호간의 사랑과 가치관과 목표에 기초한 결혼을 갈망해 왔으나 지금까지 그것이 손에 잡히지 않았을 수도 있다. 혹 당신의 고민은 배우자와의 정서적 단절 등 내적인 것일 수도 있다. 외도나 구타처럼 위기 상황일 수도 있다.

결혼 문제가 두려움, 비만, 중독, 우울 등 여타 문제들과 다른 점은 좋은 결혼이란 두 사람을 요한다는 점이다. 둘 다 자신의 전 존재로 기꺼이 진정 결혼 안에 거하려 한다면 실망스런 결혼도 좋은 결혼으로, 아니 대단한 결혼으로 바뀔 수 있다. 하지만 한 쪽에서 어떤 식으로든 관계와 단절되어 있는 예가 다반사다. 이는 낙심천만이며, 하나님이 원하시는 방식의 결혼 치유에 큰 장해물이 된다.

당신의 상황이 어떻든 하나님은 여태 당신을 혼자 두시지 않았고 당신에게 길을 열어주셨다. 당신이 지금 결혼의 치유를 구하고 있다면 시편 86편 11절의 말씀으로 하나님께 기도하고 다짐하라. "여호와여, 주의 도를 내게 가르치소서. 내가 주의 진리에 행하오리니."

결혼 치유를 위한 하나님의 길에는 다음 내용이 포함된다.

1. 하나님으로 시작한다. 배우자가 관계와의 단절을 — 정서적으로든 신체적으로 그저 내적 성장의 과정에 대해서든 — 택한 경우 당신이 알아야 할 것이 있다. 배우자가 하나님께 요청하지 않는 한 하나님의 길에는 배우자를 변화시키는 일이 포함되지 않는다. 그러면서도 하나님은 당신 삶에서 손을 떼시지 않는다. 당신을 도우시는 하나님의 능력과 의지는 배우자의 자유 때문에 희석되지 않는다. 배우자가 어느 길을 택하든 당신은 그분과 그분의 길을 따르라. 당신을 위한 하나님의 길은 언제나 당신이 최대한 건강하고 사랑 많고 거룩하고 의로운 사람이 되는 것이다. 그것이 당신이 할 부분이다. 그 길을 택할 때 하나님은 당신을 구속(救贖)적 방식으로 쓰실 수 있다.

2. 근본 문제를 파악한다. 공허감, 자녀와의 관계, 살벌한 부부 싸움 등 당신 결혼의 고충이 무엇이든 시간과 정성을 들여 이면의 실상을 보아야 한다. 물론 외적인 사건도 다루어야 하며 재정 파탄, 외도, 구타 등 위험한 일일 경우 특히 그렇다. 그러나 어느 시점에서 당신은 문제의 배후 요인을 찾아낼 필요가 있다. 그래야 근원 치유가 가능하다. 결혼 문제는 통제권, 무책임, 아무 잘못도 아닌 상처와 연약함, 신뢰 부족 등 분야가 매우 다양하다. 지침으로 이 책의 지혜에 관한 장(3장)과 문제 수용에 관한 장(6장)을 참조하라. 문제에 대해 보다 객관적 시각을 길러줄 수 있는 유경험자들과 상담하라. 증상만 다루어서는 안 된다. 언젠가 문제가 다른 형태로 다시 터질 뿐이다. 예컨대 남편이 인터넷 포르노에 빠

져있다면 컴퓨터에 차단 소프트웨어를 설치하는 것은 해답이 못 된다. 누군가 남편의 머리와 가슴속에 들어가 그로 하여금 자신과 자신의 죄와 그 피해, 현재의 모습과 장차 되고자 하는 모습을 직시하게 해주어야 한다. 진정한 변화의 희망과 도움은 소프트웨어가 아니라 이런 개입에서 온다.

3. 내 눈 속의 들보를 뺀다. 사실상 모든 결혼 불화는 부부의 공동 작품이다. 기여 정도는 다를 수 있어도 책임은 둘 다에게 있다. 그러므로 자신의 마음을 살피라. 예수님의 가르침대로 당신 눈 속의 들보를 먼저 빼라(마 7:1-5). 자신이 문제에 어떻게 일조하고 있는지 점검하라.

힘든 결혼에서는 한쪽에서 상대에게 판단 받고 정죄당하고 아이 취급받는다고 느끼기 쉽다. 그러나 당신이 문제의 제 몫을 깨끗이 인정하며 겸손하고 너그럽게 배우자에게 나아간다면, 당신의 태도로 인해 상황 속에 쌍방적 분위기와 은혜가 감돌게 된다. 진심으로 당신의 부분부터 처리했는지 부지런히 살피라.

잘못에 대한 대가를 자신이 정해놓고 스스로 무시할 수도 있다. 심지어 영적으로 우월한 태도를 취할 수도 있다. 이는 '죄인과 결혼한 성인'의 문제로, 사랑을 신속히 파괴할 수 있다. 두려워 말고 거울 속의 자신을 보라. 당신 부부를 향한 하나님의 은혜는 풍성하다(요일 3:19-20).

4. 사랑으로 진실을 말한다. 결혼의 상처는 안전하게 진실을 말하고 내면화하고 순종하는 정도만큼 치유된다. 진실이란 부부

간 문제의 실상이다. 진실을 알리고 수긍하지 않는 한 해결은 있을 수 없다. 솔직히 말하되 문제의 치유를 염두에 두고 말하라. 그래야 둘 사이에 사랑과 성장이 증대될 수 있다. 상대의 감정과 형편을 존중하고 중시한다는 것을 보이라. 동시에 문제에 대한 당신의 감정과 함께 문제를 분명히 거론하라. 지금과 앞으로 당신이 원하는 바를 밝히라.

당신이 할 일은 진실을 전달하면서도 힘닿는 대로 최대한 배우자와 평화롭게 사는 것이다(롬 12:18). 그 이상 배우자의 행동은 당신의 소관이 아니다. 배우자와 하나님 사이의 일이다. 배우자는 당신에게 고마워할 수도 있고, 당신을 미워할 수도 있고(잠 9:8), 문제를 다각도로 이해하고 싶어할 수도 있고, 마음이 찔릴 수도 있다. 상대의 반응이 어떻든 당신만은 둘 다 진실을 수용할 수 있는 쪽으로 계속 노력하라.

5. 하나님의 자원을 활용한다. 부부가 함께 문제에 맞서면 그 일치단결한 마음이 문제 해결에 큰 도움이 된다. 그러나 설령 애쓰는 사람이 당신 혼자라 해도, 당신이 문제를 솔직히 인정하고 하나님의 치유를 바란다는 그 사실만으로도 해결을 향한 큰 걸음이다. 어느 경우든 문제의 자각은 대개 끝이 아니라 시작이다. 대부분의 경우, 더 열심히 하거나 다시 시작해서 부부 문제를 해결할 수 있었다면 지금쯤 문제는 없을 것이다. 당신 삶에 원하는 결실을 맺기 위해 필요한 것은 하나님의 은혜, 사람들, 자원, 지혜, 시간이다.

당신의 결혼이 병들었다면 병원에 입원시키라. 당신의 문제를 취급하는 사람들과 기관들의 도움을 받으라. 어떤 길을 취하든, 외부의 도움 없이 둘이서 결혼 문제를 해결할 수 있다는 착각의 덫에 빠져서는 안 된다. 교회의 기능 가운데 하나는 사람들을 성숙하게 양육하는 것이다(엡 4:16). 당신의 결혼과 마음과 상처에 다른 사람들을 들여놓으라. 회복은 거기에 있다.

당신이 도움 받을 수 있는 자원들은 얼마든지 많이 있다. 그간 결혼 연구가 왕성하게 이루어져 이제 일반인들에게도 꽤 많이 알려져 있다. 그러나 알다시피 이는 하루아침에 뚝딱 되는 일이 아니다. 그러니 인내심을 가지라. 우리가 얕은 땅에 뿌리지 않고 깊이 뿌릴 때 하나님은 결실을 주신다(마 13:1-23). 유년기부터 있었을 지도 모르는 습성을 바꾸려면 시간과 은혜가 필요하다. 자신과 배우자에게 시간과 은혜를 베풀라. 자신의 마음을 해(害)에서 지키면서도(잠 4:23) 동시에 서로 사랑과 지원과 격려를 베푸는(벧전 1:22) 평균대 위의 삶을 살아가라. 당신과 배우자는 정직과 거룩함과 분명한 한계는 물론 서로의 용서와 사랑과 소망이 필요하다.

지금 하나님께 가라

하나님은 자신에게 진실하신 분이다. 그분은 세상을 자기와 화목하게 하셨다(고후 5:19). 그 화해에 당신의 결혼 문제도 들어 있다. 그분과 그분이 보여주실 길을 구하라. 힘든 길일 수 있다. 그러나 그분이 당신과 함께 — 그리고 당신의 배우자와 함께 — 걸으신다. 위 내용대로 실천하여 결혼에 치유를 맛본 부부들을 나는 많이 보았다. 하나님과 그분의 과정이 문제 많은 결혼, 심지어 파경을 앞둔 결혼에 새 생명을 불어넣어 사람들의 삶이 영영 달라지는 것을 나는 보았다. 지금 그분께 가라. 그분이 인도하시는 길로 고개를 돌리라. 그분이 주시려는 길을 따라가면 그분의 얼굴과 배우자의 얼굴이 나온다.

제11장

친밀함과 성

때로 나는 결혼 강연 도중 모두들 졸지 않나 보려고 전형을 바꾸어 이런 식으로 말한다. "여자 분들은 통 모릅니다. 항상 성관계 생각뿐이지요. 우리 남자들은 그저 껴안아주기만 바랄 뿐인데 말입니다. 성관계의 대상으로 느껴지는 그 기분을 여자 분들이 아십니까?" 거의 매번 사람들은 무슨 시답잖은 소리냐는 듯 서로 웃으며 쳐다본다.

하나님이 주신 삶에서 성관계는 중요하고 의미 있다. 우리는 성적인 존재다. 그분은 우리의 유익을 위해 성을 설계하셨다. 성관계는 대를 잇고 부부의 친밀함을 이루며, 우리를 향한 하나님의 사랑을 상징한다. 하나님은 침실에 계시며, 침실이 사랑, 관계, 그분의 임재가 만나 하나로 연합되는 곳이길 원하신다. 결혼에 건강한 성생활을 가꿀 수 있도록 그분은 부부에게 길을 열어주실 수 있다.

하나님의 일

성은 하나님의 성품과 마음을 반영해 준다. 성은 정녕 하나님의 일이다. 하나님이 그러시듯 성관계도 관계에 깊이 뿌리를 두고 있다. 친밀하고 만족스런 성생활은 언제나 한 남편과 한 아내의 정서적 연합과 사랑을 기초로 한다. 남편과 아내의 관계가 좋을수록 멋진 성관계가 될 소지도 높아진다. 그 친밀한 순간 남편과 아내의 눈길이 마주칠 때 부부는 서로의 영혼을 들여다보는 것이다. 오랜 세월 서로를 알아온 결실을 거두는 것이요 그간 피어나 자라고 깊어진 사랑을 만끽하는 것이다. 사랑과 놀람과 새로운 지평의 연합으로 더욱 넘칠 미래를 약속하며 기대하는 것이다. 성관계는 사랑의 반영이자 사랑의 심화다. 둘은 각자 자신에게 속하지 않고 서로에게 속한다.

하나님처럼 성관계에도 우리가 다 이해할 수 없는 신비가 있다. 우리는 성관계의 기능적 원리는 많이 알지만 이성간 끌림의 깊이는 면면이 다 알지 못한다. 온 세상이 담긴 은밀한 눈빛, 점차 열기를 달궈가는 과정, 섬세함과 격정과 에너지가 한데 얽힌 성행위 자체에 이르기까지 개입 요소가 너무 많다. 성관계의 모양과 형태는 특정 시기마다 예측 불허다. 로맨틱하고 달콤한 성관계도 있고, 힘차고 저돌적인 성관계도 있고, 느긋하면서 경쾌한 성관계도 있고, 얌전하게 또는 야단스럽게 코믹한 성관계도 있고, 눈물 나도록 깊고 섬세한 성관계도 있다.

둘이 하나가 되는 것은 신비다. 여전히 독립된 개인이자 영혼인 두 사람이 결혼으로 서로의 삶을 합해 새롭고 독특한 정체를 이룬다. 성적 연합은 그 상징이다. 성경은 그것을 이렇게 말한다. "이러므로 남자가 부모를 떠나 그의 아내와 합하여 둘이 한 몸을 이룰지로다"(창 2:24). 성행위 자체는 이 연합을 대변한다. 인간이 경험할 수 있는 가장 황홀하고 격렬한 신체 감각 가운데 하나인 성적 절정에는 구별된 두 정체의 순간적 상실 그리고 상대와의 정서적 합일이 포함된다. 지고한 차원에서 성적 연합은 그리스도와 그분의 신부인 교회와의 연합의 상징이기도 하다(엡 5:32).

성관계는 또 평생 끝이 없다. 여러 연구에 따르면 인간은 생각보다 훨씬 노년까지 성생활이 가능하다. 결혼한 지 얼마 안 되었는데도 성생활이 죽은 부부들이 있는가하면 오랜 동반의 세월을 보내고도 여전히 결혼의 중요한 일부로 꾸준히 성적 친밀함을 즐기는 부부들도 있다. 출산 연령이 훨씬 지나서도 이들은 친밀함, 기분 전환, 하나님의 돌보심에 대한 축제의 뜻으로 성생활을 지속한다. 이런 부부들의 차이점은 나이보다는 성품, 인간 됨됨이 그리고 관계에 있다.

성관계는 '성'과 '속'을 이어준다. 자신이 속한 기독교 공동체가 성을 저속한 것으로 여기기 때문에 성 문제를 교회 바깥의 사람과 의논해야만 하는 개인이나 부부를 볼 때마다 헨리와 나는 슬품을 금할 수 없다. 심야 토크쇼에 대한 교회의 시각과 성에 대한 교회의 맹공은 성경의 가르침과 다르다. 성의 창조자이신 하나님은 성에 대해 긍정적이고 생생한 표현으로 말씀하신다. "네 샘으로 복되게 하라. 네가 젊어서 취한 아내를 즐거워하라. 그는 사랑스러운 암사슴 같고 아름다운 암노루 같으니 너는 그의 품을 항상 족하게 여기며 그 사랑을 항상 연모하라"(잠 5:18-19).

성관계는 나보다 큰 뭔가를 느끼고 경험하게 한다. 뿌리 깊은 결혼의 연합 속에 이루어지는 본연의 성관계는 우리에게 잠시나마 하나님의 빛나는 얼굴을 보게 해준다.

기초는 사랑이다

건강한 성생활은 사랑으로 시작된다. 사랑은 부부를 하나로 묶어주고 성관계가 활짝 피어나게 한다. 사랑은 성관계보다 크며 성관계를 에워싼다. 사랑은 성욕을 일으킬 수 있지만 성욕이 끝나도 사랑은 남는다. 사랑은 언제까지나 건재하며, 부부를 서로에게 그리고 사랑을 창조하신 그분께 바짝 다가가게 한다.

성적 사랑에서 큰 부분은 아는 것이다. 성경은 아담과 하와의 성생활을 '안다'는 뜻의 히브리어 단어로 표현하는데(창 4:1) 이는 상대에 대한 인격적 이해와 앎을 뜻한다. 성적 사랑은 배우자를 인격적으로 친밀하게 아는 것이다. 그러려면 상대의 감정, 두려움, 비밀, 상처, 꿈을 알고 거기에 관심을 써야 한다. 마찬가지로 배우자도 당신의 그런 부분을 알고 관심을 써야 한다.

성관계는 치부까지 드러내는 것이므로 앎의 기반이 더 확대된다. 남편과 아내는 성적 사랑을 통해 자기 영혼의 가장 깊은 곳을 내보인다. 본래 숨김없이 드러내는 것이 성관계인지라 그런 열린 자세가 요구된다. 성적 친밀함을 통해 두 사람은 자기 마음과 감정의 프라이버시는 물론 몸의 프라이버시까지 서로에게 보인다.

사랑은 전인(全人) 즉 마음과 영혼과 뜻과 힘을 포괄한다(막 12:30-31). 사랑과 성관계는 두 사람의 정서적 교감을 요한다. 두 사람 다 정서적으로 그곳에 있어 자신을 내주어야 한다. 둘이 마음으로 서로 이어질 수 있을 때 건강한 성생활이 나타나고 발전한다. 그러나 부부에게 이런 친밀함이 없으면 정서적 교감이라는 연료 부족으로 성생활이 시들해진다. 이는 여러 방식으로 나타날 수 있다. 한쪽에서 분노, 상처, 상대를 벌하고 싶은 마음 때문에 사랑을 거두어들이는 경우도 있다. 상대의 사랑을 받거나 수용할 줄 모르는 경우도 있다. 정서적으로 세상을 살아가는 능력이 없는 경우도 있다. 정서적 교감이 이루어지려면 둘 다 마음을 내놓아야 한다. 그렇지 않으면 설령 성관계를 한다 해도 대개 연료가 부족해 활활 타오르지 못한다.

또한 사랑과 건강한 성은 신뢰 없이 존재할 수 없는 것이 사실이다. 성관계는 치부까지 드러내는 인격적 노출의 상징이므로 건강한 성생활을 하려면 부부간에 서로 깊은 신뢰를 쌓아야 한다. 상대가 나에 대해 아는 것을 나를 해칠 의도로 악용하지 않을 거라는 신뢰가 필요한 것이다. 서로 신뢰할 때 부부는 점점 더 깊은 차원에서 상대방을 계속 자유로이 탐색해 나갈 수 있다. 사실 신뢰에 해당하는 히브리어 단어 중 하나에는 '태평하다'는 뜻도 있다. 다시 말해 상대방을 믿으면 그 사람에 대해 태평해진다. 불안이나 두려움이 없고, 내 말이나 감정을 편집할 필요가 없다. 마음껏 내 본모습으로 상대를 대할 수 있다. 상대가 나를 해하지 않을 거라는 신뢰가 있기 때문이다.

반면 신뢰가 깨지면 종종 성 문제가 생긴다. 외도나 정서적 부정(不貞) 같은 성적인 면의 신뢰 위반이 관계에 치명타가 될 수 있음은 물론이지만 굳이 성적인 면이 아니더라도 마찬가지다. 신뢰 위반은 돈에 대한 무책임처럼 재정 문제일 수도 있고, 약속을 해놓고 지키지 않는 헌신 문제일 수도 있다. 신뢰가 깨지면 배우자를 향한 성욕이 크게 감퇴할 수 있다. 정서적 안전 부족이 성적 안전 부족으로 이어진다. 신뢰가 무너지면 여자의 오르가즘 도달 능력에도 영향이 있을 수 있다. 자진해서 긴장을 확 풀어야 성적 절정이 가능한데, 어떤 부분에서 남편에게 '태평하지' 못하고 두려운 아내는 그 두려움 때문에 긴장을 풀 수 없다. 이는 세상의 테크닉을 다 동원해도 고칠 수 없다. 회개와 책임감과 신뢰 재건이라는 하나님의 해답으로만 가능하다.

사랑은 또 우리의 초점을 바꿔놓는다. '나'를 강조하던 시각이 바뀌어 '우리'에 초점을 둔다. 사랑의 경우야말로 전체는 부분의 총합 이상이다. 사랑은 자기의 유익을 구하지 않고(고전 13:5) 관계의 유익을 구한다. 그래서 부부들은 각자의 삶을 함께 살아간다고 말하지 않고 공동의 삶을 함께 살아간다고 말하고 그것을 꿈꾼다. '우리'의 발전과 상대의 행복을 위한 배려가 계속 강조된다. 사랑은 이기심과 자아도취의 궁극적 치료제다.

이런 '우리' 정체감은 성적으로 큰 의미가 있다. 배우자는 당신을 원하고 탐하며 당신과 더 친해지고 싶어한다. 다시 말해 '나' 대신 '우리'라는 정체감이 있으면 자신이 더 좋게 보인다. 배우자의 더 많은 부분이 내게 있기 때문이다. 당신은 당신대로 배우자를 보다 깊이 잘 알고 싶어지며, 부부로서 두 사람의 참 모습을 아는 일에 삶을 바치고 싶어진다. 이 비옥한 토양에서 멋진 성관계가 싹튼다. '당신'과 '나'라는 표현을 써서 말하면 결과가 같지 않다고 한다. 그래서 지금 그는 정말 '우리' 중심적 인간이다!

주인의식 : 성적인 동반자

건강한 결혼에서는 둘 다 전심으로 주인의식을 갖고 자기 할 바를 다한다. 둘 다 개인으로서, 또 결혼의 일원으로서 자신을 책임진다. 우리 모두는 공동의 삶을 보존하기 위해 자기 삶의 짐을 져야 한다. 뿐만 아니라 곧 보겠지만 둘 다 결혼에 주인의식을 가지면 그로써 건강한 성관계의 장이 마련된다. 주인의식에는 책임 공유, 개체성, 자기통제가 포함된다.

1. 주인의식은 책임 공유를 뜻한다. 건강한 인간에게 책임은 하나의 최음제다. 예컨대 남편이 언행일치를 보이며 믿음직스럽게 자기 삶의 짐을 지면 아내는 자유를 맛본다. 짐을 함께 질 사

람이 있기에 아내 혼자서 세상 모든 짐을 지지 않아도 된다. 또 남편이 자기 일을 알아서 하므로 아내가 남편의 삶과 문제까지 책임질 필요가 없다. 아내는 남편이 제 앞가림을 못할까 봐 걱정하지 않아도 되고, 계속 잔소리하며 지적해 주어야 할 부담도 없다.

홀가분한 마음은 좋은 성관계의 한 부분이므로 아내는 성적으로도 더 자유로워진다. 자유로우니 마음도 가볍고 더 젊어진 것 같고 성생활을 위한 정서적 에너지도 많아진다. 아내의 마음과 상상 속에 성관계의 여지가 존재한다.

그러나 아내가 자유를 맛보지 못하고 자신의 짐에다 남편의 짐까지 져야 한다면 욕구와 자극과 오르가즘을 경험하는 기능이 떨어질 수 있다. 책임이 늘고 자유가 없을 때 성관계는 너무 값비싼 호사품이 된다.

아울러 남편의 짐을 져줘야 하는 아내는 꼭 어린아이와 결혼한 것 같은 기분이 든다. 이런 아내는 남편을 보살펴야 하고 문제를 해결해 주어야 하고 남편이 저지른 일을 뒷수습해야 한다. 반대로 남편은 꼭 엄마와 결혼한 것 같은 기분, 통제당하고 무시당하는 기분이 든다. 결혼과 부부간 성관계에 대한 하나님의 기본 요건 하나는 성인 전용이다. 아이들은 결혼이나 성관계를 할 수 없다. 발달상 미비한 상태다. 그래서 결혼에 이런 부모-자녀 역동이 나타나면 흔히 성욕과 자극이 감퇴되기 시작한다.

나는 이런 역동에 빠진 결혼을 많이 보았고 치료해 왔다. 변화는 가능하다. 적절한 경계선을 그으면 특히 그렇다. 변화가 신기해 보일 때도 있다. 산드라와 짐의 경우가 그랬다. 짐은 아내에게 성적으로 먼저 접근하는 일이 없었고, 그래서 둘은 나를 찾아왔다. 발동은 언제나 아내의 몫이었고, 그래도 짐은 시큰둥할 때가 많았다. 이는 산드라에게 큰 좌절과 아픔을 안겨주었다. 대화를 통해 알게 되었지만, 평소 결혼 생활에서 짐은 무슨 일에든 아내에게 반대 의견을 말한 적이 없었다. 돈이나 자녀나 일에 대해 아내와 의견이 같든 말든 그는 고분고분 따랐다. 견해가 다르거나 아내에게 화가 나있을 때도 그랬다. 알고 보니 짐은 아내의 사랑을 잃을까 봐 몹시 두려웠고 그래서 그 위험을 덜고자 배우자로서 의당 반대해야 할 것조차 반대하지 않았다. 짐은 성인으로서 자신의 감정에, 그리고 아내와의 의견 차이에 책임을 지기가 두려웠던 것이다. 그는 아내를 엄마 대하듯 대하며 실망시키지 않으려 했다. 아내를 향한 이런 어린아이 같은 태도는 아내에 대한 성욕 감퇴를 낳았다. 잊지 말라, 아이는 부모와 성관계하지 않는다.

아울러 이들의 결혼에 또 다른 역동이 있었다. 성적 무관심은 짐 쪽에서 약간의 힘을 행사하는 길이기도 했다. 삶 속에서 못하는 거부를 침대에서는 할 수 있었던 것이다. 문제를 파악한 산드라는 짐에게 이렇게 말했다. "나와 의견이 다르고 내게 화가 나도 괜찮아요. 나는 당신의 엄마가 아니라 아내가 되고 싶어요." 짐은 산드라에게 모험을 시도했고, 둘은 부부답게 사랑과 정직과 존경으로 의견 차이를 조율하기 시작했다. 짐이 산드라에게 강한 성욕을 느끼기 시작하면서 둘 사이가 점차 후끈해졌다. 나중에 그녀는 자신들의 성생활이 몰라보게 좋아졌다고 수줍게 웃으며 보고했다.

2. 주인의식은 개체성을 뜻한다. 주인의식은 당연히 두 사람 사이에 공간을 창출한다. 개체성이다. 각자의 삶에 책임질 때 두 사람은 자신을 개인으로 규정하는 것이다. 사실상 그들은 이렇게 말한다. "나는 당신을 사랑하지만 내가 당신은 아니다. 당신과 나는 감정과 가치관과 의견이 다르다. 양쪽 것을 합하고 조화를 이루어 더 좋은 것을 만들자." 개체성이란 결혼한 두 사람이 몸은 하나지만 영혼은 둘이라는 인식에 따른다. 언젠가 그들은 각기 하나님 앞에 자신을 보고해야 한다(고후 5:10).

개체성을 인식하면 각자 상대의 성장을 도울 수 있다. 부부는 상대의 강점에서 배울 수 있고 상대의 피드백과 관점을 들을 필요가 있다. 물론 이는 갈등을 유발할 수 있으나 갈등이라고 다 나쁜 것은 아니다(잠 27:17). "의견 차이가 전혀 없다면 둘 중 하나는 필요 없다"는 옛말도 있다. 하지만 그보다도 개체성은 성에 필요한 갈망을 창출한다. 좋은 성관계를 누리려면 뚜렷이 별개로 구분되는 평등한 두 사람이 필요하다. 이런 둘 사이에는 공간이 있고 욕구와 갈망이 자랄 여지가 있다. 둘 다 상대를 원한다. 그러나 개체성이 희박해서 한쪽이 극히 의존적이거나 정체가 흐릿하면 갈망이 들기가 훨씬 어렵다. 오히려 상대의 존재나 필요에 숨막힐 것처럼 느껴진다. 성욕을 느끼려면 '저만치에' 내가 다가갈 수도 있고 멀리할 수도 있는 대상이 필요하다. 의존이 아니라 자유다.

그렇다고 개체성이 고립, 분리, 유기는 아니다. 부부는 개체이지만 여전히 마음과 삶과 사랑을 나눈다. 다만 둘은 서로 깊이 사랑하는 것이지 서로가 아니다. 이는 큰 차이가 있다.

3. 주인의식은 자기통제를 뜻한다. 우리 행동과 태도를 지배하고 움직이는 것은 충동과 본능과 욕망이 아니라 가치관이어야 한다. 이는 우리 삶 속에 일하시는 성령의 열매인 절제(갈 5:23) 즉 자기통제의 일면이다. 절제하지 못하는 사람들은 통제력이 없거나 다른 것에 지배당하는 경향이 있다. 반면 절제하는 사람들은 분명한 결론을 지향해서 자신의 마음과 영혼과 뜻에 충실하게 결정한다.

자기통제는 성과 큰 관련이 있다. 성충동은 본래 지금을 지향한다. 철없는 아이처럼 즉각적 만족과 해소를 요구한다. 성충동은 상대의 감정, 타이밍, 욕망을 전혀 개의치 않는다. 그러나 사랑에 성숙한 이들은 자신이 아닌 관계를 섬기고자 성충동을 길들일 줄 안다. 고로 당신이 자기통제의 사람이라면 자신의 욕정이 아니라 배우자를 사랑하고 존중하는 마음이 당신의 성충동을 지배한다. "각각 거룩함과 존귀함으로 자기의 아내[남편] 대할 줄을 [아는]"(살전 4:4) 것이다.

현실의 수용

수용은 배우자의 모든 면을 판단 없이 사랑으로 대하는 능력과 상관 있다. 상대방의 강점과 약점, 은사, 부족함을 현실 그대로 받아들이는 것이 수용이다. 배우자의 모든 면에 찬성한다는 뜻이 아니라 상대의 모든 부분을 ― 동의하거나 찬성하지 않는 부분까지 ― 정죄 없이 대하려는 자세를 뜻한다. 하나님은 그리스도 안에서 우리를 그렇게 받아주신다(롬 15:7).

성은 우리 모든 흠과 결점까지 숨김없는 노출을 요한다. 부부가 서로의 부족함을 보면서도 그 부족함 때문에 서로를 향한 사랑과 감사의 흐름을 끊지 않을 수 있는 장이 수용을 통해 조성된다. 배우자의 성품과 영혼을 너무 깊이 사랑하기에 몸의 수용은 작은 일이다. 그러나 당신이 수용을 전하지 않거나 당신의 언행과 무관하게 상대가 수용을 느끼지 못하면 상대는 정서적으로, 때로 신체적으로 숨는 경향이 있다. 예컨대 수용이 부족하면 아내는 섹시한 옷을 입는 것을 불편해 하거나 완전히 캄캄한 상태에서만 성관계를 원할 수 있다. 수용 부족은 욕망과 자극과 만족을 떨어뜨릴 수도 있다. 수용은 우리 마음을 열어주고 수용 부족은 우리 마음을 닫아건다.

예를 들어, 내가 아는 부부가 있는데 아내는 두 아이를 낳은 후 몸이 불었다. 비만은 아니었지만 자신의 기준에 차지 않았다. 그녀는 자신이 신체적으로 영 매력 없다고 느껴졌다. 게다가 그녀는 자기비판 성향이 강했다. 남편도 별 도움이 안 됐다. 살을 빼라고 잔소리를 했던 것이다. 본인의 자책에 남편의 타박까지 합해져 그녀는 자기가 받는 사랑이 조건적이라는 생각이 들었고 완벽과 죄책의 율법 아래 사는 기분이었다. 그 결과 그녀는 성욕을 잃기 시작했다.

실상이 드러나자 남편은 아내 편에 서서 이렇게 말했다. "몸에 대해 불쾌한 기분이 들게 해 정말 미안하오. 무슨 일이 있어도 나는 당신을 사랑하고 당신만을 원한다는 사실을 알아주시오. 내가 다시 당신을 율법 아래 두거든 알려주시오. 당신에게 그런 기분이 드는 것을 나는 원치 않소." 남편의 수용과 은혜 덕에 아내는 더 사랑받는 느낌이 들었고 점차 성욕도 살아났다. 사실 그녀는 좋은 다이어트와 운동 프로그램도 다시 시작했다. 그 후로 일이 다 잘 되었다. 여기서 중요한 것은 여자가 남편의 수용을 경험한 후에야 그런 변화가 일어났다는 사실이다.

결혼의 가장 큰 선물 중 하나는 성관계다. 당신이 삶의 이 놀라운 부분에서 어려움을 겪고 있다면, 문제에 체념하지 말라. 하나님께 길이 있다. 당신의 성장, 배우자, 그분의 각종 자원 속에 그 길이 있다. 그분께 다음 걸음을 물으라.

제12장
악연과 갈등

언젠가 세미나를 인도하는 나에게 한 여자가 물었다. "비판적인 사람들을 상대할 때는 어떻게 하나요?" 나는 질문에 약간 당황했다. 가능한 대답을 쭉 생각하다가 한 가지 질문이 떠올라서 이렇게 되물었다. "왜 그러고 싶습니까?"

"그러다니요?" 여자가 말했다.

"왜 비판적인 사람들을 상대하고 싶으냐는 말입니다."

"왜라니요? 어쩔 수 없이 상대해야 되니까 그렇지요!"

"왜 어쩔 수 없습니까?" 나는 더 밀어붙였다.

물론 누구나 해로운 사람들을 우연히 접하며 때로 거기에 대처해야 한다는 것을 나는 안다. 그러나 그녀의 질문 방식에서 나는 그녀가 자주 써먹을 심산으로 무슨 전략을 찾고 있다는 생각이 들었다.

그녀는 나를 보며 험악하게 말했다. "그런 사람들이 어디나 널려 있으니까요!"

나는 웃음이 절로 났다. 그녀는 꼭 영화 '살아 있는 시체들의 밤'(night of the living Dead)의 시체들이나 알프레드 히치콕의 영화 '새'(The birds)에 나오는 새들에 대해 말하는 투였다. 비판적인 사람들은 어디나 널려있지 않다. 그녀가 정말 어디서나 그들을 접한다 해도 그것이 평균적 경험은 아니다. 나는 그녀의 삶에 비판적인 사람들이 자꾸 출현하는 데는 본인에게도 원인이 있을지 모른다는 생각이 들었다.

내가 슬쩍 떠보자 그녀는 자기 직장과 교회와 가정과 교우 관계 속의 비판적인 사람들에 대해 말했다. 언뜻 듣기에 맞는 말이었다. 그녀는 어디를 가나 그런 사람들을 만났다. 분명 곡절이 있을 터였다. 대화를 통해 습성이 드러났다. 이 여자는 어떤 상황에 처하든 그룹에서 가장 상대하기 힘든 사람을 찾아내 결국 그 사람과 친해지는 듯 보였다. 자석처럼 그녀 곁에 비판적인 사람들이 꼬였다. 그녀는 그들을 바짝 끌어당겨 놓고는 그들의 기대에 부응하려고 낑낑댔다.

나는 유해한 사람들을 상대하는 법에 대해 내가 아는 바를 그녀에게 가장 단순하게 설명했다. "그들에게 솔직하십시오. 그러면 아마도 다시는 접근하지 않을 것입니다."

좋다, 말해 보자. 당신도 이 여자의 심정인가? 해로운 사람들이 어디나 있어 절대 피할 수 없다고 생각되는가? 솔직하게 대하기만 하면 그들이 떨어져나갈 거라는 나의 지나친 단순논리식 대답이 맞을 것 같은가?

대부분의 경우 진리는 그 둘 사이 어딘가에 있다.

우리는 다 곤란한 사람들과 한 배를 타본 적이 있다. 그들을 상대함에 있어 자신이 무력하지 않음을 우리는 알 만큼 안다. 유해 인간들 즉 해를 끼치거나 학대하는 사람들을 대함에 있어 우리는 자칫 갈등을 자초하고 조장하는 데 일조할 수도 있고 아니면 길을 열어주시는 하나님의 도움으로 반응하여 그들의 변화에 영향을 미치고 용서하면서도 강경한 자세를 고수할 수도 있다.

우리 삶에 하나님이 길을 내주셔야 할 상황들이 많지만 곤란한 사람과의 관계처럼 곤혹스런 상황도 많지 않다. 왜 그런지 생각해본 적 있는가? 여기에는 깊은 영적인 이유가 있다. 그 이유를 알면 당신 삶의 해로운 사람들을 대처하고 피하는 것이 왜 중요한가에 대해서도 이해의 창이 열릴 수 있다.

영적인 문제다

지난 세월 나는 악연으로 고생하는 사람들을 많이 대했다. 상대방 때문에 그들은 내면의 딜레마로 고생하고 있었다. 주관에 따라 문제를 처리하고 싶으면서도 한편으로 "하나님이 원하시는 대로 하려면 판단을 버리고 좀 더 용서해야 한다, 오래 참으며 상대를 무조건 사랑해야 한다"는 생각이 들었던 것이다. 이런 신념이 그들을 깊은 혼란에 빠뜨렸다. 그들은 사랑하는 사람이 되고 싶었지만 동시에 자신에게 가해지는 고통이나 학대를 참을 마음은 없었다. 이들은 신앙과 사랑과 용서의 사람이 되면서도 동네북으로 남지 않을 수 있을까? 그래도 되는 것일까?

당신도 비슷한 생각이 있다면 다음 진리에 귀 기울이라. 하나님은 누구도 다른 사람에게 압제당하기를 절대 원치 않으신다. 사실 그분은 언제나 압제당하는 사람 편이다. 그렇다고 그분이 우리가 가해자를 용서하지 않기를 바라신다는 뜻은 아니다. 그분은 필요한 만큼 무제한 우리가 용서하기 원하신다(마 18:21-22). 그러나 용서와 사랑은 당신이 남들한테 당하는 해로운 일들에 맞서 그것을 중지시키는 것과는 전혀 무관하다. 당신은 이미 저질러진 일은 용서하면서도 앞으로의 고통은 거부할 수 있다.

사실 하나님이 당신에게 길을 열어주시는 수위는 그 길을 망치는 것들에 대해 당신이 얼마나 강경한 자세를 취하느냐에 달려있을 때가 많다. 사람들이 자행하는 유해한 일들에 대해 그리고 하나님이 주시려는 삶을 방해하는 일들에 대해 강경한 자세를 취하는 것이야말로 당신이 할 수 있는 가장 적극적이고 영적인 일 가운데 하나다. 하나님의 길은 나쁜 일들에 분명히 저항하는 것이다. 그분도 그렇게 하시고 우리에게도 그렇게 명하신다.

하나님은 우리에게 자신의 생명을 주셨고 이 생명을 다른 사람들에게 주라고 길을 열어주셨다. 우리는 그분의 생명을, 그분의 사랑과 책임과 자유와 창조와 구속(救贖)의 길을 다른 사람들에게 전해야 한다. 한 생명이 또 한 생명을 낳는 것, 그것이 처음부터 그분의 계획이었다. '생명의 전수'는 성경의 주제다. 하나님이 누군가에게 다른 사람을 돕거나 사랑할 능력을 은사로 주심은 자신의 사랑과 은혜가 전수되게 하시기 위함이다. 그래서 베드로는 우리에게 "각각 은사를 받은 대로 하나님의 여러 가지 은혜를 맡은 선한 청지기같이 서로 봉사하라. 만일 누가 말하려면 하나님의 말씀을 하는 것같이 하고"(벧전 4:10-11)라고 말했다.

하나님이 우리 삶의 필요를 채워 주시는 주된 방법 중 하나는 2장에 살펴본 것처럼 다른 사람들을 통해 주시는 것이다. 관계의 위력을 일깨우고자 다시금 말한다. 잊지 말라, 관계란 하나님의 좋은 것들을 전해 주는 통로가 되어 나를 세워주는 위력도 있고, 하나님이 주시려는 삶을 누리지 못하게 막아 나를 허무는 위력도 있다. 이처럼 관계가 그토록 힘들어지는 것은 깊은 영적 문제라 하겠다.

해로운 관계에 대처하는 법

그래서 성경은 해로운 사람들이나 적어도 해로운 행동을 피하라고 우리에게 자주 경고한다. 하나님이 우리에게 주시려는 삶을 파괴할 수 있는 사람들이 있거니와 그분은 우리가 매우 신중을 기해 그런 사람들을 멀리하기 원하신다. 다윗 왕은 그것을 이렇게 표현했다.

나는 비천한 것을 내 눈 앞에 두지 아니할 것이요 배교자들의 행위를 미워하오리니 나는 그 어느 것도 붙들지 아니하리이다. 사악한 마음이 내게서 떠날 것이니 악한 일을 내가 알지 아니하리로다. 자기의 이웃을 은근히 헐뜯는 자를 내가 멸할 것이요 눈이 높고 마음이 교만한 자를 내가 용납하지 아니하리로다. 내 눈이 이 땅의 충성된 자를 살펴 나와 함께 살게 하리니 완전한 길에 행하는 자가 나를 따르리로다. 거짓을 행하는 자는 내 집 안에 거주하지 못하며 거짓말하는 자는 내 목전에 서지 못하리로다(시 101:3-7).

다윗은 하나님과 사람들을 온 마음으로 사랑했고, 하나님은 그에게 수없이 길을 내주셨다. 그러나 이 신실한 사랑의 종은 특정 부류의 사람들 내지 관계를 피해 그들이 자기와 '어울리지' 못하게 했다(3절). 사도 바울도 우리를 더럽힐 수 있는 특정 부류의 사람들을 피하라고 똑같이 당부했다(고전 15:33). 예수님은 거룩한 것을 개에게 주지 말며 진주를 돼지 앞에 던지지 말라고 하셨다(마 7:6). 관계는 큰 선을 이룰 능력도 있지만 어리석게 맺었다가는 큰 해를 끼칠 위력도 있다. 그것이 성경의 분명한 시각이다. 성경의 가장 핵심적 메시지는 깊이 사랑하되 조심하라는 것이다.

대부분의 사람들은 다음 중요한 조처를 하나라도 취했다면 지금쯤 성장에 훨씬 진척이 나타났을 것이다.

- 해로운 사람들을 처음부터 아예 피한다.

- 해로운 관계 속의 유해한 일들에 대해 진심으로 강경한 자세를 보인다.
- 파괴적 습성이 있으나 나의 많은 사랑의 수고에도 불구하고 달라질 의사가 없는 사람들을 멀리한다.
- 내게 좋은 것들을 주고 위 셋을 행하도록 힘이 되어줄 사람들을 찾는다.

관계는 위력이 있다. 선행의 위력도 있고 악행의 위력도 있다. 인간이 할 수 있는 가장 영적인 일 가운데 하나는 회피나 대결로 유해 세력과 싸우는 것이다. 하나님도 수천 년간 바로 그 일을 해오셨다! 성경 이야기는 하나님이 자신과 사람들을 해치는 유해 인간들을 처치해 오신 이야기다. 그분은 유해 요소를 지적하며 개전의 기회를 주시지만 궁극적으로 경계선을 긋고 끝을 선언하신다. 방법은 유해 인간들을 그분의 임재 밖에 그대로 내버려두는 것이다. 그분은 그들과 격리된 채 그들을 제 갈 길로 가게 두신다. 그들을 조종하거나 억지로 고치시지 않는다. 그들의 어둠에 참예하지 않으실 뿐이다.

생각해 보면 알겠지만, 비판적인 사람들을 상대하는 법을 묻던 여자에게 내가 해준 말이 바로 그것이다. 나는 그녀에게 어떻게든 그들을 이기거나 고치려 들라고 하지 않았다. 예수님이 하셨고 하나님이 하시는 대로 그리고 우리에게도 그리하라고 명하신 대로 말했을 뿐이다. "그들에게 솔직하십시오. 그러면 아마도 다시는 접근하지 않을 것입니다." 이는 당신의 가치관을 고수하며 상대로 하여금 당신과 당신이 발하는 빛에 반응하게 하는 과정이다. 유해 인간들의 피해에 대한 최선의 방어는 다윗처럼 당신도 분명한 가치 기준을 정해 놓고 누구를 상대하든 그렇게 사는 것이다. 결과는 셋 중 하나다.

1. 내게 유익한 사람들의 경우 내 가치관을 존중할 것이고 나는 그들과 좋은 관계를 누리게 된다.
2. 일부 유해한 사람들의 경우 사랑에 찬 내 강경한 자세에 영향을 받아 행동이 변할 것이고 그러면 나는 그들과 좋은 관계를 누리게 된다.
3. 일부 유해한 사람들은 내가 사랑으로 행동을 지적해 주어도 계속 부인하며 내 삶의 빛을 멀리할 것이다. 극단적인 경우 이들과의 관계는 끝날 수도 있다.

이것이 우리가 유해한 사람들과 부딪칠 때 여태껏 하나님이 우리 모두에게 내주신 길이다. 그분의 길을 따르면 우리는 좋은 관계들을 많이 누릴 뿐 아니라 힘든 관계들도 처리하게 된다. 이는 해롭거나 곤란한 사람들을 무조건 끊는다는 뜻이 아니다. 오히려 처음에는 그들의 변화를 위해 사랑으로 노력해야 한다. 그들에게 잔소리를 하거나 그들을 무시하거나 그들의 유해 행위를 통제하려 들지 말라. 그들의 어둠에 참예하지만 않으면 된다. 빛의 자녀답게 정직과 사랑을 보이고 선한 가치관을 고수하며 온유하게 어둠에 맞서라. 문제를 직시하고 가해자에게도 똑같이 요구하라. 그 사람이 현명하다면 회개하고 고칠 것이며 관계는 다시 좋아질 것이다. 당신은 용서를 베풀 수 있고 그리하여 둘은 계속 전진할 수 있다.

예수님도 우리에게 관계 문제의 해결에 대해 똑같은 모델을 주셨고, 또 우리가 상대하고 있는 사람이 어떤 부류인지 분간하는 열쇠도 주셨다. "만일 네 형제가 죄를 범하거든 경고하고 회개하거든 용서하라. 만일 하루 일곱 번이라도 네게 죄를 짓고 일곱 번 네게 돌아와 내가 회개하노라 하거든 너는 용서하라"(눅 17:3-4). 누군가 나를 해치거든 우리는 그 문제를 해결해야 한다. 그 사람이 회개하거든 몇 번이라도 우리는 용서해야 한다. 그러나 이 구절에는 우리가 상대하고 있는 사람이 자신의 유해 행위를 고칠 수 있는 사람인지 분간하는 중요한 원리도 함께 들어있다. 안전한 사람들은 자신의 잘못을 보고 사과하고 방향을 바꾸는 능력이 있다. 회개란 생각의 변화를 뜻한다. 즉 행동의 유해성을 보고 고치려 노력한다는 뜻이다. 설사 그 노력이 완전하거나 완벽하게 지속되지 않는다 해도(그런 사람이 누가 있겠는가?) 그 사람이 진정 자기 행동의 해악을 보고 변화의 가시적 노력을 보인다면 그 관계는 계속 전진해서 긍정적 결과를 낳을 수 있다.

회개와 용서는 모든 좋은 관계에 꼭 필요하다. 관계 자체가 가능하려면 우리 모두 용서하고 용서받아야 한다. 그러나 용서받는 사람이 제 잘못을 시인하고 방향을 바꿀 때에만 용서는 화해로 발전한다. 그러므로 용서의 자세를 갖되 단 파괴적 행동을 바꿀 의향이 없는 사람에게는 용서와 화해를 베풀지 말라. 당신이 심각한 해를 입고 있다면 단호한 입장을 보이라. 상대가 문제를 보고 회개하면 당신은 문제를 해결한 것이다. 어떻게? 가치관을 고수해서 해결한 것이다.

길은 단순하다

곤란한 사람들을 대할 때는 많은 저항, 반론, 정당화, 변명, 공격 따위에 부딪칠 것을 각오하라. 그것을 고치려 하지 말고 그냥 문제의 일부로 받아들일 줄 알면 된다. 고치는 것은 당신이 할 일이 아니다. 그 엉뚱한 일에 말려들지 않을 수록 시야가 맑아진다. 바람직한 지적은 다음과 같다.

- 상대방이 잘못을 저지른다.
- 당신은 그 사람에게 가서 그 행동이 당신에게 어떻게 상처를 주었는지 말한다. 이때 판단하는 투로 하지 않고 내 감정과 가치관과 희망 사항을 사실적으로 말한다. 예를 들면,
"조, 어제 당신은 7시까지 저녁 먹으러 오겠다고 했어요. 나는 저녁을 차려놓고 기다렸습니다. 당신은 나타나지 않다가 9시에야 전화를 걸어 못 온다고 했지요. 그것이 내게 상처가 되었어요. 시간을 존중하는 것이 내게는 중요합니다. 그러니 앞으로 나를 다

시 이런 곤경에 빠뜨리지 마십시오."

"하지만 수지, 친구들이 들이닥쳐 함께 한잔하러 나갔다가 그만 시간 가는 줄 몰랐던 거요. 별 문제도 아닌 걸 가지고 너무 그렇게 다그치지 맙시다."

"조, 지금 우리는 당신이 약속을 어긴 이유를 말하자는 게 아니에요. 내 관심은 당신이 내 말을 바로 알아듣는 데 있어요. 나는 바람맞는 것이 상처가 되고, 다시 그런 식으로 취급받고 싶지 않습니다. 알겠어요?"

- 상대가 자신의 무시나 유해 행위를 인정하고 사과하면 당신은 용서를 베풀고 앞으로 나갈 수 있다. 문제를 해결한 것이다. 그러나 상대가 방어하거나 화를 내거든 논쟁에 말려들지 말라. 이 일이 당신에게 얼마나 중요한지 상대가 충분히 생각하고 인식한 후에야 상대와 계속 대화하겠다고 온유하게 알리면 된다. 기준을 고수하라. 상대가 자신의 파괴적 행위를 시인하지 않는다면 그런 행동은 반복될 것이다.

끝이 좋지 않을 때도 있다

지적이 언제나 긍정적으로 끝난다면 얼마나 좋을까. 해로운 사람을 지적할 때마다 상대가 회개해서 관계가 지속될 수 있다면 얼마나 좋을까. 정말 좋을 것이다. 사실 하나님도 그렇게 되기를 바라신다. 그러나 현실은 그렇지 않다. 그럴 때는 어찌할 것인가?

상대가 첫 지적에 반응하지 않을 때 우리는 더 강경한 자세를 취하여 소정의 대가를 요구할 필요가 있다. 말로 안 되다가도 대가를 요구하면 되는 경우가 있다. 예컨대 당신이 문제를 꺼내면 배우자가 논쟁으로 맞선다고 하자. 중단을 요구해도 배우자의 태도가 달라지지 않는다면 당신은 배우자에게 이렇게 말할 수 있다. "난 이 문제로 대화할 마음이 있어요. 하지만 아까도 말했듯이 분노에 찬 공격은 싫어요. 그래서 난 상담자가 동석한 상태에서만 당신과 이 문제로 대화하겠어요. 내가 상담을 예약하겠습니다. 이 일로 나와 얘기하고 싶다면 거기서 대화합시다." 대가가 벌이 되어서는 안 되고 행동에 따른 자연스런 결과면 된다.

자연스런 대가의 예를 좀 더 살펴보면 다음과 같다.

- "나한테 중요한 것은 대화이지 고함소리를 듣는 게 아닙니다. 당신이 고함을 그만 지르고 대화를 원할 때까지 나는 딴 방에 가 있겠습니다."
- "정직은 어느 관계를 막론하고 가장 중요한 것 가운데 하나입니다. 지난 번 있었던 일은 정직하지 않았습니다. 이 문제가 해결될 때까지 나는 더 나갈 수 없습니다."
- "친절함은 내게 소중한 가치가 있습니다. 비열한 행동으로 내게 상처를 주었습니다. 나는 그런 대우를 받으며 그냥 있지 않습니다. 당신이 한 일이 잘못으로 보이거든 알려주십시오."
- "내가 원하는 것은 피드백이지 정죄가 아닙니다. 당신이 해준 말은 도움이 되지 않습니다. 깎아내리는 말들에 지나지 않습니다.

당신이 건설적인 비판을 해준다면 나도 기꺼이 듣겠습니다. 알겠습니까?" 상대가 그렇다고 하면 좋다. 그러나 상대가 아니라고 하거든 이렇게 말하라. "그렇다면 건설적으로 말할 수 있을 때까지 당신의 생각을 나한테 말하지 마십시오."

아울러 타인의 개입이 필요할 수도 있다. 둘의 갈등에 제삼자를 불러들이는 것이다(마태복음 18장 15-17절에 보면 대화, 개입, 분리의 점진적 과정이 나온다). 개입 당사자는 상대의 삶에 어느 정도 영향력이 있는 사람이라야 한다. 그래야 열기를 가라앉히고 상대에게 문제를 보여줄 수 있다. 지적과 진실에 대한 타인의 반응이 내 소관이 아님을 잊지 않는 것이 중요하다. 그것은 본인과 하나님 사이의 일이다. 우리는 사랑으로 지적하고 대가를 제시하면 그뿐이다. 문제가 심각한데 상대가 빛에 반응하지 않을 경우 똑같은 원칙이 적용된다. 가치관을 고수하고, 악에 참예하지 말라. 계속 빛 가운데 거하라. 상대가 어둠 가운데 있으려 한다면 그야 어쩔 수 없지만 당신은 참여해서는 안 된다. 상대가 문제를 보고 유해 행동을 선뜻 고치려 할 때까지 그 사람과 떨어져 지내야 할 수도 있다.

곤란한 사람들을 대할 때 하나님의 원칙을 따르지 않으면 상황만 더 악화된다. 그럴 때 우리는 대개 둘 중 하나로 하나님의 길을 벗어난다. 첫째, 문제 해결을 미루거나 잔소리, 판단 등 무익한 방식으로 해결에 나선다. 둘째, 사랑으로 지적해 보지도 않고 그냥 상대를 피하고 등진다. 하나님의 길은 빛과 생명을 주는 것임을 잊지 말라. 관계란 성스러운 것이기에 함부로 끊어서는 안 된다. 아동 학대나 기타 극도의 유해 행위처럼 위험이나 파괴가 따르지 않는 한 분리는 본래 우리의 첫 반응일 수 없다. 일차로 우리는 상대에게 지적해야 한다. 해로운 행동을 말하고 상대가 실상을 보도록 도와주라. 인내와 사랑으로 그 과정에 임하라(갈 6:1). 우리는 지금 상대에게 변화의 기회를 주려는 것이다. 여러 번 지적하고 대가를 요구하고 다른 사람들까지 개입시킨 후에야 비로소 관계를 끊어야 한다.

당신을 향한 하나님의 길은 언제나 당신이 어둠의 사람이 아닌 빛의 사람이 되는 것이다. 문제 해결의 고된 작업을 감내하라.

다윗처럼 가치관을 정해 두고 그대로 고수하라. 그럴 때 당신은 파괴적 습성을 자연히 면케 되며, 앞길의 숱한 함정이 확실히 없어진다.

우리는 나쁜 일들에 강경히 맞설 필요가 있다.

부족한 행동인가 유해한 행동인가?

십년 전, 존과 나는 「No!라고 말할 줄 아는 그리스도인」(Boundaries)이라는 책을 썼다. 해로운 습성을 끊고 치유와 화해를 이루기 위해 관계에 선을 그어야 한다는 내용이다. 이 책을 읽은 사람들과 얘기하던 중 우리는 관계 향상이라는 책의 취지를 이기적으로 남용한 사람들이 소수 있음을 발견했다. 즉 그들은 경계선을 빌미삼아 다른 사람들을 지배하거나 아주 사소한 일을 크게 부풀리려 했던 것이다. 그러므로 유해한 사람들을 피해야 한다는 우리의 말뜻을 바로 이해하기 바란다. 부족한 행동과 유해한 행동은 다르다. 부족한 인간들의 관계인지라 의당 예상되는 문제들이 있는가하면 꼭 처치하거나 피해야 할 해로운 문제들도 있다. 이 둘을 구분하는 것이 중요하다.

성경은 모든 행위나 사람이 다 해로운 것은 아니라고 가르친다. 상대의 미숙하거나 부족한 모습이 우리를 은근히 건드린다고 그것 때문에 전쟁에 돌입할 이유는 없다. 그때는 우리의 인내와 오래 참음, 사람들의 성장과 성숙을 기다리는 능력이 자라야 할 때다. 잠언의 충고를 들어보라. "노하기를 더디 하는 것이 사람의 슬기요 허물을 용서하는 것이 자기의 영광이니라"(19:11).

다툼이나 부족함 때문에 매번 강경 노선을 취할 필요는 없음을 지혜는 우리에게 가르친다. 특정 문제나 이슈로 걱정하기에 시기가 적당치 않을 때도 있다. 아예 걱정할 가치가 없는 문제일 때도 있다. 상대의 문제보다 나의 완벽주의적 요구가 더 큰 경우다. 우리 모두는 서로의 부족함과 흠을 참아주며 서로에게 성장의 시간을 줄 줄 알아야 한다.

관건은 상대가 그저 내 마음에 들지 않는 사람인지 아니면 나나 자신에게 유해한 사람인지 구분하는 데 있다. 유해한 사람들을 피하면 하나님이 주신 길에 머물 수 있다. 그러나 부족한 사람들을 사랑하려 하지 않고 피한다면 하나님이 열어주시는 길에서 벗어나는 것이다. 당신의 길에는 언제나 당신과 나 같은 부족한 사람들이 있게 마련이다. 너무 심하게 요구하거나 판단하지 말라. 다른 사람들을 사랑하며 인내로 대하라. 이는 장기적 관계를 가꾸는 유일한 길이다. 그러나 상대의 행동이 정말 당신을 해치는데도 상대가 회개와 변화를 거부한다면 그때는 더 강경히 선을 그어야 한다. 파괴적인 것들은 무슨 수를 써서라도 피해야 한다.

원리대로 간다

2장에 언급했던 내담자 수지의 예로 돌아가 보자. 기억하겠지만 그녀는 성장하며 잘하고 있었다. 하나님은 그녀에게 길을 열어주고 계셨다. 그러나 자기 삶의 몇몇 유해한 사람들을 다시 접하면서 그녀는 뒷걸음질 치기 시작했다. 그 시점에서 우리는 새로운 작업이 필요했다. 그녀가 예상하던 작업이 아니었다. 당신이 유해한 사람들로 고생하고 있다면 내 짐작으로 당신도 마찬가지일 것이다.

내가 그녀에게 취할 수도 있었던 한 가지 접근은 그런 만남들이 그녀를 퇴보시키므로 돌아서서 다른 사람들을 만나야 한다고 말해 주는 것이었다. "그들과 그들의 부정적 태도를 떨쳐버리고 앞으로 나아갑시다." 좋은 조언처럼 들리지만 이는 이 책 앞부분에 말한 많은 인생 원리를 어기는 조언이다. 수지가 이 사람들과 그들의 영향력을 잊으려고 하면서 계속 앞으로 나아갔고 그래서 그들의 영향력 행사에 자기가 일조한 부분을 보지 못했다면, 그녀는 갈수록 더 실패만 했을 것이다.

수지는 애당초 유해한 사람들의 덫을 자초한 요인들을 자각할 필요가 있었다. 마음을 지키라는 잠언 말씀을 기억할 것이다. "모든 지킬 만한 것 중에 더욱 네 마음을 지키라. 생명의 근원이 이에서 남이니라"(잠 4:23).

그 사람들이 수지를 덫에 빠뜨릴 수 있었다는 사실은 수지 자신과도 상관있었다. 그 말을 해주지 않았다면 나는 그녀를 또 다른 유해 인간들의 절망적 피해자로 만들어버렸을 것이다. 그녀가 유해 인간들 때문에 더 이상 하나님이 열어주시는 길을 벗어나지 않도록 나는 그녀에게 힘을 길러주고 싶었다.

그래서 나는 지금껏 얘기해온 원리들로 그녀와 함께 작업해 나갔다. 유해한 사람들의 먹잇감으로 걸려드는 자신의 성향을 극복하기 위해 수지는 다음과 같은 많은 원리들을 적용해야 했다.

- 그녀는 하나님으로 시작했다. 즉 자신이 성장해야 할 부분을 보여 주시고 성장할 능력을 달라고 그분께 기도했다.
- 그녀는 몇몇 지혜롭고 지지하는 사람들을 택했다. 그들의 도움으로 그녀는 본궤도로 돌아갈 수 있었고 가족들의 인정에 대한 욕구와 자기주장이 부족한 문제를 풀어나갈 수 있었다.
- 그녀는 유해한 관계에 강경한 자세로 맞서야 한다는 이 장의 원리들을 배웠다.
- 그녀는 자기주장을 내세우는 법과 온유하고 솔직하게 지적하는 법을 배웠다.

- 그녀는 여태 가족들의 인정을 구하고 칭찬을 바라야만 했던 낡은 습성과 상처를 처리했다. 그리고 가족들을 수동적 자세로 대하지 않는 법을 배웠다.
- 그녀는 매주 두 번씩 모이는 지원 그룹을 비롯해 외부 모임에 연결되어 그 도움으로 제 길을 지켰다.
- 그녀는 계속 상담을 받았다.
- 그녀는 자기 자신을 보았고 유해한 사람들에게 빨려듦에 있어 자신이 일조한 부분을 보았다.
- 그녀는 이것을 재발 방지법을 배우는 기회로 보았다.
- 그녀는 자신에게 성장할 시간을 주었다.
- 그녀는 변화되어 그분의 길로 행해야 할 자신의 모든 부분을 하나님께 가져갔고, 어려울 때도 중단하지 않았다.

계속 한 길을 가면서 수지는 지원 그룹의 도움으로 용기를 얻어 옛 애인을 정리했다. 아주 매력 있고 훌륭해 보이는 새 애인이 나타나 수지는 금세 그에게 반했으나 곧 그도 통제 성향을 드러냈다. 그러나 이번에는 수지도 남자의 군림을 허용하는 자신의 수동적 습성을 자각하는 데 오래 걸리지 않았다. 그녀는 새로 배운 기술들을 활용해서 파괴적 행동을 지적했다. 애인은 싸울 기세로 방어에 나섰으나 수지는 한걸음도 물러서지 않았다. 머잖아 그는 사라졌다. "제대로 된 겁니다." 나는 그녀에게 말했다.

처음에 수지는 이해가 안 갔고 오히려 그를 잃어 슬펐다. 그러나 곧 예수님의 가르침을 깨달았다. 그녀는 전혀 그 남자를 판단하거나 그를 상대하는 법을 궁리해낼 필요가 없었다. 그저 빛으로 살기만 하면 됐다. 답은 그분이 해주셨다. 그녀의 애인은 하나님이 그녀에게 열어주신 새 생명의 빛에 합당치 못한 자로 스스로 "자신을 판단했다."

(세상의) 빛으로 살면서 수지는 그분이 때로 얻으시는 것과 똑같은 결과를 얻었다. 그녀는 거부당했다. 단 이유가 정당했다. 그녀는 유해 인물과 연애하기에는 너무 건강했다. 나도 그녀와 함께 기뻤다.

수지는 시험을 통과했다. 그녀는 자라고 있었고, 그러면서 서서히 주위에 좋은 남자들을 포함해 좋은 사람들을 '끌기' 시작했다. 어떻게 그럴 수 있는지 나도 다는 모른다. 다만 뭔가 영적인 요소가 작용하고 있다는 것, 하나님이 이 세상을 '빛이 빛에 끌리도록' 지으셨다는 것을 알 뿐이다. 나는 이런 일을 수없이 보았다. 건강한 사람들은 건강한 사람들을 끌고, 우리의 건강치 못한 부분들은 유해한 사람들을 끈다.

유해 인물들을 참아주는 습성에 파묻혀 있었다면 수지는 하나님이 내주시려는 길로 절대 전진할 수 없었을 것이다. 그녀는 강경한 자세로 습성을 바꾸는 법을 배워야 했고, 그랬을 때 세미나장에서 그 여자에게 해준 내 말의 진실을 깨달았다. 그저 빛의 사람이 되라. 그러면 당신 삶의 유해 인들이 다시는 접근하지 않을 소지가 높다.

제13장

자녀와 양육

자녀양육은 정말 우리로 하나님과 그분의 길을 찾지 않을 수 없게 만든다. 좋은 부모는 자녀를 사랑 많고 책임감 있는 성인으로 기르기 위해 자신을 다 쏟아 붓는다. 마음과 영혼과 뜻과 힘을 내준다. 그럼에도 자녀양육은 늘 우리로 하여금 자신의 부족함에 부딪치게 하며, 하나님의 도움과 인도와 자원에 의존하지 않고는 본분을 다할 수 없음을 자각하게 한다.

나는 우리 큰아들 리키가 심한 천식 발작으로 호흡 곤란을 일으키던 밤을 평생 잊지 못한다. 아내 바비와 나는 아이를 즉시 응급실로 데려가야 함을 알았다. 바비는 다른 아들 베니와 함께 집에 남았고 나는 세 살 바기 리키를 차 뒷좌석 보조의자에 앉히고는 급히 병원으로 떠났다.

12분을 가는 내내 1분 1초가 악몽이었다. 아들의 호흡이 계속되고 있는지 얼굴을 보며 확인할 수 없었기 때문이다. 그래서 나는 몇 초 간격으로 아이에게 말했다. "리키, 괜찮으면 '아빠, 괜찮아요' 하고 말해." 그러면 아이는 "아빠, 괜찮아요" 하곤 했다.

영원같이 길기만 하던 그 길을 생각하면 지금도 내 눈에 눈물이 맺힌다. 아들을 잃을까 봐 잔뜩 공포에 휩싸였던 일이 눈에 선해서 말이다. 리키의 건강과 목숨을 지켜달라고 하나님께 간절히 기도하던 일도 똑같이 눈에 선하다. 그날 밤 나는 하나님의 도움에 의존한다는 것이 무엇인지 진실로 깨달았다.

자녀양육의 기쁨과 눈물 속에 길을 내주시는 하나님을 보며 우리는 세 가지에 초점을 맞추려 한다. 자녀양육의 기원과 목표, 자녀에게 가르쳐야 할 핵심 내용 그리고 역경에 대처하는 보편 원리다. 우선 모든 좋은 것의 출발점에서부터 시작하자.

최초이자 최후의 부모

자녀양육은 우리 모두의 부모이신 하나님에게서 시작된다. 그분은 자녀양육 과정의 창시자요 완성자이며 또 최초이자 최후의 부모시다. 그분은 인류를 지으시고 낳으셨다. 우리에게 생명을 불어넣으시고 우리를 아들딸이라 부르시며 지키시고 기르시며 훈육하시고 단련하신다. 그분은 언제나 우리의 아버지이고 우리는 그분의 자녀다. 그분이 정하신 순리다. "우리는 한 아버지를 가지지 아니하였느냐. 한 하나님께서 지으신 바가 아니냐"(말 2:10).

이 모두에는 목표가 있다. 하나님이 우리를 기르심은 우리가 아이에서 성인으로 변화되도록 하시기 위함이다. 그분은 우리가 장성하기 원하신다. 영적, 인격적 차원에서 이 과정을 묘사하는 신학 용어는 '성화'다. 성화로 우리는 더 이상 아이가 아니라 성인이 된다. 우리는 구원에 이르도록 자라간다(벧전 2:2).

이것은 다 인간 부모와 자녀와 밀접하게 관련된다. 하나님은 친히 우리를 기르실 뿐 아니라 우리를 사용해서 그분의 뜻을 이루시기 때문이다. 그분은 많은 일을 부모들에게 위임하신다. 우리 부모들은 자녀들에게 하나님과 그분의 길을 대변하는 책임을 맡았다. 하지만 하나님은 우리가 이 일을 그분의 인도와 도움 없이 혼자 하기를 기대하시지 않는다. 그분의 의도는 우리가 자녀 양육의 본분을 다하는 데 필요한 자원을 그분께 가서 얻는 것이다. 그러므로 당신이 부모라면 당신은 하나님을 대신해 자녀 앞에 서 있는 것이며 그 일에 필요한 인도를 하나님께 의존하고 있는 것이다.

이 모두가 보여주듯이 자녀양육은 특이하게도 영적 차원과 인격적 차원을 하나로 아우른다. 시편기자는 "오직 주께서 나를 모태에서 나오게 하시고 내 어머니의 젖을 먹을 때에 의지하게 하셨나이다"(22:9)라고 고백한다. 영적 세계와 인격적 세계의 연합을 얼마나 애틋하게 보여주는 그림인가! 아기들은 젖을 먹으면서 엄마의 보호와 안전을 의지하는 법을 배운다. 다른 차원에서 그들은 영원한 부모를 의지하는 법도 배운다. 그분의 보호와 안전과 맺어질 채비를 갖추는 것이다. 부모로서 이래저래 자녀의 성장을 도울 때마다 하나님 자신과의 영원한 동행을 위해 자녀를 돕고 준비시키는 것이다.

이는 막중한 임무이지만 하나님이 부모들에게 본분을 잘 감당할 길을 열어주신다.

자녀를 떠나보내는 일

앞서 말했듯이 하나님의 목표는 우리를 장성한 자녀들로 기르는 것이다. 부모의 목표도 똑같다. 좋은 부모는 자녀들이 장차 성인 세계에 들어가 형통할 수 있도록 미리부터 그런 환경을 조성한다. 간단히 말해 우리의 목표는 독립적으로 살아갈 성인들을 길러내는 것이다. 그런 성인들은 삶의 과제와 본분과 책임을 부모의 자원에 의존하지 않고 혼자서 감당할 수 있다.

아이들은 본래 의존적 존재다. 그들은 혼자서 살아가거나 생존할 수 없다. 그럴 수 있다면 이미 아이가 아니다. 아이들은 삶의 요구와 짐과 문제를 감당할 능력이 없다. 부모에게서 독립하려면 여러 능력이 필요하다. 부모의 본분은 아이들의 그런 능력이 개발될 수 있도록 사랑과 진실과 경험 등을 제공하는 것이다. 성경은 이 과정을 이렇게 표현한다. "이러므로 남자가 부모를 떠나 그의 아내와 합하여 둘이 한 몸을 이룰지로다"(창 2:24). 첫 가정을 떠나 새 가정을 이루는 데 필요한 모든 요소를 자녀에게 갖추어 주는 것, 그것이 자녀양육에 대한 하나님의 궁극적 의도다.

이 일이 쉽다고 말한 사람은 아무도 없다. 자녀양육의 가장 어려운 부분 하나는 이 일에 끝이 있다는 사실이다. 자녀양육은 더이상 부모가 필요 없어질 때 성공한다. 즉 자녀가 당신 없이도 제 힘으로 잘 살아갈 때 당신은 자녀양육의 소임을 끝내고 역할을 바꾼다. 이제 자녀의 생존에 필요한 자원의 저수지가 아니라 바라건대 자녀의 좋은 절친한 친구가 되는 것이다. 다시 말해 부모인 당신을 향한 하나님의 의도는 지금부터 부모의 일을 놓는 연습을 해나가는 것이다. 당신 집을 떠날 때 자녀들은 정서적으로, 재정적으로 더 이상 당신을 의존해서는 안 된다.

부모인 우리는 자녀를 떠나보낼 줄 알아야 한다. 여기에 도전이 있다. 우리는 자녀에게 애끓는 감정과 사랑이 있다. 인간이란 타인에게 투자하는 시간과 감정이 많을수록 그리고 상대와 더 친해지고 더 관심을 쏟을수록 그만큼 반대급부로 상대의 함께함과 사랑을 바라는 법이다. 결혼과 우정 등 다른 모든 부류의 관계는 본래 끝의 개념이 없이 그 깊이와 사랑이 계속 자라가게 되어 있다.

그러나 자녀양육은 다르다. 목표가 분리와 떠남인 만큼 이것만은 관계의 대원칙에 예외가 된다. 사실 자녀양육은 하나님이 종료를 곧 목표로 정하신 유일한 관계다. 그래서 좋은 부모는 어떤 의미에서 쓰라린 고통을 향해 걸어가고 있다. 긴 세월 사랑하고 가르치고 자기를 부인하며 자식을 위해 희생한 대가가 고작 자식의 떠남이다! 방금 인용한 성경 창세기 말씀에 이 현실이 잘 담겨 있다. '떠난다'고 번역된 히브리어 단어의 의미에는 본래 '버린다'는 개념이 들어 있다.

이것이 자녀양육의 값비싼 대가다. 그간 내 심장 자체가 자녀들 속에 심겨졌음을 알기에 우리는 그 고통과 슬픔을 달게 받는다. 내 심장을 떼어주어 자녀도 심장이 생겼고, 그래서 이제 그들은 부모를 떠나 참 아버지가 예비하신 길로 행할 힘이 있다.

어떤 부모들은 이것을 힘들어한다. 자식을 보내는 고통이 싫은 것이다. 그래서 그들은 자녀를 의존적 존재로 만들어 항상 곁에 두려고 무의식 중에 자녀의 성장을 돕지 않는다. 어떤 부모들은 둥지를 떠나는 자녀를 비난해 죄책감과 갈등을 유발한다. 그런가 하면 고통을 느끼지 않으려고 정서적으로 뒤로 빠지는 부모들도 있지만, 그것은 자녀가 하나님의 길로 행하는 것이 부모에게 상처가 된다는 뜻으로 자녀에게 전달된다. 우리는 당신이 자녀의 숙명과 목표라는 현실을 수용하고, 각 자녀를 향한 사랑과 슬픔을 모두 느끼며, 저마다 성공적으로 잘 떠날 수 있도록 지원과 도움을 아끼지 않을 수 있기를 바란다.

자녀들이 배워야 할 내용

지금까지 자녀양육의 전체 그림을 보았으니 이제 당신의 자녀가 삶에 성숙하기 위해 배워야 할 몇 가지 교훈을 살펴보자. 자녀가 각 교훈을 배우려면 어린 시절 내내 즉 유아기부터 청소년기까지 도움이 필요함을 명심하라. 자녀양육은 수시로 이 모든 부분을 챙기는 유연하고 지속적인 능력을 요한다. 그것을 감당하려면 다른 사람들의 도움과 지혜와 관찰과 기도와 지원이 필요하다.

1. 사랑과 대인관계 능력. 자녀가 당신의 도움으로 배워야 할 가장 중요하고 근본적인 능력은 관계 속에 소통하는 법이다. 시편 22편 9절에 나오는 대로 하나님은 우리를 그분과 다른 사람들로 더불어 정서적 소통 내지 유대를 이루도록 지으셨다.

자녀에게 정서적 소통법을 가르칠 때 우리는 사랑과 도움을 청하면 좋은 일이 생긴다는 사실을 경험하도록 도와준다. 무슨 일이 있든 자신의 '근본'은 관계임을 아이들은 배울 필요가 있다. 이 부분에서 아이들을 돕는 일은 다분히 그저 '같이 있어주는' 것이다. 하나님은 당신 자녀들이 당신을 필요로 하도록 만드셨다. 자녀들은 의식주의 공급에서만 아니라 마음의 관계적 빈자리를 채우는 데에도 부모가 필요하다. 그러므로 곁에 있어주며 정서적 반응을 보일 때 당신은 자녀에게 대인관계 속에서 소통 내지 유대를 이루는 능력이 개발되도록 돕는 것이다.

자녀들이 평생 다른 사람들에게 도움을 청하는 법을 배우려면 당신의 사랑과 지원을 받는 경험이 많이 필요하다. 그래야 그런 긍정적 경험을 내면화하여 생존과 성장에 활용할 수 있다. 많은 연구에서 밝혀진 것처럼 건강한 사랑을 꾸준히 흡족하게 받은 사람들은 애정이 결핍된 사람들보다 더 오래 더 행복하게 산다. 그들은 건강한 사랑을 내면화해서 자기 영혼의 일부로 만든다. 그리고 자신을 위로하는 일이든 외로움과 스트레스와 갈등의 시기에 용기를 얻는 일이든 평생 거기서 자원을 얻는다.

그러나 자녀들이 평생 다른 사람들과 소통하려면 내면화된 부모의 사랑 이상이 필요하다. 다른 사람들을 찾아내고 새로 사귀고 정서적으로 주고받는 일에도 능숙해지도록 당신의 도움이 필요하다. 다시 말해 아이들을 당신만 의존하게 두지 말라. 안전한 타인들과의 알찬 관계로 그들의 세계를 넓혀주라.

끝으로, 자라나는 자녀들은 주는 것이 받는 것보다 복됨을 배워야 한다(행 20:35). 사심 없는 이타적 사랑 — 지고한 차원의 정서적 소통 — 은 받은 것을 돌려준다. 하나님은 그런 사랑으로 우리를 사랑하신다. 우리는 자녀들을 그간 받아온 사랑에 감사하고 거기에 책임감을 느끼며 그 복을 다른 사람들에게 베풀 줄 알도록 가르쳐야 한다. 그럴 때 자녀들은 하나님과 사람들을 이타적으로 사랑할 소지가 훨씬 높아진다. 이보다 좋은 길은 없다.

2. 삶의 짐을 감당하는 능력. 나의 한 친구의 십대 자녀들은 사교성도 좋고 다정다감하고 아주 재미있다. 그러나 그들은 식기세척기가 어디 있는지도 모르고 식탁에서 식사를 끝내는 법도 모른다. 그런 일은 그 친구가 다 해주기 때문에 자녀들이 배울 필요가 없었다. 그래서 이 아이들에게 사랑은 많지만 자제력과 책임감이 부족한 게 흠이다.

사랑에는 규율과 틀이 필요하다. 심장 보호에 갈비뼈가 필요하듯 사랑에도 주인의식이라는 또 다른 성분이 필요하다. 주인의식이란 삶의 책임과 짐과 문제를 자기 어깨에 지는 능력이다. "각각

자기의 짐을 질 것이라"(갈 6:5).

아이 특히 어린아이가 주인의식을 배워야 하다니 이상해 보일 수 있다. 자기 삶을 전적으로 책임지기에 아이들은 분명 너무 어리고 미숙하고 약하다. 하지만 아이들도 그것을 점진적으로 배워갈 수 있다. 자녀가 자라감에 따라 당신은 조금씩 점점 책임량을 늘려줄 수 있다. 그러면 아이가 집을 떠날 때쯤이면 아이의 행동과 삶과 목표와 문제에 대한 주인의식이 당신에게 있지 않고 아이에게 있게 된다. 삶의 짐을 지는 법을 배운 청년은 결혼과 직장 생활에 따르는 책임을 감당할 준비가 되어 있다.

부모는 의식적으로 주인의식을 이양해야 한다. 물론 아이들은 수시로 부모와의 소통을 원하며, 자신들을 보살펴주고 문제를 해결해 주고 잘못할 때 훈육하는 짐을 맡아주는 부모가 있음에 아주 만족한다. 아이가 슈퍼마켓에서 엄마를 놓치면 정신없이 엄마를 찾아다닌다. 엄마나 아빠와 외식하러 갈 때 자기 돈을 내겠다고 하는 십대 아이는 별로 없다. 말도 안 된다. 그럼에도 당신은 자녀에게 자기 삶에 대한 주인의식을 가르칠 수 있다.

주인의식을 갖도록 자녀를 성공적으로 훈련하려면 사랑, 규칙, 선택권, 대가 이 네 가지를 주어야 한다. 자녀들이 책임을 배우는 고통을 견딜 수 있으려면 당신의 사랑과 보호가 필요하다. 옳고 그름을 알려면 규칙 — 가정 규칙, 행동 규칙, 사회 규칙 — 이 필요하다. 규칙을 지킬 수도 있고 불순종할 수도 있는 자유와 선택권도 필요하다. 그리고 자기 선택이 자기 삶에 영향을 미친다는 것을 알려면 대가가 필요하다.

아이들에게 주인의식을 가르침에 있어 명심할 것이 있다. 중요한 것은 아이들이 부모의 지침을 듣기만 하는 것이 아니라 불순종할 때 그 대가를 맛보는 것이다.

3. 현실 적응력. 셋째로 아이에게 길러주어야 할 중요한 능력은 현실이라는 장에서 살아가는 법이다. 현실은 세상의 실상이다. 우리 앞에 존재하는 진짜 세상이다. 현실을 잘 알수록 자녀는 성인기 삶을 헤쳐 나갈 준비가 더 실해진다.

아담과 하와가 타락하기 전, 태초의 현실에는 흠이나 결함이 없었다. 모든 것이 완벽했다. 죄나 상처나 아픔이 없었다. 지금의 상황은 분명 달라졌다. 우리는 사람들이 서로 상처를 주고 실패하며 부족함과 상실로 애먹는 세상에 살고 있다. 이런 세상이 곧 당신의 자녀가 태어난 현실이다.

아이들은 현실의 요구를 감당하지 못한다. 아이들은 천성적으로 완벽주의자요 이상주의자다. 많은 아이들이 자신에게 완벽을 기대한다. 실패해도 괜찮으며 누구나 실수한다는 것을 부모가 본보기를 통해 가르치지 않는 한 아이들은 실패한 자신을 엄히 벌하거나 다시는 실패할 위험이 없도록 깨끗이 포기해 버린다. 아이들은 부모, 친구들, 하나님, 세상에 대해서도 완벽을 기대할 수 있다. 다른 사람들이 자기를 저버리거나 실망시키거나 상처를 주면 아이는 억울함을 호소하며 화내거나 따질 수 있다. 어떤 아이들은 자신의 한계라는 현실을 외면하려고 모든 나쁜 일을 바깥으로 즉 주변 사람들 탓으로 돌리는 법을 익히기도 한다.

장담컨대 실패와 실망에 이런 식으로 반응하는 성인들을 당신도 알 것이다. 그들은 자신만 불행할 뿐 아니라 주변 사람들까지 다 불행하게 만든다. 당신의 자녀가 그런 불행한 성인이 되지 않으려면 부모인 당신의 역할이 무엇보다 중요하다.

하나님은 우리에게 타락한 세상에서 삶의 고충을 해결하는 길을 열어주셨다. 그분의 해결책은 비애와 용서와 수용이다. 비애와 용서와 수용을 배우도록 도와주면 자녀들은 삶에 어떤 일이 닥쳐도 적응할 수 있다. 각각의 의미를 간략히 살펴보면 다음과 같다.

- 비애는 슬픔의 감정이다. 원하지만 가질 수 없는 것의 가치와 상실을 느낄 줄 아는 자녀는 결국 감정을 추스르고 앞으로 나아간다.
- 용서는 빚을 탕감해 준다는 뜻의 법률 용어다. 이는 상대를 벌할 권리를 포기한다는 뜻이다. 용서받을 때 우리는 자기가 진 빚에서 해방된다. 용서를 경험할 때 자녀들은 정죄에서 해방됨을 배우며, 사랑을 위해 복수를 접는 법도 배운다.
- 수용은 마음과 머리로 현실을 감당하는 능력이다. 현실을 그대로 수용할 때 우리는 없는 것 때문에 싸우지 않고 현재 있는 것에 만족한다. 삶의 수용을 배우는 자녀들은 주어진 범주 안에서 사는 법을 배운다. 그들은 나 아닌 딴 존재가 되려고 몸부림

치거나 다른 사람들에게 그 사람 아닌 딴 존재가 될 것을 요구하지 않는다.

최근에 아내와 나는 뒷마당의 큰 나무를 베기로 했다. 너무 커서 뿌리가 마당을 망쳐놓고 있었다. 인부들이 오던 날 아침 우리는 아이들을 일찍 깨워 전기톱을 든 사람들을 보여주었다. 한 아이가 기겁하는 바람에 우리는 깜짝 놀랐다. 아이는 그 나무를 사랑했다. 나무는 아이가 태어날 때부터 거기 있었고 많은 행복한 추억이 서려 있었다. 나무가 없어진다니 아이는 화나고 속상하고 상처가 되었다. 그에게 엄마 아빠는 그 나무를 베어내는 나쁜 사람들이었다. 아이는 말했다. "나무를 베는 것에 대해 제 생각이 어떤지는 물어보지도 않았잖아요." 아이는 자신이 그 상실을 영영 극복할 수 없을 것 같았다. 이후 며칠 동안 우리는 몇 차례 그 일로 아이와 함께 대화했다. 대화할 때마다 공감, 이해, 현실 등의 요소가 찾아들었다. 우리가 아이에게 "나무 일로 지금은 마음이 어떠냐?"고 물으면 아이는 "아직도 엄마 아빠한테 화났어요"라고 말하곤 했다. 그러면 우리는 "이해한다. 좋아하던 나무가 갑자기 없어졌으니 얼마나 힘들겠니. 정말 화날 만도 하지. 나무가 많이 그립겠구나"라고 말했다. 아이의 분노는 즟차 슬픔으로 바뀌었다. 그는 엄마 아빠에게 용서가 필요하지 않음을(적어도 이 일만은) 깨달았고, 나무의 상실을 받아들였다. 마침내 아이는 더 넓어진 뒷마당에서 재미있게 놀기 시작했다.

현실을 자녀양육의 일부로 삼으라. 이렇게 자녀에게 오늘의 현실을 감당할 힘을 길러주면 장래에도 순조롭게 보다 나은 사람이 될 수 있다.

상황이 어려운 경우

부모라면 누구나 알듯이 자녀양육과 문제가 동의어가 될 때가 있다. 이 장의 원리들을 적용하고 있다고 해도 자녀에게 당신이 어찌할 바를 모르는 문제가 닥치거나 혹 자녀가 그런 문제를 일으킬 수 있다.

그 과정 동안 당신이 자녀 곁에서 도울 수 있음을 감사하라. 자녀들이 이런 도전을 혼자 겪거나 그들의 최고 유익이 관심사가 아닌 사람들과 함께 겪는 것보다는 당신과 함께 겪는 것이 훨씬 낫다. 반항, 실수, 이기적 태도, 충동적 언행을 드러내기에 집보다 더 좋은 곳이 어디 있는가. 이런 상황의 아이들에게는 많은 사랑, 안전, 틀, 지혜, 인내가 필요하다. 하나님은 자녀의 성장과 문제 해결을 도울 수 있는 권위와 자원을 당신에게 주셨다.

아이가 태어나는 날부터 집을 떠나는 날까지 수많은 문제가 벌어질 수 있다. 불순종, 통제력 상실, 불량한 태도, 교우 갈등, 학교 문제, 떨어지는 성적, 게으름, 의욕 부족, 우울, 성 문제, 주초 문제 등은 그중 일부일 뿐이다. 이 장에 이 모두를 다룰 지면이 있다 해도 여전히 누락되는 문제가 많을 것이다. 자녀의 특정 문제에 관해 최대한 많이 배우는 것이 현명한 일이지만, 우리가 터득한 몇 가지 보편 원리는 자녀들의 문제 대부분을 대하는 데 도움이 된다. 사실 이 원리들을 이해하고 적용하면 몇 가지 구체적인 문제가 한꺼번에 해결될 수도 있다. 일례로 가만히 앉아 있지 못하고, 교실에서 너무 떠들며, 공격성을 보이는 남아가 있다고 하자. 많은 경우 아이가 적절한 대가를 맛보면 이 세 가지 문제는 전부 해결된다. 대가의 경험을 동기로 아이에게 점차 절제력과 자제력이 길러진다.

자녀에게 꼭 필요한 부모가 되는 데 도움이 될 몇 가지 원리를 소개한다.

1. 미래 지향적 시각을 가진다. 자녀가 불순종하거나 어떤 문제로 씨름하고 있다면 이는 크든 작든 위기일 수 있다. 가정과 가족들을 어지럽히고 부모의 깨어있는 시간을 다 잡아먹을 수 있다. 그렇게 되면 위기 해결이 전부라는 사고방식에 빠지기 쉽다.

물론 해결도 중요하며, 위험하거나 목숨이 위태로운 상황이라면 배로 그렇다. 그러나 그것이 전체 그림은 아니다. 당신이 이슈를 대하는 방식은 자녀양육의 궁극 목표 — 이 장 서두에 설정한 것처럼 독립적으로 살아갈 성인을 길러내는 것 — 에 지대한 영향을 미친다. 그러므로 늘 미래를 염두에 두라. 이렇게 자문하라. 어떻게 하면 장차 건강한 성인이 되게 하는 데 도움이 될까? 이런 시각이 있으면 진짜 문제는 놓아둔 채 증상만 해결하는 헛수고에서도 벗어날 수 있다. 겉으로 보이는 증상만 해결하면 반드시 근본 문제가 똑같은 형태나 다른 형태로 다시 도지게 되어 있다.

예컨대 내 친구 부부의 십대 딸은 얌전해서 집에 있기를 좋아했다. 학교에서 같이 있을 때는 친구들을 좋아했지만 먼저 나서서 전화하거나 놀러 가는 일은 없었다. 그녀는 늘 집에서 책을 읽거나 엄마 아빠와 얘기하곤 했다. 다른 많은 면에서 그녀는 훌륭한 아이였다. 싹싹하고 말 잘 듣고 책임감 있고 신앙생활도 건전했다. 부모는 딸이 늘 자기들 곁에 있는 것이 너무 좋아서, 좀 더 친구들과 어울리라고 밖으로 떠밀고 싶지 않은 유혹도 느꼈다. 마침내 부모가 밖으로 떠밀자 아이는 기분이 상해 토라져서는 며칠간 화를 풀지 않았다. 그래도 부모는 딸이 집에 살 때 사회성을 배우지 못하면 나중에 바깥세상과 어울리는 능력이 뒤떨어질 것이라 믿었고 나도 동의했다. 그래서 그들은 친구들에게 자주 전화하고 만나라고 딸을 부추겼다. 부모로서 정말 재미없는 일이었다. 다정하고 싹싹하던 딸이 그런 말을 들을 때마다 화를 내며 부모를 멀리했던 것이다. 그래도 딸의 미래를 염두에 두고 이들은 밀고 나갔다. 결국 딸은 친구들에게 관심을 느끼기 시작했고, 전혀 권하지 않아도 먼저 나서기 시작했다. 아이는 지금도 잘 지내고 있다. 그러나 부모가 보다 평온한 현재를 위해 미래를 포기했다면 그런 일은 없었을 것이다.

2. 못하는 것과 안하는 것을 구분한다. 당신 자녀가 뭔가 어려움을 겪고 있다면 못하는 것과 안하는 것을 구분하는 게 좋다. 고등학생 아들의 학교 성적이 미진하다고 하자. 실력이 그만해서인가 아니면 공부에 무관심하거나 숙제를 안 해서인가? 둘 다 아

니면 다른 요인이 있는가? 아이는 약해서 도움이 필요할 때도 있고(히 12:12) 고집스럽고 미련할 때도 있다(잠 22:15). 부모는 그 차이를 알아야 한다.

못해서일 경우 세상의 격려와 훈육을 다 모아도 결과는 없다. 이럴 때는 부족한 기술을 개발하도록 부모가 옆에서 도와주어야 한다. 예컨대 아들의 학업 부진이 우울증 때문임을 당신이 알았다 하자. 아들은 소아 전문의나 사춘기 우울증 치료에 정통한 사람을 만나야 한다. 우울증이 해결될 때까지 성적은 나아지지 않을 것이다. 실은 다른 부분들도 부정적 영향을 입을 수 있다.

그러나 아이의 마음에는 고집과 미련함도 있다. 우리는 다 하나님이 되려는 욕망을 가지고 태어났다. 자녀가 왕좌에서 내려와 나머지 인류와 함께 본연의 제자리에 있도록 돕는 것이 부모의 일이다. 위 예로 돌아가 보자. 당신 아들의 교사들을 만나보니 아들은 숙제를 거의 제출하지 않고 있고 저번에 아파서 미뤘던 시험도 여태 치르지 않았다. 공부를 잘 하려면 자제력과 근면함이 필요한데 아들은 반항하고 있다. 이 경우 당신은 사랑과 지적과 훈계와 대가를 가지고 그에게 접근해야 한다. 이렇게 말할 수 있다. "숙제 문제로 너하고 할 얘기가 있다. 아빠는 네 편이고, 이 일로 너를 벌할 뜻이 없다. 하지만 우려가 된다. 일의 진전을 위해 뭔가 조치가 필요하다. 그래서 너를 위해 엄마와 함께 기준을 정했다. 방과 후 얼마 동안은 친구들과 놀거나 텔레비전을 보거나 컴퓨터를 쓰거나 다른 일을 할 수 없고 공부만 해야 한다. 숙제를 마쳐서 우리한테 보여주면 그때부터 자유 시간이다. 또 하나, 네 성적도 지금보다 좋아져야 한다. 성적표에 수나 우 외에는 없어야 한다(아들이 그런 수준의 학생이라면). 숙제를 안 하거나 성적이 안 되면 다음 성적표가 나올 때까지 너를 야구팀에서 뺄 생각이다. 이 방법으로 잘 됐으면 좋겠다. 우리도 최대한 도와주마."

이 원리를 적용하려면 자녀를 알아야 한다. 차이를 분간하는 한 가지 길은 습성을 보는 것이다. 당신 자녀는 평소에 착하게 순종하고 책임을 다하려 애쓰는데 이번 문제 행동만 예외인가? 아니면 삶의 많은 부분에서 반항과 고집을 보이고 있는가? 지혜와 하나님의 인도와 사람들의 조언을 활용해 이 상황에 도움을 받으라.

3. 사랑과 한계를 나란히 둔다. 자녀들의 문제 해결에 중요한 요인은 부모 자신의 영향력이다. 당신이 자녀 앞에서 하나님의 대리자임을 잊지 말라. 완벽하지 않아도 된다. 자녀의 성장에 필요한 것들을 주는 일을 웬만큼 잘 해내면 된다. 부모가 자녀에게 해줄 수 있는 최선의 일 가운데 하나는 사랑과 한계를 나란히 두는 것이다. 이것을 소위 통합이라 한다. 하나님이 긍휼이 많으면서도 거룩하신 것처럼(시 86:15) 부모도 정서적으로 통하면서 동시에 엄할 필요가 있다. 이런 가정 분위기에서 충분한 안전을 느끼는 자녀라야 자기 감정을 경험하고, 자기 약점을 보며, 잘못을 고백하고, 진실을 말하며, 대가와 사랑을 받아들이고, 성장할 수 있다.

이 부분에서 당신 자신의 균형 상태를 보면 도움이 된다. 혹 당신은 자녀와 깊이 통하지만 선과 한계는 잘 긋지 못할 수 있다. 그렇다면 틀이 부족한 자기 모습을 보라. 혹 당신은 규칙에 대한 자녀의 반감과 분을 잘 품어주지 못할 수도 있다. 그렇다면 부정적 감정에 대한 자신의 두려움을 보라. 둘 중 하나의 모습이 당신에게 있다면 이는 그 부분에서 당신이 자라야 하고 도움이 필요하다는 신호다. 그런 도움은 건강한 공부나 교회 성장 그룹을 통해 가능하다. 그런가하면 한계와 틀은 잘 제시하는데 사랑과 긍휼을 베풀기가 더 어려운 부모들도 있다. 이들은 혹 자신이 정서적 소통이나 의존을 불안해 하는지 살펴보고 그 부분을 처리할 필요가 있다. 예컨대 내 친구 하나는 책임감과 자제력은 좋은데 정서적으로 사람들과 잘 친해지지 못한다. 자녀들이 자기한테는 오지 않고 엄마만 찾는 것을 보고서야 그는 문제를 실감했다. 따뜻하지 않은 아빠를 자녀들도 피했던 것이다. 이 현실에 정신이 번쩍 들어 그는 교회의 영적 성장 그룹에 들어갔다. 친해지는 것을 두려워하는 자신의 모습을 본 그는 다른 사람들에게 마음을 열고 약한 모습을 보이고자 노력했다. 이 부분에서 그에게 성장이 나타나면서 자녀들은 아빠에게도 마음이 끌리기 시작했다.

부모가 둘로 갈리는 경우가 있다. 하나는 '자애로운' 쪽이고 하나는 '엄한' 쪽이다. 이는 본인들의 관계에는 물론 자녀에게도 문제를 야기할 수 있다. 자녀는 방임의 세계와 정죄의 세계, 두 세계를 경험한다. 어느 세계도 건강한 성인을 길러내지 못한다. 그러나 부모가 함께 하나님과 그분의 길 앞에 무릎 꿇고 서로의 강점을 살려낸다면 둘 다 자애롭고도 거룩한 사람이 될 수 있다. 자녀는 그 혜택을 거둔다.

당신 혼자가 아니다

결론적으로, 이 모든 일을 당신 혼자 할 필요가 없음을 명심하라. 당신은 혼자가 아니기 때문이다. 하나님은 언제나 당신 곁에 계신다. 그분은 당신에게 성령과 말씀을 주셨다. 자신의 한계에 다다른 부모들을 그분은 언제나 그분께로는 물론 그분의 사람들에게로 인도하신다. 그분과 그분의 자원을 바라라. 당신이 자녀들의 부모이듯 당신의 부모이신 그분을 의지하라.

제14장

두려움과 불안

"다 잘될 테니 걱정 마십시오. 하나도 두려울 것 없습니다. 이미 알고 계신 대로 그냥 하면 됩니다!" 강사는 확신에 차서 말했다.

어쩐지 그의 확언이 내게는 별 도움이 안 됐다. 나는 뱃속이 부글거렸고 그 느낌은 재빨리 전신으로 퍼져나가고 있었다. 그 사람이 두려움 전문 심리학자가 아니라 스카이다이빙 강사라서 다행이라 생각되던 일이 기억난다. 그의 처방은 별 유익이 못 되었다. 그는 면허를 취소당했을지도 모른다.

잠시 후 내가 탈 비행기가 3,800미터 상공으로 오르면 나는 단독으로 뛰어내려 2,300미터를 자유 낙하한 후 낙하산을 펼 참이었다. 이미 알고 있는 대로 하라던 강사의 말은 내가 출발기지에서 들은 짤막한 아침 강좌를 두고 하는 말이었다. 숫자 세는 법, 줄을 잡아당기는 법, 낙하산이 엉키거나 찢어지거나 이래저래 펴지지 않을 경우 낙하산을 버리는 법 등이 강좌의 내용이었다. 한 시간짜리 비디오도 보았다. 수강생들이 자진 등록했으므로 혹 목숨을 잃어도 회사 책임이 아니라며 변호사가 판례법과 계약상의 면책 사유를 설명했다. 정작 내가 배운 것은 비행기에서 뛰어내리는 순간 불상사가 일어날지도 모르니 각오해야 한다는 것이었다.

낙하 고도로 상승하면서 나는 우선 그 높이에 놀랐다. 목표 고도의 5분의 1인 760미터 지점에서 강사는 우리에게 착륙 지대가 어떻게 생겼는지 창밖으로 내다보라고 했다. 내다보는 순간, 그러잖아도 두렵던 나는 완전히 두려움에 휩싸였다. 지금도 이렇게 높은데 더 올라가면 공기나 더 있을는지 자못 걱정이었다. 땅은 점점 작아지고 있었다. 도대체 난 뭘 하고 있는 건가?

고도 3,800미터에 도달했다. 밖을 내다보니 지상의 아무것도 더는 식별되지 않았다. 그저 색색의 바다 같았다. 나는 하나님 손에 나를 의탁하는 기도를 드렸다. 그래도 왠지 죽을 것만 같았다. 문 앞으로 갔다. 다른 강사가 문 앞에 오더니 순식간에 뛰어내렸다. 그는 흔적도 없이 깨끗이 사라졌다. 나도 저래야 한다는 게 믿어지지 않았다.

맨 먼저 느껴진 것은 바람의 세기였다. 낙하 속도가 시속 200킬로미터인지라 바람이 절로 의식될 정도로 세차고 시끄러웠다. 낙하하는 느낌도 없었다. 나는 비행 자세만 취했다. 팔이나 다리나 몸통이나 머리가 하나만 각도를 잃어도 완전히 통제력을 잃고 몸이 뱅뱅 돌다가 결국 낙하산에 휩싸여 수많은 선과 줄에 칭칭 감긴다고 강사들은 말했다. 그래서 나는 비행 자세만 취했다. 2,300미터를 내려온 후 낙하산 줄을 잡아당겼다.

뭔가 움직임이 느껴진 후 쿵 하고 흔들렸다. 위를 보니 낙하산이 잔뜩 엉켜있었다. 예비용을 펼 생각으로 낙하산을 버리려 했으나 그때 기적이 일어났다. 내 낙하산에 아무런 이상도 없었던 것이다. 믿어지지 않았다. 잘하면 살 것도 같았다.

낙하산을 조정해 줄을 감아올린 뒤 주변을 살폈다. 나는 정적 속에 떠있었다. 그렇게 고요한 정적은 처음이었다. 산과 호수와 하늘이 보였다. 자유와 내어맡김과 조요, 그런 조화는 영적인 체험을 제외하고는 그 순간이 처음이었다. 계속 그대로 있고 싶었다. 새의 기분이 이런 것일까. 세상 걱정일랑 간곳없이 나는 바람을 타고 날며 하나님의 피조세계를 만끽했다. 착륙이니 전깃줄이니 나무니 다리 골절이니 기타 강사들이 경고했던 어떤 일도 나는 두렵지 않았다. 온 세상이 평안했다. 매 순간을 즐기며 활강하노라니 하나님의 피조세계를 인한 감사가 절로 나왔다. 낙하 시간은 7-8분쯤 되었는데, 벌써부터 나는 다시 하고 싶었다!

내가 두려움에 맞서지 않았다면 그런 신기한 체험은 없었을 것이다. 나는 이 일을 통해 두려운 일도 능히 할 수 있음을 배웠다. 두려움을 뚫고 저편으로 가면 더 풍성한 삶이 있음을 배웠다. 이 체험은 또 "다 잘될 테니 두려워 말라"는 말만으로 두려움이 없어지지 않는 사실도 내게 일깨워 주었다. 두려움의 이유를 해결하지 않는 한 두려움은 떠나지 않는다.

불행히도 두려움은 불가피한 것이다. 인간은 누구나 두려움을 상대해야 한다. 그러나 다행스럽게도 하나님은 그 강사보다 더 많이 아신다. 그분은 당신의 머리와 심령과 영혼을 지으셨다. 그분은 당신이 두려워하는 이유와 그 두려움을 없애는 방법을 아신다. 나아가 그분은 미래까지 아신다. "너희는 마음에 근심하지 말라"(요 14:1), "두려워하지 말라"(마 10:31) 하신 그분은 낙하산이 펴질 것과 그분이 친히 당신을 지키실 것을 아신다. 얼마든지 그분을 믿어도 좋다.

두려움의 몇 가지 원인과 그 속에 길을 열도록 하나님이 우리에게 주신 자원을 살펴보자. 믿거나 말거나, 지금 당신이 아무리 두렵다 해도 당신은 그 위를 훌쩍 날며 하나님이 새로 내신 길의 경치를 감상하게 될 것이다.

경보 장치

두려움은 위험에 대한 인간의 정서 반응이다. 두려움은 위험한 일이 벌어지고 있거나 곧 벌어질 찰나임을 우리에게 경고한다. 그 신호가 울리면 전신에서 자원을 요구한다. 혈압이 올라가고 땀이 난다. 마비 증세를 보일 수도 있다. 심장이 두근거리고 뱃속이 부글거릴 수 있다. 근육이 움찔하거나 뭉칠 수 있다.

사고와 정서도 뒤따른다. 때로는 비합리적 생각이 가동된다.

모든 나쁜 결과를 생각해 내서는 마치 그런 일이 이미 벌어지기라도 한 것인양 생고생을 할 수 있다. 강박적 염려에 빠지지만 그래도 두려움을 벗어날 길이 떠오르지 않을 수 있다. 사실 두려움이 강하면 우리의 사고 능력 자체가 제약을 입는다. 공포와 근심과 불안이 느껴질 수 있다. 온갖 가상 시나리오를 생각할 때마다 공포가 물밀듯이 밀려와 돌풍처럼 우리를 삼킨다.

> 하나님이여, 내 기도에 귀를 기울이시고 니가 간구할 때에 숨지 마소서. 내게 굽히사 응답하소서. 내가 근심으로 편치 못하여 탄식하오니 이는 원수의 소리와 악인의 압제 때문이라 그들이 죄악을 내게 더하며 노하여 나를 핍박하나이다. 내 마음이 내 속에서 심히 아파하며 사망의 위험이 내게 이르렀도다. 두려움과 떨림이 내게 이르고 공포가 나를 덮었도다. 나는 말하기를 "내가 비둘기같이 날개가 있다면 날아가서 편히 쉬리로다. 내가 멀리 날아가서 광야에 머무르리로다"(시 55:1-7).

어디서 듣던 말 같은가? 그렇다면 당신도 인간이라는 뜻이다. 하나님은 당신을 지으실 때, 닥쳐오는 두려움에 대응할 수 있는 능력을 주셨다. 물론 두려움이 너무 크면 오히려 도움에 방해가 될 수 있다. 그러나 본래는 그렇지 않다. 하나님은 두려움을 좋은 것으로 지으셨다. 위험을 피하거나 두려움의 원인을 해결하는 동기로 작용할 때 두려움은 좋은 것이다. 이컨대 중서부에 살고 있는 당신이 창밖을 보니 깔때기 모양의 구름이 다가오고 있다면 당신은 "그것 참 재미있군" 하고 말하지 않는다. 그것은 제정신의 반응이 아니다. 제정신의 반응은, 당장 지하실로 피하지 않으면 죽을 거라는 두려움이다. 두려움은 위험을 피하는 동기가 된다.

두려움 자체는 좋은 것이다. 이유가 있어서 존재하는 것이다. 두려움의 존재 이유는 우리에게 위험을 경보하는 것이다. 그러나 두려움은 문제가 될 수도 있다.

나쁜 두려움의 원인

적당량의 두려움은 목숨을 구하고 일의 성과를 높여줄 수 있지만 또한 본연의 임무와 정반대 역할을 할 수도 있다. 일을 더 잘하게 하는 것이 아니라 잘하지 못하거나 아예 손대지 못하게 막는 것이다. 위험한 상황에서 겁에 질려 생각이 멎거나 선택을 내리지 못하면 자칫 목숨을 잃을 수도 있다. 두려움은 삶이 점점 빈약해지도록 우리를 묶어둘 수 있다. 그 대가는 두려움 때문에 누리지 못한 삶이다. 예컨대 거부당하는 것을 두려워하는 남자는 관계의 모험에 나서지 않기 때문에 사랑의 삶을 잃는다. 실패를 두려워하는 여자는 기술이나 재능을 구사하지 않기 때문에 성취의 삶을 잃는다.

두려움은 해답이 될 수 있듯이 문제도 될 수 있다. 우리 모두에게 열쇠는, 해(害)를 막아주는 건강한 두려움과 하나님이 주시려는 많은 좋은 것들을 누리지 못하게 막는 건강치 못한 두려움을 구별하는 것이다.

두려움이 방해가 되는 상황을 몇 가지 살펴보자.

1. 나쁜 일이 정말 일어나긴 했지만 두려움이 지나치게 크다. 당신은 정말 두려운 일의 와중에 있을 수 있다. 내적 자원이 남아나지 않아 두려운 상태의 연속일 수 있다. 가장 좋은 예는 9.11 사태다. 테러범들이 세계무역센터와 국방부 건물을 성공리에 공격했을 때 모든 사람이 두려움을 느꼈다. 역사상 처음으로 미국인들은 자국 내에서 안전을 잃었다. 사람들은 비행기를 타거나 편지를 뜯는 것이 안전한 일인지 분간이 안 섰다. 삶 자체가 모험이 되었다.

그때 당신이 일하기 어려울 정도로 두려움에 휩싸였을지 모르겠지만, 당신만 그런 게 아니다. 많은 사람들이 일상생활에 어려움을 겪었다. 그들은 흉악한 사건의 연발로 내적, 외적 자원이 바닥나 제대로 일할 수 없었다. 힘든 일을 극복하는 능력은 사람마다 다르다. 대인간의 풍성한 교류와 사랑, 매우 안정된 삶, 지원 세력, 훌륭한 내적 대응 기술 — 이런 것들을 갖춘 사람들은 그렇지 않은 사람들보다 적응력이 좋다.

2. 하나님 없이 우주에 덩그러니 나 혼자 남은 것 같다. 우리는 이 땅에 하늘 아버지와 함께 살도록 되어 있다. 그분은 우리에게 관심을 가지고 우리를 사랑하신다. 약속대로 우리를 인도하시며 우리와 함께하신다. 그리고 우리가 꼭 알아야 할 것을 우리에게 가르치신다. 하늘 아버지를 모르는 사람들도 있다. 그분이

매일 가까이 계심과 자기 삶이 그분 손안에 있음을 배우지 못한 사람들도 있다.

우주에 덩그러니 나 혼자 있는 것으로 — 하나님 없이 — 느껴진다면 삶과 미래가 암담해 보일 수 있다. 당신은 본래 혼자 살도록 되어 있지 않다. 삶은 너무 크다. 도움과 인도와 공급 없이 당신 홀로 존재할 필요가 없다. 하나님은 당신에게 그런 것들을 다 주기 원하신다.

3. 사람들과 단절되어 내면에 외로움이 있다. 사랑과 소통은 우리에게 안전한 느낌을 준다. 우리는 실제로 다른 사람들을 마음속에 받아들여 '내 안에 거하게' 할 수 있다. 하나님이 우리를 그런 존재로 지으셨다. 나를 향한 다른 사람들의 사랑을 알고 영혼 깊이 그들과 소통을 맛볼 때 우리는 안전을 느낀다. "다 잘될 테니 걱정 말라"는 사랑의 체가 우리 안에 있어, 삶의 모든 사건과 경험이 그 체로 걸러진다.

주변에 사람들이 있든 없든 세상에 나 혼자인 듯 외롭다면 삶이 다분히 겁날 것이다. 어린아이처럼 외로움과 무력감이 들 것이다. 언제나 덮칠 듯 노려보는 그 외로움은 무섭다. 당신이 그런 상황이라면 굳이 아주 나쁜 일이 일어나지 않더라도 두려움에 잠길 수 있다. 당신은 언제 터질지 모르는 두려움을 안고 살아간다. 혼자서 겪는다면 삶의 많은 일들이 두렵다.

4. 수용을 별로 경험하지 못했다. 인간은 누구나 실패와 죄와 부정적 감정이 있다. 수용을 많이 경험한 사람 즉 부족한 자기 모

습에 대해 하나님과 사람들의 사랑과 용서와 용납을 누린 사람은 자신의 실패와 부족함과 기타 '못된 면들'을 두려워하지 않는다. 용서와 수용이 있을 때 우리는 '발각될' 두려움 없이 적나라한 모습으로 살 수 있다. 모르는 게 있어도 두렵지 않다. 정서적으로 안정되어 있으니 배우면 된다. 설사 실패해도 전체적 시각에서 보기 때문에 자책감 없이 나아갈 수 있다.

그러나 수용과 용서를 경험하지 못한 사람은 자기가 완전해져야만 사랑받거나 안전해질 수 있다고 생각한다. 자신의 실패나 죄나 부정적 감정 때문에 남들에게 수용 받을 수 없다고 생각하는 사람은 많은 두려움을 안고 살아간다. 실패에 대한 두려움일 수도 있고 '발각'에 대한 두려움일 수도 있다.

사도 요한은 말했다. "사랑 안에 두려움이 없고 온전한 사랑이 두려움을 내쫓나니 두려움에는 형벌이 있음이라. 두려워하는 자는 사랑 안에서 온전히 이루지 못하였느니라"(요일 4:18).

많은 두려움은 '사랑 안에서 온전히 이루지 못한' 데서 온다. 이는 본래 완성된다는 뜻이다. 사랑으로 '완성되는 경험'이 없는 사람은 판단 받는 걸 두려워한다. 사랑과 수용이 두려움을 치료한다.

5. 과거의 잔재가 남아 있다. 수년 전 나는 탈장 증세로 수술을 받아야 했다. 간단한 절차인 줄 알면서도 막상 병원에 가려고 생각하니 잔뜩 두려워졌다. 쓸데없는 두려움이라고 스스로 타일러 보았지만 소용없었다. 두려움은 여전했다. 수술 시간을 앞두고

나는 어렸을 때 병원에 입원했던 기억들을 떠올려 보았다(들어가는 글 참조). 그제야 내 반응이 이해가 됐다. 어린 나를 두렵게 했던 그러나 여태 처리되지 않은 일들을 내 몸이 '기억하고' 있었던 것이다. 내가 느낀 두려움은 간단한 수술을 받으러 들어가는 성인의 두려움이 아니라 겁에 질릴 대로 질린 어린아이의 두려움이었다. 그 뒤로 병원에 있는 내내 다시는 그 두려움이 느껴지지 않았다.

나는 왜 새삼스레 먼 옛날 일에 두려움을 느꼈을까? 인간의 심령과 사고는 자신에게 일어나는 모든 일을 기록한다. 그래서 우리는 어떤 차원에서 자신의 삶 전체에 드나들 수 있다. 두려움이 남는 경위는 매우 구체적이다. 사람이 겪는 두려움이나 충격적 사건이 그 시점에서 그것을 처리할 자신의 자원보다 크면 그 두려움은 처리되지 않은 상태로 뇌에 저장된다. 저장되는 부위는 시간 순서나 논리를 처리하는 뇌 부위와 다르다. 두려움을 느끼는 뇌 부위는 그날의 날짜를 기억하는 뇌 부위와 다르다. 그래서 어른이 돼서도 어렸을 때와 똑같은 강도의 두려움을 느낄 수 있는 것이다.

현재의 사건들이 과거의 감정을 건드린다. 당신에게 두려움이 많다면 이전의 충격적 사건이나 관계 때문일 수 있다. 거기에 주목할 필요가 있다.

6. 무력감이 든다. 하나님이 우리 각 사람에게 주시려 한 통제권조차 자신에게 없다고 느끼는 사람들이 있다. 이들은 자신의 힘을 거의 또는 전혀 못 느낀다. 따라서 이들은 자신에 대한 통제

권을 사람들과 상황에 넘겨준다. 자신에게 선택권이 거의 없다고 보고는 남들의 선택에 맡기는 것이다.

얼마나 두려운 삶인가! 안전을 누리려면 우리는 당당히 일어나 내가 무엇을 원하고 원치 않으며, 무엇을 하고 안할 것인지 말할 수 있어야 한다. 내가 무엇에 동의하고 동의하지 않으며, 무엇에 참여하고 참여하지 않을 것인지 말할 수 있어야 한다. 나 자신에게 무슨 일을 허용하고 허용하지 않을 것인지 말할 수 있어야 한다. 이런 것을 말할 자유가 없다고 느껴지거나 실제로 없다면 삶은 두려운 일일 수 있다.

7. 머릿속에 비판의 목소리가 있다. 내면의 비판자와 함께 살아가는 사람들이 많이 있다. 그들 머릿속에는 언제나 무섭고 부정적이고 비판적인 말로 그들을 두렵게 하는 '목소리'가 있다.

- 봐라, 너는 실패자다. 이번 일을 망치면 아무도 널 좋아하지 않을 거다.
- 이번 거래가 성사되지 않으면 네 직장 생활은 끝장이다.
- 너는 그 일로 절대 용서받지 못할 거다
- 기분이 어떠냐? 넌 무너지고 있다. 넌 미칠 거다. 사람들이 너를 가둬둘 거고 만인이 알게 될 거다. 너는 통제력을 잃었다.
- 너는 최악의 일을 저질렀다. 인간쓰레기!
- 이 사람이 너를 거부한다면 그건 네가 무익한 존재이며 아무도 절대 너를 원치 않을 거라는 증거다.

머릿속에 이런 비판적 메시지가 끊임없이 들린다면 당신은 과거에 당신에게 이런 말을 했고 어쩌면 지금도 하고 있을 누군가의 비열함을 내면화했을 소지가 높다. 우리는 사랑을 내면화할 수 있듯이 비열함도 내면화할 수 있다.

8. 두려움의 대상을 피하고 있다. 내가 비행을 두려워하고 그래서 비행을 피한다면 당장은 기분이 나아질지 모르나 두려움의 극복을 더 어렵게 만든 셈이다. 회피 행위 자체는 아주 교활하게 정신적 영향을 미친다. 두려움의 대상에 부딪칠 필요가 없기에 우리는 안전을 느낀다. 우리는 회피 행위를 보상하지만 그 과정에서 두려움을 부추긴다. 그러나 조금씩 점진적으로라도 두려움에 부딪치면 두려움이 줄어든다. 노출은 두려움의 위력을 떨어뜨린다.

9. 특정 대상에 대한 두려움이 학습되었다. 당신이 특정 방식으로 상처나 공포를 겪었다면 앞으로도 그 행동이 두려울 것이다. 얼마 전 나는 교통사고를 당한 후 운전 공포증에 걸린 남자를 상담한 적이 있다. 머릿속에서 그는 그 사건을 차에 타는 일과 연결시켰고 그래서 두려움에 시달렸다.

대개 이런 두려움은 충격적 경험을 충분히 말로 풀어내고, 통제 감각을 되찾고, 두려운 행위로 점차 복귀함으로 해결된다. 위험했던 행위가 다시 안전해질 수 있음을 머릿속에 점차 학습해야 한다. 엄청난 작업을 요할 때도 있으므로 본인의 인내가 필요하다. 충격이 심했을 경우 특히 그렇다. 아울러 준비되기도 전에 너무 앞서나가 다시 충격을 자초하는 일도 피해야 한다.

10. 특정 능력이 없다. 우리는 어찌해야 할지 모를 때 두렵다.

언젠가 나는 그룹으로 배를 탄 적이 있다. 일행은 바다에 뛰어들어 신나는 한때를 보내고 있었다. 그런데 그중 한 여자가 그냥 남아 있는 것이 눈에 띄었다. 나는 격려할 생각에 이렇게 말했다. "다들 재미있어 하는데 한번 해보시지 그래요?"

"내키지 않아요. 고마워요." 여자는 말했다.

"어서요. 물도 별로 차지 않습니다. 금방 적응이 될 겁니다. 다들 신바람이 났어요. 어서요, 제가 함께 가드리지요." 나는 재차 권했다. 그녀가 선뜻 나서지 못하는 것이 태평양의 수온 때문이라고 나는 확신했다. 하지만 일단 몸이 으슬해지면 한기가 금방 가신다는 것을 나는 알고 있었다.

"아뇨. 정말 생각 없어요." 그녀는 말했다. 약간 흥분한 기색이었다.

"정말입니까?" 내가 다시 물었다. "정말 별로 차지 않은데요."

그녀는 바닷물보다 훨씬 차고 냉담한 눈초리로 나를 보며 말했다. "난 수영을 못해요. 이제 알겠어요?"

그건 큰 차이다. 나는 대실수를 저질렀다.

지금 당신은 한번도 배운 적이 없는 일을 부탁받거나 요구받는 상황일 수 있다. 예컨대 당신이 재정적으로 처음 자립해야 하는데 거기 필요한 기술들을 습득한 적이 없다면 이는 두려운 일일 수 있다. 방법을 배우지 못했다면 친구 사귀는 일도 두려울 수 있다.

능력이 없어 두렵다면 당신은 지극히 정상이다. 이럴 때는 용기를 얻는 것만이 능사가 아니라 자신 있게 과제를 감당하는 데 필요한 기술 습득에 부지런히 힘써야 한다. 인생에 '저절로' 되는 일이란 거의 없음을 잊지 말라. 꼭 해야 할 일이 있을 때 우리는 누구나 그 방법을 배워야 한다.

원인에 따른 처방

내가 제일 좋아하는 잠언 말씀 가운데 하나는 18장 13절이다. "사연을 듣기 전에 대답하는 자는 미련하여 욕을 당하느니라." 두려움의 해결만큼 이 말씀이 꼭 맞아드는 경우도 많지 않다. 해법을 처방하기 전에 원인을 알 필요가 있다. 두려움의 원인을 구체적으로 파악할 수 있다면 해법을 찾는 데 큰 도움이 된다.

두려움의 여러 원인을 기초로 몇 가지 처방을 소개한다.

1. 하나님을 경외하고 망상을 버린다. 하나님과의 관계가 깊을수록 그만큼 삶을 그분의 시각으로 보고 이해하게 된다. 그분을 더 두려워하게 되고 사람들과 상황을 덜 두려워하게 된다.

그러나 다른 모든 관계가 그렇듯 하나님과의 관계도 시간과 노력을 요한다. 두려움과 기타 모든 것에 대해 성경이 뭐라고 말하는지 배우라. 다윗의 말처럼(시 119:41-48), 하나님 말씀을 알고 따를 때 우리는 삶의 모든 현실에 굳건히 맞설 수 있다. 하나님의 말씀은 우리에게 구원과 용기와 소망과 자유와 힘과 기쁨을 가져다준다.

하나님과 그분 말씀에 삶의 기초를 두면 그분이 볼 수 없고, 이해할 수 없으며, 당신을 지킬 수 없는 일이 전혀 당신에게 일어날 수 없음을 알게 된다. 삶은 전부 하나님 것이며 언제나 그분의 주관 하에 있다. 이 책 앞머리에 소개한 사연들을 생각해 보라. 사연의 주인공들은 하나님이 암담한 상황 속에서 길을 내실 수 있음을 깨달았다. 하나님을 알고 그분과 함께하는 삶을 이해하면 두려움이 줄어든다. 날마다 일정 시간을 내어 기도하기로 작정하라. 자신의 제목들로 기도하고, 다른 사람들을 위해 기도하라. 단순히 하나님과 대화하라.

그리고 그 이상으로 넘어가 하루 종일 매순간 그분과 대화하라. 힘든 상황 속에서 그분께 말씀드리라. 삶의 매순간이 곧 그분과 연합할 수 있는 순간임을 배우라. 그러면 당신은 점점 강해질 것이다.

2. 사람들과 깊은 관계를 맺는다. 잊지 말라, 당신은 관계를 위해 지음 받았다. 당신에게 두려움이 있다면 다른 사람들이 필요하다. 지원과 사랑은 두려움을 쫓아낸다. 두려움에 부딪친 당신과 함께 있어줄 안전한 사람이 있다면 당신의 스트레스 호르몬조차 그 사람의 존재에 반응한다. 당신의 두려움이 깊다면 구체적 지원도 필요하다. 그저 친구나 교인이나 동네 사람에게 기댈 일이 아니다. 두려움의 해결에 도움이 될 구체적 지원 그룹, 치료 그룹, 상담자를 찾아야 한다.

3. 자원을 확충해 힘든 상황을 견딘다. 당신이 힘든 시기를 보내고 있다면, 자원 부족 때문에 두려움 앞에 막막할 수 있다. 그렇다면 공급을 확충하라! 오다가다 아는 사람들과 마주칠 때가 아니라 따로 시간을 정해놓고 규칙적인 지원을 받으라는 뜻이다. 당신의 위기에 대처하는 데 필요한 정보를 알아보는 것도 자원을 확충하는 길이다. 책을 읽고, 테이프를 들으며, 강좌를 들으라. 주중 예배에 참석하라. 성경 공부 그룹에 속하라. 막막한 상황일수록 현재 얻는 것 이상이 필요하다. 무엇이든 상관없다. 심지어 시간을 내서 전문의를 찾아가야 할 사람들도 있다. '충분할 때까지 조금 더' — 이것이 충분히 얻기까지의 공식임을 잊지 말라.

4. 소외를 극복한다. 두려움의 원인이 외로움이고 당신이 사람들과 잘 친해지지 못한다면 당신은 마음을 여는 두려움에 부딪칠 필요가 있다. 우선 다른 사람들에게 당신을 알 기회를 주라. 위험을 무릅쓰고 — 무조건 피할 게 아니라 — 마음으로 다른 사람들을 믿어보라. 겉으로 함께 있어주는 것만 아니라 당신 내면에 그들의 사랑이 필요하다. 두려움의 처소인 당신 마음이 건드려지지 않는다면 모임과 지원 그룹도 도움이 안 된다. 이 문제를 거론한 앞 장들을 참고해서, 다른 사람들을 믿고 마음속에 들여놓는 법을 지금부터 배우라.

5. 삶에 틀을 갖춘다. 틀과 두려움은 같은 공간에 공존할 수 없다. 당신 삶에 틀이 많을수록 두려움은 가라앉는다. 내가 아는 한 여자는 현재 과도기를 지나고 있는데, 같은 문제를 겪고 있는

두 명의 다른 여자와 함께 날마다 아침 7시 반에 30분간 전화 통화를 하도록 되어 있다. 이들은 지금까지 몇 달째 그렇게 해오고 있는데 결과가 아주 좋다.

다음과 같은 방식으로 틀을 갖출 수 있다.

- 지원 모임 시간을 규칙적으로 정한다.
- 지원 통화 시간을 규칙적으로 정한다.
- 영적 활동들을 규칙적으로 지속한다.
- 근무 시간을 규칙적으로 유지한다.
- 현재 겪고 있는 일에 의미를 더해주는 원리와 통찰을 배운다.
- 일기를 쓴다.
- 자기관리 시간과 지원 시간은 물론 적극적인 문제해결 시간으로 일정에 균형을 맞춘다.
- 두려움, 믿음, 소망, 하나님의 신실하심에 관한 성경구절을 암송한다.
- 일정한 간격을 두어 모험을 시도할 시간을 정하고, 그 시간에 두려움을 정복하기 위한 과제를 수행한다.

6. 수용을 경험한다. 내면에 은혜와 수용을 누리는 유일한 길은 장단점 가릴 것 없이 자신의 전부를 보이는 것이다. '너희 죄를 서로 고백하며' 용서와 수용을 맛보면서 당신은 치유된다(약 5:16). 부족한 사람들이 부족한 사람들을 알고 수용하는 곳을 찾

으라. 회복 그룹에서 시작하면 좋다. 이는 많은 종류의 두려움을 정복하는 데 큰 위력이 있다.

7. 과거의 잔재를 처리한다. 옛 상처를 자꾸 곱씹고 있다면 지원 그룹이나 상담은 과거의 잔재를 처리할 수 있는 안전한 장이다. 고통과 경험과 감정과 두려움을 터놓고 얘기하는 법을 배우면 당신의 뇌는 점차 그 경험을 본래의 제자리인 과거에 귀속시킨다.

당신이 특정한 충격적 사건을 다시 체험하고 있다면, 그 분야의 전문가를 만날 것을 권하고 싶다. 아울러 그 문제를 겪는 사람들을 위한 좋은 지원 그룹에 속하는 것이 좋다. 당신의 경험을 이해하는 사람들 곁에 있기만 해도 큰 치유가 될 것이다. 물론 두려움에도 도움이 된다.

8. 자기통제를 위해 하나님께 기도한다. 하나님은 우리 각 사람이 자기통제 즉 자신에 대한 힘을 갖기 원하신다. 단도직입적으로 솔직하게 말하는 것을 일차 목표로 삼으라. 선을 잘 그을 줄 알아야 한다. 거절하는 법과 자기 입장을 관철하는 법을 배우라. 더 이상 다른 사람들의 통제에 자신을 맡기지 말라. 아마도 이는 당신의 두려움에 큰 부분을 차지할 것이다. 혼자서 잘 안 되거든 도움이 될 만한 그룹에 들어가라.

「No!라고 말할 줄 아는 그리스도인」이 출판된 후, 선을 그어 두려움이 해결됐다고 우리에게 말한 사람이 한둘이 아니다. 자기통제의 선들을 새로 배우고 실천하는 일이 때로 엄두가 안날 수도 있다. 그러나 가능한 일임을 우리는 안다. 당신과 다를 바 없는 사람들이 지금도 날마다 그 일을 하고 있다.

선긋기를 막는 요인이 무엇이든 — 거부당하거나 버림받을 것에 대한 두려움 등 — 그것을 처리하면 자기통제가 한결 나아진다. 그것이 두려움에 미치는 영향은 가히 혁명적이다. 선긋기는 두려움의 해결을 위해 당신이 취할 수 있는 가장 강력한 조치 가운데 하나다. 그러므로 우선 그 첫 단계부터 밟으라. 상담자나 그룹이 필요하더라도 해야 한다. 이거야말로 정녕 당신의 많은 두려움에서 벗어나는 길이다.

다음 내용을 배우라.

- 거절해야 할 때 거절하는 법
- 늘 다른 사람들의 선택에 따라가지 않고 직접 선택하는 법
- 다른 사람들한테 통제당하거나 조종당하지 않는 법
- 자신의 의견과 가치관을 주장하는 법
- 관계 속에서 자신이 좋아하고 싫어하는 것에 대해 보다 솔직해지는 법
- 기타 맺고 끊어야 할 것들

9. 모델을 찾는다. 당신이 두려워하고 있는 그 일을 하고 있는 사람들과 함께 시간을 보내면서 그들한테서 배우라. 당신이 지적하기를 두려워한다면 지적을 잘하는 사람한테 방법을 가르쳐달라고 하라. 당신이 영업상의 전화를 두려워한다면 코치를 찾아

한 수 배우라. 많은 두려움은 내가 두려워하고 있는 일이 정말 불가능하다는 생각에서 나온다. 당신이 두려워하는 일에 거뜬히 부딪치는 다른 사람들을 보면 두려움이 줄어들 수 있다. 그들도 당신과 똑같은 두려움이 있고 자신의 대처 과정을 기꺼이 당신에게 말해줄 용의가 있다면 특히 그렇다.

10. 일부 두려움을 정상으로 받아들인다. 두려움 증폭의 최대 원인 가운데 하나는 '두려움에 대한 두려움'이다. "나는 두려워해서는 안 된다," "이 두려움은 내가 감당 못할 만큼 지독하다"는 식으로 말할 때 두려움은 더 커진다. 누구나 어느 정도 두려움이 있고 그것은 정상이다. 당신의 머릿속에 그런 공간을 마련하라. 용기란 두려움의 부재가 아님을 잊지 말라. 용기란 두려움 속에서도 앞으로 전진하는 것이다. 사업하는 내 친구가 이런 말을 했다. "눈 앞의 일이 한없이 두렵게 느껴지는 순간이 하루에 몇 번이라도 없다면 나는 현실에 안주하고 있는 것이다." 당신도 그런 사고방식을 배우라. 감정은 당신을 해치지 않는다. 다만 감정을 실체보다 강하게 보면 그것이 당신을 해칠 수 있다.

이는 마치 우리가 무턱대고 "두려워 말라"고 말하는 것처럼 들릴 수 있다. 실은 정반대다. 우리가 하려는 말은 이것이다. 즉 당신이 할 수 있는 최선의 일 가운데 하나는 두려움에 저항하지 않고 자신에게 두려움을 허용하는 것이다. 자신의 두려움을 수용하고 그대로 두어야 한다는 것이다. 두려움이 당신을 죽이지 않을 테니 그대로 두어도 괜찮다는 것을 알라. 이 과정 자체에 큰 위력이 있어 당신은 전처럼 두려움에 저항하지 않게 된다. 두려움은 저항하면 더 커진다. 수용하고 그대로 두라. 정상으로 여기라.

11. 부정적 목소리를 쫓아내고 하나님과 사람들의 새 목소리를 찾는다. 이미 말했듯이 어떤 두려움은 당신 내면의 대화에서 온다. 그 목소리들을 잘 듣고는 조용하라고 명하라. 바울의 말처럼 "모든 생각을 사로잡아 그리스도에게 복종하게" 하라(고후 10:5). 예수님처럼 말씀을 인용해 그런 목소리들을 물리치라. 내면의 목소리가 "너는 실패할 거다"고 말하거든 "그래서? 설사 내가 실패해도 하나님이 날 도우신다. 아무것도 나를 그분의 사랑에서 끊을 수 없다. 나는 여전히 넉넉히 이긴다. 어떤 실패도 나를 무너뜨릴 수 없다"고 말하라(롬 8:37-39). 미래가 두렵게 느껴지고 내면의 목소리가 비참한 미래를 예언하거든 "나는 아무것도 두려울 게 없다"고 말하라. 하나님의 이 약속을 기억하라. "너는 마음을 다하여 여호와를 신뢰하고 네 명철을 의지하지 말라. 너는 범사에 그를 인정하라. 그리하면 네 길을 지도하시리라"(잠 3:5-6).

부정적인 목소리들이 어디서 왔는지 파악하고 폐기하라. 그것들은 거룩한 땅을 침범하고 있다. 쫓아내라! 뭔가가 그 공간을 차지해야 함을 명심하라. 그래서 당신은 좋은 지원 관계들 속에 있어야 하고 그들의 긍정적인 목소리를 내면화해야 한다. 그래야 야비한 비판자들의 자리를 그들이 대신 차지할 수 있다. 새로운 목소리를 어떻게 내면화할 수 있을까? 이에 대한 당신의 통제권은 얼마나 될까? 당신의 작업이 필요하다. 안전한 사람들에게 좀 더 자신의 약한 모습을 내보이며 신뢰를 쌓아갈 때 이 일은 가능하다. 당신을 믿어주며 당신에게 유익한 사람들에게 경계를 풀라. 그렇게 그들을 신뢰하면 그들의 목소리가 당신 머릿속의 부정적 목소리보다 더 강해진다.

그리고는 머릿속의 부정적인 목소리들과의 낡은 연줄을 끊으라. 일종의 사별이다. 떠나보내라.

12. 점차 다시 두려움에 맞선다. 우리는 두려움에 점차 부딪쳐 두려움을 극복한다. 조금씩 차근차근 자신을 두려움의 대상에 노출하면 자신감이 붙는다. 아무것도 두려울 게 없음을 우리 사고가 배우기 때문이다. 단 열쇠는 아주 조금씩 해야 한다는 것이다. 두려움이 너무 크거든 그렇지 않았던 이전 자리로 물러나 잠시 기다리라. 그리고 보폭을 더 줄여서 해보라.

그러는 동안 당신 머릿속의 목소리와 생각을 감시하라. 기도와 성경말씀과 새로운 생각으로 그런 생각과 싸우라. 당신의 사고 생활은 두려움의 처치에 매우 중요하다.

뭔가의 위험성을 알았거든 자기통제를 잃지 않는 범위에서 조금씩 접근하라. 예컨대 일부 성폭행 피해자들은 성적 친밀함에 대한 두려움을 극복할 때 배우자와의 관계 수위를 자기가 조절한다. 당신에게 혹 이런 두려움이 있다면, 당신은 자신이 진도를 조절할 수 있는 한 부분적 신체 접촉에 동의할 수 있다. 너무 빨리 나가지 않는다는 원칙을 정해 두라. 조금이라도 당신의 원함보다 멀리 가거나 억지가 되지 않도록 반드시 통제권을 당신이 가져야 한다. 이런 식으로 당신은 접촉이 위험하지 않고 즐거울 수 있음을 배워 나간다. 조금씩 해나가는 것과 통제권을 잃지 않는 것이 두려움을 탈학습하는 열쇠다.

13. 새로운 기술을 익힌다. 필요한 기술이 없어 삶의 일정 분야가 두렵다면 열심히 기술을 배우라. 예를 들어 기술이 부족해서 승진이 두렵다면 당신에게 필요한 기술들이 정확히 무엇인지 알아내서 배울 길을 찾으라. 강의를 듣거나 그런 기술을 갖춘 사람을 찾아가 가르쳐 달라고 해보라. 이견을 표출할 줄 몰라 관계가 힘들다면 자기주장 훈련 과정에 등록하라. 자신감과 통제력을 기를수록 두려움은 줄어든다. 지식과 기술은 본래 하나님이 당신에게 주시려 한 힘의 일부다. 성실한 인격을 갖춘 '온전한 사람'이 되고자 정진하면 성경 말씀대로 당신의 걸음이 평안해진다 (시 25:21, 잠 10:9).

14. 나도 배울 수 있음을 실제 배움으로 확인한다. 무슨 일이든 배울 수 있다는 인식이야말로 두려움을 이기는 최선책 가운데 하나다. 당신이 배움에 베테랑이 아니라면 뭔가 조치를 취하라. 당신도 뭔가 배울 수 있다는 것을 배우기 위해서라도 강좌에 등록하라. 단 앞서 말했듯이 당신의 두려움이 어떤 구체적 요인과 관련된 경우라면, 거기서부터 출발해 그 분야를 배우는 것이 좋다. "나는 그것을 어떻게 하는지 모른다. 하지만 배울 수 있다." 머릿속에 그런 원칙을 정해 두라. 잊지 말라, 하나님은 당신을 배우는 자로 지으셨다. 당신 안에 이미 그 장비가 갖추어져 있다.

15. 믿음으로 성령을 의지한다. 두려운 그 일을 할 수 있는 힘을 달라고 매순간 성령께 구하라. 잊지 말라, 우주를 창조하신 하나님이 이르시기를 당신이 예수님을 믿으면 친히 당신 안에 와서 거하겠다고 하신다. 당신은 언제라도 그분의 능력을 받아 쓸 수 있다. 두려운 일들을 그 능력에 힘입어 감당할 수 있다. 믿음으로 조금씩 걸음을 떼라. 그분 몫은 그분이 알아서 하실 줄 믿어야 한다. 이렇게 고백하라. "하나님, 두렵습니다. 하지만 능력 주시고 잘되게 해주실 주님을 의지하여 걸음을 뗍니다." 그리고는 정말 능력 주시고 잘되게 해달라고 기도하라.

16. 전문가의 도움을 구한다. 이 모든 원리는 검증된 사실이며, 두려움의 해결에 위력이 큰 것으로 밝혀졌다. 그대로 실천하면 당신에게도 유익이 입증될 줄로 믿는다. 그중에는 당신 혼자 실천할 수 있는 것들도 있고 안전한 좋은 사람들과 더불어 실천할 수 있는 것들도 있다. 하지만 그것으로 충분하지 않을 수도 있다. 좋은 전문가나 기타 도움의 '틀'이 필요할 수도 있다.

두려움에서 벗어나려는 당신의 시도들이 효과가 없다면 어떻게든 좋은 전문가를 소개 받으라. 심리학자도 좋고 두려움과 불안을 다루어본 경험이 있는 다른 상담자도 좋다. 두려움의 문제로 도움 받는 것을 두려워하지 말라. 전문가들은 그래서 있는 것이다. 당신의 거주 지역 사람들을 의뢰해본 경험이 많은 사람에게 의뢰를 부탁하라. 당신의 친구들 중에 좋은 상담자를 만나본 사람도 좋다. 어쨌거나 도움이 필요하거든 반드시 도움을 받으라.

불 일 듯하게!

사도 바울은 디모데에게 이런 격려의 말을 썼다. "그러므로 내가 나의 안수함으로 네 속에 있는 하나님의 은사를 다시 불 일 듯하게 하기 위하여 너로 생각하게 하노니 하나님이 우리에게 주신 것은 두려워하는 마음이 아니요 오직 능력과 사랑과 절제하는 마음이니"(딤후 1:6-7).

디모데가 무엇을 두려워했는지는 모르나 바울은 하나님이 그에게 두려움 이상의 것을 주시려 함을 알았다. 그분이 당신에게도 똑같은 것을 주시려 함을 우리는 안다. 그러므로 그분께 나아가라. 당신 삶 속의, 바울처럼 격려하는 사람들에게 가라. 당신 안에 있는 은사를 찾아 "불 일 듯하게 하라!" 성령을 붙들라. 지금까지 말한 능력과 사랑과 근신하는 마음을 개발하라. 그렇게 할 때 당신은 하나님이 옛날 이집트에서 그 백성이 두려웠을 때부터 지금까지 늘 두려움 속에 길을 열어 오신 하나님임을 알게 된다. 그분은 당신에게도 똑같이 해주실 수 있다.

제15장
이혼과 실연

내 친구인 목사 랜디는 아내 마시와 사이가 나빠지기 시작했다. 처음에는 연락 소홀, 대화 부족 등 결혼 5년차에서 10년차 부부들이 흔히들 겪는 문제인 듯했다. 그러다 문제는 악화되었다. 시간이 가면서 확실해졌지만 마시는 문제를 해결할 의향이 없었다. 벗어날 생각뿐이었다. 그녀는 랜디에게 둘 중 하나가 집을 나가야 한다고 말했다. 누가 어디로 가든 그녀는 결혼 생활을 지속할 뜻이 전혀 없었다.

랜디는 결코 완벽한 남자는 아니었지만 마시를 사랑했고 아내에게 충실했으며 둘의 관계를 지킬 수만 있다면 어떤 변화도 감수할 뜻이 있었다. 그는 내게 전화를 걸어 대책을 의논하곤 했다. 랜디 쪽에서는 관계를 회복하려고 열심히 최선을 다했다. 그는 마시에게 자신에 대한 못마땅한 점을 모두 말해 달라고 했다. 그리고 자신에 대한 아내의 불만을 방어적 태도 없이 경청했다. 그는 자신의 단점들을 시인했고 진정 깊이 달라지고자 열심히 노력했다. 그는 하나님께, 성장 과정에, 자기 삶의 안전한 사람들에게 자신을 바쳤다. 사역을 그만두어서 아내를 되돌릴 수 있다면 그렇게라도 하겠다고 했다.

모두 소용없었다. 마시는 집을 나가 이혼장을 제출했고 머잖아 결혼은 끝났다. 랜디는 망연자실했다. 그의 세계와 희망과 꿈이 모두 무너져 내렸다. 그는 여전히 마시를 사랑했고 마시가 그리웠으나 결혼은 정말 끝났다.

그것만도 감당키 어려운 시련인데 랜디의 친구들 몇이서 문제를 더 악화시켰다. 마시가 다시 돌아올 거라며 그의 희망을 부추겼던 것이다. 그들은 그에게 "하나님만 믿고 순종하면 마시는 돌이킬 것이다," "겸손하게 기다리면 마시도 자네의 사랑에 눈뜰 것이다," "하나님은 이혼을 미워하시니 반드시 문제를 해결해 주실 것이다"고 말하곤 했다. 상황에 낙심해 있던 랜디는 친구들의 확신의 말에 기운을 차렸다. 그러다 사태가 나빠져 랜디가 실의에 빠지면 친구들은 다시 확신을 심어주곤 했다.

친구들의 의도야 좋았지만 최종 현실은 그들의 확신과 아주 달랐다. 마시는 끝내 돌아오지 않았다. 그녀는 다른 데서 새 삶을 시작했다. 랜디는 이런 가능성에 준비되어 있지 않았고, 그것은 안타깝게도 그가 상실에서 회복되는 것을 방해했다. 그후 하나님은 랜디를 많이 치유해 주셔서 지금은 그도 새 삶을 찾아 잘 지내고 있다. 다만 친구들이 본의 아니게 헛된 희망을 심어주는 바람에 그는 아내가 떠날 수도 있다는 사실을 믿지 못했고, 그래서 막상 아내가 떠났을 때 충격이 더 컸다.

랜디의 경험은 이혼에 맞닥뜨린 사람이라면 누구나 한번은 부딪칠 몇 가지 현실을 잘 보여준다. 우리들 대부분은 이혼에 어떻게 대처할지 모른다. 우리는 이혼에 준비되어 있지 않다. 하나님이 막아주실 거라고 생각하고 싶고, 어떻게든 사태를 돌이킬 수 있다고 믿고 싶다. 우리 모두 안에는 랜디의 친구들이 조금씩 있다. 어떤 차원에서 우리 모두는 이혼의 현실에 저항한다. 이혼으로 잃는 게 너무 많기 때문이다. 그러나 이혼은 현실이다. 당신이 이혼을 겪었거나 지금 겪고 있거나 친했던 사람의 사랑을 잃었다면, 당신도 알아야 할 것이 있다. 관계의 상실은 당신을 깊은 늪에 빠뜨릴 수 있지만 하나님은 거기서 헤어날 길을 열어주신다.

이 장에서는 이혼 하나만 다루겠지만 여기 제시되는 원리와 개념은 심각한 데이트 관계의 파국 같은 실연에도 똑같이 적용된다. 양자는 정말 다른 면도 있지만 같은 목표가 적용될 만큼 유사성도 깊다.

이혼의 피해

이혼의 피해는 아무리 과장해도 지나치지 않다. 인간이 경험할 수 있는 어떤 상실보다도 이혼은 삶의 모든 부분에 파고든다.

이혼은 한 쌍의 일원에서 독신자로 당신의 정체를 바꿔놓는다. 자녀가 있다면 이혼은 그들의 세계를 뒤엎어 놓는다. 친구들은 편들기를 하거나 낯빛을 바꾼다. 생활 방식과 거주 지역에 일대 변화가 일어난다. 재정적 파장은 어마어마할 수 있다.

이혼은 인생을 사는 법을 다시 배워야 한다는 뜻이다. 항상 곁에서 챙겨주는 사람에게 속해 있던 그 안전은 간곳없다. 감정까지 공유하며 동고동락할 수 있는 영혼의 반려, 그 축복은 더 이상 당신 곁에 없다. 이혼은 사랑과 친밀함을 가꾸며 그 속에서 자라고픈 당신의 꿈과 희망을 찢어놓는다. 당신 영혼의 가장 깊은 부분 즉 당신 심령의 가장 소중하고 섬세하고 연약한 부분이 산산이 부서진다. 이혼은 당신의 심장을 찌른다. 하나님이 이혼을 미워하신다고 큰소리로 꾸짖으시는 것도 당연하다(말 2:16). 이혼은 그분이 사랑하시는 사람들의 삶과 마음을 찢어놓는다.

훼손된 이상

이혼은 어째서 그토록 소화하기 힘든 것일까? 사람들은 직장, 하숙집 동거인, 집을 바꾸고도 잘 지낸다. 이혼은 그렇지 않다. 위에 본 것처럼 이혼은 모든 것을 엉망으로 만든다. 이 물음의 답은 결혼 언약의 깊이와 중요성에 있다고 우리는 믿는다. 결혼이 그렇게 깊은 것이 아니라면 이혼도 그 정도로 참담하지는 않을 것이다.

하나님은 아담을 관계의 존재로 지으셨다. 아담의 모든 부분은 외부의 누군가와 정서적으로 깊이 맺어져야 했다. 아담을 지으실 때 하나님은 그분만이 채우실 수 있는 필요를 주셨다. 동시에 하나님은 아담 안에 비슷하지만 다른, 수평적 관계의 필요도 심어 두셨다. 그 필요가 어찌나 컸던지 하나님은 아담이 혼자 있는 것이 좋지 않다고 하셨다(창 2:18). 그래서 하나님은 아담과 하와는 혼인의 연합을 통해 서로 그 필요를 채워주었다. 둘은 한 몸이었다. 서로 보살피고 친해지며 공동의 삶을 영위하도록 되어 있었다. 하나님이 다스리라고 주신 세상의 경이를 함께 나누면서 말이다. 별개의 두 인간이 각자의 개성과 사고를 지닌 채 마음으로 하나가 된 것이다.

물론 결혼만이 사람들이 깊은 관계의 필요를 채울 수 있는 길은 아니다. 독신자들도 바른 대상들과 알차고 깊고 영속적인 관계를 누릴 수 있다. 그러나 하나님이 제정하신 어떤 다른 종류의 관계보다도 결혼은 하나님이 우리와 어떤 관계를 맺기 원하시는지 잘 보여준다. 둘의 삶과 마음이 평생 하나로 합해지는 것이 결혼이며, 이 관계는 시간이 갈수록 더 깊어지고 강해진다.

그러므로 결혼의 단절로 많은 것이 끊어지는 것은 당연하다. 어느 날 하나님은 둘로 하나를 만드셨다. 어느 날 하나가 다시 둘이 되었다. 서로 나뉘고 갈라진 것이다. 그래서 주례사에 예수님의 경고가 많이 등장한다. "그런즉 이제 둘이 아니요 한 몸이니 그러므로 하나님이 짝지어 주신 것을 사람이 나누지 못할지니라"(마 19:6). 하나님은 결혼을 평생의 완성된 관계로 지으셨을 뿐 아니라 그 관계 속에서 말 그대로 두 영혼을 하나로 이으신다. 이혼은 하나님이 꿰매주신 두 사람을 다시 뜯어놓는다.

이혼 후 당신의 회복이 생각처럼 빠르지 못하다면 이는 단순히 당신의 사랑이 깊었다는 표시일 수 있다. 아마도 당신은 하나님의 시각으로 결혼에 임했을 것이다. 당신은 깊이 헌신했고, 배필과의 삶에 운명을 걸었고, 무조건 주었고, 언약의 더 큰 유익을 위해 개인적 편의와 자유를 버렸고, 두 사람 개개인보다 더 큰 것을 위해 말 그대로 생명을 주었다. 그러니 떨치고 일어나는 데 때로 오랜 시간이 걸리는 것도 당연하다. 애초에 그렇게 다 주지 않았어야만 빨리 떨치고 일어날 수 있다. 내가 상대를 사랑한 깊이가 곧 상대가 내게 상처를 줄 수 있는 깊이다. 아주 간단하다.

하나님은 이혼의 아픔을 아신다. 당신의 심정에 공감하실 수 있다. 그분도 '아내' 이스라엘을 잃으셨다. 그 백성은 외도로 그분께 상처를 입혔다. 그분은 "그들이 음란한 마음으로 나를 … 근심하게 한 것"이라고 말씀하셨다(겔 6:9). 여기 '근심하다'로 번역된 히브리 단어는 '깨다, 부수다'의 뜻도 있다. 하나님은 깨어진 마음이 어떤 것인지 아신다. 정말 겪어보셔서 아신다.

하나님은 당신과 함께 계시며, 그분의 사람들에게 길을 내주신다. 그분은 당신이 이혼의 아픔으로 슬퍼하며 영영 그 속에 갇혀 있게 두시지 않는다. 우리는 이혼의 문제가 단지 수용하고 대응하고 믿음으로 견디다 어느 날 천국에 가는 문제라고 보지 않는다. 하나님은 당신에게 그보다 훨씬 더 좋은 것을 주신다. 당신의 이혼은 하나님의 의도나 계획은 아니지만 그래도 그분은 그 속에서 당신한테 좋은 길을 내주신다. 그리고 당신이 이혼의 영향에서 회복되길 원하신다. 이혼의 영향에서 회복되는 과정은 당면한 문제를 뚫고나갈 뿐 아니라 하나님의 도움으로 고통을 통과하며 더 낫고 더 성숙하고 더 온전한 사람으로 성장하는 길이다. 다음은 이혼 이후에 당신에게 일어나야 하는 회복 과정이다.

하나님이 원하시는 사람이 된다

한때의 '우리'가 이제 '나'가 되었다. 결혼으로 하나님은 두 사람을 짝지어 평생 연합을 이루게 하신다. 휴가를 보낼 장소, 출산 계획, 친구로 지낼 사람들 등 모든 삶을 둘은 한 쌍으로서 생각한다. 결혼이란 부부의 더 큰 유익이라는 관점에서 개인적 욕심을 해석하고 개인적 편의를 버리는 것이다. 나는 약해도 둘이 함께라면 강할 수 있다. 둘은 삶의 짐과 책임과 무게를 함께 진다. 모든 것을 '우리'의 관점에서 생각한다. 그러나 이혼은 '우리'를 끝내고 '나'로 돌려놓는다. 기댈 수 있고 함께 꿈꿀 수 있고 삶의 끝없는 문제에 도움을 받을 수 있는 영혼의 반려가 이제는 없다. 이혼한 사람은 다시 혼자다. 단 결혼한 적이 없는 독신자와는 다른 방식에서 혼자다. 이는 단순히 스위치를 '독신'으로 돌려놓는 문제가 아니다. 이혼한 사람은 결혼을 경험으로 안다. 소중히 여기던 '우리'를 잃었다. 많은 이혼자들은 '나'로 존재하는 상태를 좀처럼 견디지 못한다.

그러나 하나님은 당신에게 이 열악한 상황에서 선을 이룰 길을 내주신다.

첫째, 하나님이 지으신 본연의 모습을 회복하며 성장할 수 있다. 하나님이 의도하신 결혼은 의견과 관점과 가치관이 다른 별개의 두 사람이 피차 서로의 성장을 위한 여정에 기여하는 연합이다. "의견 차이가 전혀 없다면 둘 중 하나는 필요 없다"는 옛말도 있다. 이상적으로 인간은 자신의 실존을 개인과 한 쌍 둘 다로서 경험하도록 되어 있다. 그러나 부부 중 한쪽이 개성을 잃으면 결혼에 큰 지장을 초래할 수 있다. 한쪽이 제 영혼을 성숙시키지 못했거나 자의식이 약해 결국 이혼에 이르는 경우도 있다. 성장하지 못한 쪽은 상대를 권태롭게 하거나 숨 막히게 할 수 있다. 덜 강한 쪽이 자의식을 잃을 정도로 한쪽이 다른 쪽을 통제하거나 지배하는 경우도 있다. 건강한 결혼이 더 중요하다는 생각에 한쪽이 자신의 내적 성장과 성숙을 무시하는 경우도 있다. 이는 결혼을 구성하는 두 영혼이 건강한 만큼만 결혼이 건강하다는 것을 모르는 처사다.

이중 당신에게 해당하는 것이 있는가? 이혼은 하나님이 유독 당신에게 주신 많은 보화와 재능을 자각하고 인정하라는 경종이 될 수 있다. 당신의 참 자아를 잃었음을 — 또는 아예 발견한 적도 없음을 — 깨닫는다면 당신은 이혼으로 생겨난 새 세상을 개인적으로, 인격적으로 성장할 기회로 볼 수 있다. 이는 기쁜 소식이자 나쁜 소식이다. 이제부터 당신이 알아서 결정해야 한다는 점에서 나쁜 소식이지만 이제부터 당신이 알아서 결정할 수 있다는 점에서 기쁜 소식이다. 전에 선택과 자유와 기회와 문제를 피하려 결혼 뒤에 숨었다면, 이제 이 기회를 활용해 당신의 사랑과 미움과 재능과 갈망과 비전을 찾으라. 새로운 독신 상태를 당신 삶을 향한 하나님의 길을 탐색하고 찾아내는 시기로 삼으라.

둘째, 결혼을 떠나 삶의 풍요를 발견할 수 있는 기회다. 삶은 결혼 이상이다. 하나님은 우리가 그분과의 관계, 안전한 사람들의 공동체, 의미 있는 일, 사명과 목표를 찾아 이 땅에서 복된 삶을 누리기 원하신다. 결혼은 인생 최고의 경험 가운데 하나다. 그러나 결혼은 삶의 전부가 아니다. 삶의 일부다. 평생 결혼하지 않고 사는 사람들도 많이 있다.

그러나 많은 이혼자들은 삶을 결혼의 관점에서 생각한다. 그들은 배우자 없이 허전하고 막막해서 너무 서둘러 새 짝을 찾는다. 이는 결혼을 바라는 마음이 아니라 미지의 삶이 두려워 나오는 반응이다. 당신이 이런 상황이라면 결혼과 삶을 동등시할 것이 아니라 자신의 삶부터 가꾸라. 흔히들 하는 말로 "내 삶이 있어야" 한다. 결혼해야만 삶다운 삶이 된다는 강박관념을 버리라. 그리하면 원만하고 균형 잡힌 실존에 따라오는, 삶의 다른 모든 측면들을 찾아 누릴 수 있다. 이렇게 하여 나중에 새 사람 — 역시 자기 삶이 있는 — 을 만난 사람들이 많다. 그리하여 이들은 꿈에도 생각지 못했던 훨씬 강하고 친밀한 새 결혼을 함께 가꾸어 간다.

비애와 상실을 받아들인다

이혼은 당연히 상실이다. 사실 이혼에 해당되는 히브리 단어들 가운데 하나는 "유대를 끊거나 자른다"는 뜻이 있다. 뭔가 잃었다. 상실은 현실이다. 깊은 실체다. 마땅히 슬퍼해야 한다.

비애란 현실을 그대로 받아들이는 것이다. 현실의 실상과 악수하는 것, 그것이 비애의 임무요 목표다. 그래야 앞으로 나갈 수 있다. 비애는 하나님의 선물이다. 비애가 없다면 현실을 끝없이 부정하는 삶, 현실에 저항하며 발버둥치는 삶, 현실 너머의 성장이 없는 삶이 우리 모두의 운명이 될 것이다.

슬픔을 받아들이고 정말 이혼으로 잃은 것들에 대해 눈물 흘릴 수 있을 때 당신은 비애의 시간표에 따라 삶의 새로운 국면으로 나아갈 수 있다. 중요하게 알아둘 것이 있다. 이혼의 상실을 충분히 슬퍼하지 않은 사람은 이혼을 절대 극복하지 못하거나 되풀이할 위험이 있다. 이혼자들 모임에서 강연할 때 나는 종종 이것을 데이트와 관련시켜 말한다. "사귀고 있는 사람이 자신에게는 이혼이 별로 힘들지 않았고 그 시기가 별로 어렵지도 않았다고 말하거든 당장 관계를 정리하십시오." 중요한 상실에 비애가 없는 사람은 내면에 미결 과제가 있으며, 그 결과 다른 사람들에게 큰 슬픔을 안겨줄 수 있다.

이혼의 비애에 있어 가장 어려우면서도 중요한 일 가운데 하나는 상대의 장점을 기억하고 경험하는 것이다. 아직도 남아 있을 수 있는 전 배우자를 향한 사랑, 긍정적 감정들, 합하고 싶은 욕구, 상대의 좋은 성격과 자질에 대한 감사의 마음을 그대로 느끼라. 이혼을 극복하려는 대다수 사람들은 이 일의 중요성을 깨닫지 못한 채 오히려 상대의 잘못, 죄, 실수를 의식해야 한다고 생각한다. 복수심으로 그럴 때도 있고, 상대가 아쉬워 그 반작용으로 그럴 때도 있다. 나쁜 점을 생각하면 다시 합하는 것이 두려워진다. 그런가하면 정리 과정의 일환으로 그럴 때도 있다.

그러나 비애는 그런 식으로 되지 않는다. 사랑을 떠나보낼 때는 장점과 단점, 긍정적인 면과 부정적인 면을 통틀어 인간 전체를 보내야 한다. 부정적인 감정들만 허용한다면 이는 전체 인간의 일부인 내가 싫어하는 부분만 보내는 것이다. 다른 부분 즉 아직도 내가 사랑하고 원하는 부분, 추억 속에 아름다운 경험으로 간직된 부분은 비애에서 제쳐놓는 것이다. 상대는 아직도 내 현재 세계 속에 있고 내 마음속에 살아 있다. 여기서 온갖 문제가 생겨난다. 나쁜 면만 보고 싶은 마음을 떨치라. 상대의 좋은 면도 십분 인정한 뒤 떠나보내라. 이것이 이혼의 비애를 넘어 자유를 얻는 비결이다.

자신이 기여한 부분을 점검한다

이혼자들 모임에서 강연할 때 나는 종종 이렇게 묻는다. "이제 이혼했으니 당신의 가장 큰 문제는 무엇입니까?" 언제나 누군가 전 남편이나 전 아내라고 대답해서 다들 웃는다. 그때 나는 진지하게 말한다. "여기 정말 그렇게 믿는 분이 계시다면 그것은 큰 불행입니다. 당신의 가장 큰 문제가 당신 자신, 당신의 영혼, 당신의 성장 영역이 아니라면, 당신이 전 배우자의 잘못에 더 몰두해 있다면, 아직도 전 배우자가 당신의 일거수일투족을 지배하고 있는 것입니다." 이 시점에서 대개 활발한 토론이 벌어진다.

 전 배우자의 잘못밖에 보이지 않는다면 당신은 무력하다. 노력하거나 달라지거나 개선할 것이 전혀 없다. 당신 삶의 방향을 더 좋게 바꿀 방도가 없다. 그래서 이혼 후 당신이 할 수 있는 가장 유익한 일 중 하나는 결혼 불화에 당신이 기여했던 부분을 점검하는 것이다. 당신이 망쳤거나 사랑하지 못했거나 전 배우자에게 상처를 주었던 부분을 찾아서 인정하는 것이다. 이 성장의 작업을 통해 얻는 것이 많다. 당신은 자기 내면의 문제를 해결할 수 있고 그리하여 상대의 문제를 보다 객관적으로 볼 수 있다. 예수님은 "먼저 네 눈 속에서 들보를 빼어라. 그 후에야 밝히 보고 형제의 눈 속에서 티를 빼리라"(마 7:5)고 말씀하셨다.

 이 작업은 과거에 대해 비참한 심경이나 죄책감에 빠지는 것과 하등 무관하다. 지난 일은 지난 일이다. 이는 과거의 실수에서 배워 미래에 그것이 되풀이되지 않도록 하는 작업일 뿐이다. 과거가 미래에 재현되게 하는 모험은 무모하다.

 한쪽의 잘못이 다른 쪽보다 압도적으로 큰 경우가 많긴 하지만, 한쪽은 잘못이 전무한데 다른 쪽에서 100퍼센트 잘못해서 이혼한 경우는 나는 보지 못했다. 가장 자애롭고 충실하고 의로운 사람도 부부간의 문제에 기여할 수 있다. 이것을 부인하면 미래의 놀라운 성장과 보호를 막는 것이다.

　기여 방식을 간략히 살펴보면 다음과 같다. 당신은 이런 부분들을 살펴보고 인정하고 바로잡고 성장할 수 있다. 당신이 이혼의 원인 제공자였든 '피해자'였든 그 중간이었든 마찬가지다.

- **사랑의 철회.** 배우자가 안전과 자신의 가치를 느끼려면 사랑이라는 접착제가 필요한데 당신은 그것을 거두었다.
- **통제.** 당신은 배우자에게 당신과 다르게 느끼고 생각하고 결정할 여지를 주지 않았고 혹 그럴 경우 모종의 벌을 가했다.
- **사랑 없는 비판.** 당신은 분노나 우월감에서 또는 상대를 있는 그대로 수용할 줄 몰라서 배우자를 깎아내렸다.
- **무책임.** 당신은 결혼 생활에 마땅한 당신 몫을 다하지 않았다.
- **수동성.** 당신은 결정을 회피함으로 배우자의 짐을 가중시켰다.
- **기만.** 당신은 사랑, 시간, 돈, 행방 등에 진실하지 못했다.
- **도덕적 우월감.** 당신은 배우자의 단점만 보며 자신이 영적, 도덕적으로 더 낫다고 생각했다. 자만과 교만이다.
- **종속.** 당신은 배우자를 구해 주거나 배우자의 무책임한 상태를 조장했다.

　당신에게 어떤 변화가 필요한지 알려달라고 하나님께 기도하라. 이런 문제를 하나님과 친구들 앞에 내려놓으면 안전한 작업을 통해 자신을 고쳐나갈 수 있다. 그 결과 당신은 더 좋은 사람이 되어 더 좋은 사람을 택하게 된다.

다시 데이트할 때를 분별한다

이혼자들은 종종 내게 "언제부터 다시 데이트를 시작하면 됩니까?"라고 묻는다. 그들은 같은 실수를 되풀이할 마음은 없지만, 그래도 밖에 나가 좋은 사람을 만나기 원한다. 헨리와 나는 인격적, 영적 성장이 현시점의 가장 중요한 일이며 데이트는 둘째라 생각하지만, 데이트 역시 아주 좋은 일이라 믿는다.

이혼 후 다시 데이트에 뛰어들기 전 당신이 유념해서 행할 일들을 몇 가지 소개한다.

1. 기다린다. 이혼의 여파 속에서 비애와 안정과 성장이 이루어질 때까지 기다리는 것이 현명하다. 이혼 전의 별거 상태나 이혼 종료 직후에 데이트를 시작하면 이 중대사에 대해 당신이 배우고 느끼고 겪어야 할 것들이 가려지거나 축소될 위험이 있다. 하나님의 도움으로 이혼을 잘 통과할 시간을 자신에게 주라.

2. 하나님과 장기적인 안정된 관계를 가꾼다. 그분과 그분의 길을 알아가는 수고가 필요하다. 그분과 그분이 주실 삶과 인도를 구하라. 그분은 당신이 준비되면 알려주신다. 영적인 삶에 충실하면 하나님이 데이트에 대한 욕심을 다듬어 주시고, 그것을 알기에 종종 사람들은 충만해진다.

3. 건강하고 안정되고 사랑 많고 정직한 사람들의 공동체에 연결된다. 그들을 '가족'으로 삼아 당신의 삶과 필요와 고충을 털

어놓으라. 공동체의 지원을 받는 사람들은 종종 재혼이 그토록 절박하지 않음을 깨닫는다. 재혼을 충동질하는 일부 필요가 공동체에서 채워지기 때문이다. 그래서 이들은 빈자리나 두려움 때문이 아니라 자신의 가치관, 자유, 선택 기준에 따라 데이트하고 결혼할 여유가 생긴다. 당신은 데이트 아닌 관계들에 정서적으로 깊이 들어갈 필요가 있다. 그것이 건강한 데이트 관계의 시작에 도움이 된다.

새 출발의 하나님

이혼했거나 실연했다면 자신을 불량품처럼 생각할 수 있다. 하나님은 당신을 전혀 그렇게 보시지 않는다. 그분은 우리 약함을 알고 공감하신다. 하나님은 그분의 사람들을 그분에게 회복하고 구속하기를 무엇보다도 간절히 원하신다. 당신은 흠집이 났을지 모르나 하나님은 그 흠집을 고치실 수 있다. 그분이 고치실 수 없는 흠집은 없다. 당신은 스스로 이류 인간으로 느껴질지 모르나 하나님은 새 출발과 소생의 하나님이시다. 당신의 과거와 현재를 그분께 가지고 가서 소생의 삶에 이르는 길을 보여달라고 기도하라.

제16장
악습과 중독

당신에게 중독이란 무슨 뜻인가? 나의 짐작으로 이 질문의 답은 답하는 사람들만큼이나 다양할 것이다. 예컨대 사람들은 이렇게 말한다.

- '중독'이란 없다. 중독성 행동에 빠지는 사람들은 환자가 아니라 단순히 자기 행동을 통제하지 않는 것뿐이다.
- 약물에만 중독될 수 있다.
- 음주나 도박 등 행동에만 중독될 수 있다.
- 쇼핑이나 운동 등 거의 모든 행동에 중독이 가능하다고 본다.

중독에 대해 말하면 말할수록 단어의 의미는 퇴색하는 것 같다. 우리가 정말 같은 주제에 대해 이야기하고 있는지조차 묘연해진다.

그래서 이 장에서 우리는 중독에 대해 가정을 세운 뒤 그 맥락에서 말하려 한다. 당신 삶에 뭔가 끊지 못하는 것이 있어 중독이 아닌가 하여 이 책을 들었다면 당신은 이 장에서 답을 찾아야 한다. 우리가 돕고 싶다.

그런 연유로 우리는 중독을 가장 넓은 의미에서 다루기로 했다. 기술적으로 약간 부정확한 면은 있지만 이런 접근을 통해 모두가 문제에 어느 정도 공감할 수 있고, 해결된 삶 ― 하나님과 다른 사람들과의 관계 속에 살아가는 삶 ― 의 유익도 누릴 수 있다.

그런 점에서 우리는 중독을 이렇게 정의한다. 중독이란 부정적인 결과에도 불구하고 어떤 활동이나 행동이나 약물의 반복적이고 강박적인 사용을 끊을 능력이 없는 상태를 말한다.

정의가 이렇게 되면 우리 중 많은 이들이 곤란해진다. 흔히 연상되는 중독자의 모습은 이 정의에서 빠져 있다. 우리 문화의 가련한 중독자 상은 다분히 알코올이나 헤로인 같은 중증 약물 남용의 비참한 최종 단계에서 온 것이다. 이런 중독을 장기간 그냥 두면 목숨마저 잃을 수 있다. 일, 가정, 가족 등 모든 것을 잃고 빈털터리가 된 사람을 중독자로 보는 사람들이 많다.

그 결과, 이런 문제로 고생하는 많은 사람들이 쉽게 자신을 속인다. 부정적 결과에도 불구하고 약물이나 행동을 끊지 못하면서도, 직장 생활에 지장이 없으니 중독이 아니라고 생각하는 것이다. 잘못된 생각이다. 생활을 잘 감당하면서도 돈, 음식, 성관계, 알코올, 운동, 기타 많은 것들의 사용 방식에 통제력을 잃는 일은 얼마든지 가능하다.

오늘 나는 자신의 말로 '연애 중독'에서 회복중인 한 여자와 대화했다. 연애 관계들이 자신에게 부정적 영향을 미침에도 불구하고 그녀는 거기에 중독되었다. 대화 중 그녀는 아버지 얘기를 했다. 그녀의 아버지는 '아무도 모르는' 알코올 중독자였다. 내가 무슨 뜻이냐고 묻자 그녀는, 아버지가 직장 생활은 잘했으나 날마다 집에 오면 스트레스와 외로움을 달래려 마티니를 몇 병씩 마셨다고 했다. 아내가 지적하자 그는 술이 삶에 지장을 주지 않는다며 문제를 부인했다. 하지만 술은 삶에 지장을 주었다. 그는 점점 더 가족들과 멀어졌고, 부녀간에 의미 있는 교류도 거의 없었다. 술기운에 젖어 사느라 날마다 딸을 대할 수 없었던 것이다.

결과는 어땠을까? 그녀는 전혀 부정(父情)을 모른 채 자랐고, 인간으로서 그리고 여자로서 인정받기 위해 남자들의 관심을 탐하게 되었다. 그래서 성관계의 목적 외에는 자기를 아껴주지 않는 남자들과 관계에 빠졌고, 그것을 알면서도 끊을 수 없었다. 그러다 그녀는 임신했으나 상대 남자는 그녀와의 관계에 헌신할 뜻이 없었다. 그녀는 낙태했다. 남자들의 사랑을 얻으려 발버둥치는 와중에서 그녀는 자신과 자신에게 중요한 모든 것들을 갈수록 더 잃었다.

다행히 하나님은 그녀에게 악순환을 끊고 깊은 만족의 삶을 찾도록 현재 길을 열어주시는 중이다. 동일한 하나님이 당신에게도 길을 열어주실 수 있다.

중독의 모습

중독은 대부분 어떤 모습일까? 일반적으로 대다수 중독자들은 다음 두 단계를 거친다.

1. 쾌락을 주는 행동으로 시작한다. 행동 자체가 쾌락일 수도 있다. 약물에 처음 손댈 때가 그 경우다. 힘든 마음 상태나 정서적 고뇌에서 벗어나는 것이 쾌락일 수도 있다. 예컨대 직장에 스트레스가 많은 여자는 퇴근길에 백화점에 들러 돈을 펑펑 쓰거나 술집에 들러 한잔하면서 스트레스를 풀 수 있다. 이때 여자가 얻는 쾌락은 모종의 고통, 불안, 기타 고뇌에서 해방되는 쾌락이다. 그러나 약발이 떨어지면 여자의 심신은 해당 행동과 그 효력이 없던 상태로 돌아가고, 그러면 쾌락 상태로 다시 가고 싶은 욕망이 생기기 쉽다. 다시 말해 약물이나 행동은 점점 강화된다.

2. 심리적 또는 신체적으로 행동이나 약물에 의존하게 된다. 약물이나 행동이 꼭 '필요하게' 되며 흔히 동일한 효력, 쾌락, 해방을 얻으려면 양도 점점 늘어난다. 담배를 가끔씩 피우는 한 남자가 있다. 언젠가 나는 그에게 흡연을 자제하지 못해 한 번이라도 문제가 된 적이 있느냐고 물었다. 그의 말인즉 직장생활 초기에 일과를 마치고 문을 나서는 길에 가끔 동료 직원에게 담배 한

대를 빌리곤 했다. 그는 그것이 좋았고, 어쩌다 이런 낙도 있으려니 했다. 그러다 변화가 나타났다. 스트레스가 특히 심한 날이면 그는 어느새 그 사람을 찾아가 담배를 얻고 싶어졌다. 그는 자신이 긴장 해소책으로 담배를 원한다는 사실을 깨달았다. 이런 기미를 감지하고서 그는 담배를 끊었다. 중독성이 강한 약물인 담배를 가끔씩 피우는 사이 어느새 스트레스 해소법으로 자체 강화된 것이다.

그러나 대부분의 사람들은 그런 기미를 감지하지 못한 채 계속 그 행동으로 기분을 푼다. 사실 그들의 행동은 사회 전반에서 정상으로 통한다. 답답한 속을 풀려고 술을 마시거나 성적인 해소를 찾는 것을 무난하고 정상적인 일로 보는 사람들이 많다. 이들은 경고 신호를 알아채지 못하며 그래서 그 행동을 계속한다.

그러다 뭔가 부정적인 일이 생긴다. 행동의 부정적 결과가 나타난다. 죄책감이나 수치심일 수도 있고 누군가 그들에게 심기가 틀어질 수도 있다. 본인이 부정적 결과를 인정하지 않거나 구실을 둘러대거나 인정은 하되 끊지 못하면 중독이 확실하다. 많은 중독자들이 다시는 중독 행동을 하지 않겠다고 자신에게나 다른 사람들에게 수없이 약속하지만 약속을 지키지 못한다. 그들은 자제력을 잃었고 그 행동에 '노예'가 되었다. 더 이상 선택할 힘이 없다.

부정적 결과는 대개 점증하므로 이제 곤두박질만 남았다. 중독의 악순환이 점점 삶에 파고들면서 정서 장애, 우울, 죄책감, 불안, 수치심 등 내면적 결과를 당하는 중독자들도 많다.

그러나 이 모든 결과에도 불구하고 중독자들은 여간해서 행동을 끊지 못한다. 성 중독자들은 결혼을 잃고 병에 걸려도 끊지 못한다. 도박 중독자들은 평생의 저축을 날리고도 돈 구할 생각밖에 없으며, 대개 그 방법도 위험한 대출이나 신용카드 빚 등 문제성이 많다. 알코올 중독자들은 가족들의 지적을 받거나 간에 이상이 있다는 말을 듣고도 계속 마신다. 음식 중독자들은 건강상의 위험은 물론 내면적으로, 신체적으로, 관계적으로, 기타 여러 모양으로 삶의 질을 제약하는 결과를 당하면서도 비만을 자초한다.

물론 일반적 모습의 예외도 더러 있다. 어떤 사람들은 한동안, 때로 장기간 자제할 줄 안다. 하지만 이들도 일단 행동을 시작하면 자제력을 잃고 자신이나 다른 사람을 해친다. 행동이 '연속되지' 않아도 거기서 비롯되는 부정적 결과는 똑같다. 이런 사람들을 흔히 단발성 중독자라 한다.

모든 중독의 특징은 사람이 자제력을 잃고 그 결과 부정적 결과를 당한다는 것이다.

안타깝게도 사람들의 중독 활동 중에는 음식, 돈, 성 등 하나님이 본래 삶의 일부로 주신 것들이 많다. 자제력을 잃고 행동이나 약물의 노예가 될 정도로 이런 것들이 사람을 삼켜버릴 때 문제가 된다. 사도 바울은 "모든 것이 내게 가하나 다 유익한 것이 아니요 모든 것이 내게 가하나 내가 무엇에든지 얽매이지(아무에게든지 제재를 받지 - 개역한글판) 아니하리라"(고전 6:12)고 했다.

여기 '제재'라고 번역된 헬라어 단어는 '힘이나 통제력'을 뜻한다. 다시 말해 중독자는 해당 분야에서 자기 삶의 힘이나 통제력을 잃었다. 중독이 그를 장악한 것이다. 마찬가지로 "술의 종이 되지"(딛 2:3) 말라는 바울의 말에 '종이 된다'고 번역된 헬라어 단어는 '굴레에 씌거나 중독된다'는 뜻이다. 하나님은 인간이 뭔가에 중독되어 정말로 삶에 무력해질 수 있음을 아신다. 역설이지만 자제력의 상실이 곧 변화와 희망의 시작이다. 자신이 무력하여 달라질 수 없음을 인정할 때 우리는 하나님께 나아가 도움을 받을 수 있다.

솔직해지자

중독과 그것이 사람에게 미치는 영향을 살펴보았으니 이제 당신에 대해 말해 보자. 다음 질문들에 답해 보라.

- 내 삶에 나를 장악하고 있는 것이 있나? 나는 부정적인 결과에도 불구하고 그 행동을 포기할 의향이나 능력이 없나? 그 행동이 별로 대수롭지 않은 문제라고 또는 나보다 남들의 문제가 훨씬 크다고 나 자신이나 다른 사람을 설득하려 하고 있나?
- 나는 금단 증상이 있나? 약물이나 행동으로만 채워질 수 있는 강한 당김이 있나? 약물이나 행동은 다시 필요하거나 더 많이 필요하므로(동일한 결과를 위해 필요량이 많아지는 이런 현상을 '내성'이라

한다) 나는 거기서 궁극적 만족을 얻지 못하고 있나?
- 나는 그 행동에 갈수록 더 집착하고 있나? 그 행동을 지속할 수 있는 방향으로 갈수록 더 내 삶을 조정하고 있나? 중요한 일이나 사람들에 들일 시간과 에너지의 양이 이 행동으로 영향을 받고 있나?
- 나는 그 행동에 대해 종종 죄책감이나 수치심이 들면서도 그것을 끊지 못하나? 끊거나 줄이겠다고 나 자신이나 다른 사람에게 약속하고는 지키지 못하나? 이 행동이 내 가치관에 어긋나는 데도 계속하고 있나? 마음만 먹으면 끊을 수 있는데 시도하지 않을 뿐이라고 나 자신에게 말하고 있나?
- 다른 사람들이 이 행동의 파장을 보았나? 그들이 이 일을 거론하거나 못마땅해 하고 있나? 나는 방어적 태도를 취하나?
- 이 행동을 하면 기분이 좋아지나? 그래서 이 행동만큼 내게 쾌락과 흥분과 몰두와 일시적 해방을 가져다주는 것이 내 삶에 없다고 느껴지나? 이 행동을 할 때가 계획보다 더 많나? 이 행동은 내 건강이나 생활이나 업무 능력에 영향을 미치고 있나? 이 행동의 결과로 내 정서, 기분, 사고에 문제가 나타나고 있나?
- 나는 약물 때문에 의식이나 기억을 잃은 적이 있나? 다른 사람들 눈을 피하여 내 행동이나 약물 복용을 숨기고 있나? 내가 하거나 하고 있지 않은 일에 대해 거짓말을 하고 있나? 내 행위를 은폐하려 하고 있나?

이는 중독의 신호를 보여주는 질문들이다. 하나라도 답이 "예"로 나왔다면 당신은 문제가 있을 수 있다.

왜 어떤 사람들은 자제력을 잃지 않으면서도 여러 중독성 약물과 행동을 즐길 줄 아는데 다른 사람들은 그렇지 못한지 의아할 수 있다. 하지만 처음부터 "나는 알코올 중독자가 되고 싶다"고 하는 사람은 없다. 포르노, 쇼핑, 섹스, 도박, 코카인, 기타 약물도 마찬가지다. 이런 일들이 왜 때로 사람들의 삶을 장악하는 것일까?

중독의 이유

사람들이 중독되는 이유는 다양하다. 근본 이유는 우리가 인간이며 — 하나님과 삶에서 분리된 — 그 결과 여러 모로 통제력을 잃었다는 사실이다. 그렇지만 우선 중독을 부추기는 구체적인 요인들부터 간략히 살펴보자.

어떤 사람들은 유전적인 특이 체질로 알코올 등 특정 약물에 중독되기 쉬운 것으로 보인다.

환경적 요인도 작용할 수 있다. 중요한 관계에서 상처를 입은 사람들, 특정한 관계 방식과 생활 방식을 본보이고 '전염시키는' 가정에서 자란 사람들은 상처와 피해의 처리에 필요한 대응기술을 배우지 못했을 수 있다. 그중 더러는 아픔을 달래려 중독에 빠진다.

이 우주에는 어둠의 세력과 빛의 세력 간에 영적 전투가 계속

되고 있으며 우리는 그 가운데 살고 있다. 악의 세력은 실재하며 인간들을 유혹해 하나님과 그분의 길 대신 어둠을 좇게 하려고 수단과 방법을 가리지 않고 있다. 그 결과 어떤 사람들은 잘못된 선택으로 파멸의 길에 들어서 점점 빛에서 멀어진다. 시험 삼아 딱 한 번 약물에 손대거나 일부러 하나님을 떠나 일시적 쾌락의 행동을 시험해 보는 것이다. 약물, 섹스, 도박, 포르노 등 분야를 막론하고 많은 중독자들이 말하는 것처럼 이런 선택은 당신을 칠흑 같은 암흑 속에 빠뜨릴 수 있다.

어떤 사람들은 정서적 기질과 역동이 중독에 빠지기 쉽도록 되어있다. 예를 들면 다음과 같다.

- 내면의 고립과 소외. 그로 인한 외로움과 사랑에 주린 마음
- 삶에 대한 무력감. 다른 사람들, 환경, 뭔가 나보다 큰 세력에 통제당하는 기분
- 제어력과 대응력 부족. 삶과 사람들을 대하는 데 필요한 자신감 부족
- 수치심, 죄책감, 자괴감, 패배감 등 자신에 대한 나쁜 감정
- 해결되지 않은 상실과 실패. 그에 대한 처리 능력 부족
- 해결되지 않은 갖가지 충격, 상처, 학대, 고통
- 열등감. 삶에 대해 위축된 마음
- 다른 사람들에게 지배당하며 그들의 기준에 못 미친다는 느낌
- 삶의 힘든 시기를 맞아 대응 기술과 수완의 부족

이상 모두는 중독의 원인으로 작용할 수 있으나 실은 더 깊은 다른 원인의 증상이다. 바로 하나님과 그분이 주시려는 본연의 삶에서 '소외된 영적 상태'다. 그분과 그분의 생명에서 끊어져 있을 때 중독에 빠질 수 있다고 성경은 말한다. 여기에 대한 바울의 말을 들어보라.

> 그러므로 내가 이것을 말하며 주 안에서 증언하노니 이제부터 너희는 이방인이 그 마음의 허망한 것으로 행함같이 행하지 말라. 그들의 총명이 어두워지고 그들 가운데 있는 무지함과 그들의 마음이 굳어짐으로 말미암아 하나님의 생명에서 떠나 있도다. 그들이 감각 없는 자가 되어 자신을 방탕에 방임하여 모든 더러운 것을 욕심으로 행하되(엡 4:17-19).

'총명이 어두워지고 하나님의 생명에서 떠나있을' 때 우리는 길을 잃고서 만족 없는 것들을 추구한다. 늘 더 얻으려 '욕심으로 행한다.' 이 욕심에 끌려 술, 경험, 성적인 만남, 피자, 쇼핑을 한 번 더 원하게 된다. 욕심은 지속적이다. 그 행동을 한 번 더 해도 사라지지 않는다.

우리를 하나님과 그분의 생명에서 떠나게 하므로 이는 허망한 추락의 악순환이다. '영적인' 사람들도 예외가 아니다. 하나님과 그분의 생명에서, 즉 진정 만족스런 방식으로 필요를 채워줄 수 있는 자원과 치유 경험에서 영혼의 일부가 단절된다. 정말 길을 열어줄 수 있는 것들을 놓치는 것이다.

하나님과 그분의 생명에서 떠나 있는 것이 원인이라면 하나님과 그분의 생명과 화해하는 것이 해답이다. 이는 어느 중독자에게든 그분이 길을 내시는 방식이다. 그분은 정말 노예를 자유케 하실 수 있다.

출구

제리는 장기간 폭식에 노예가 됐었다. 의사는 건강을 우려해 그녀를 상담자에게 보냈다. 비만이 심한데다 심장질환 가족력까지 있는 그녀인지라 의사는 잔뜩 걱정되었다. 그전에 그녀는 다이어트로 음식 조절을 수없이 '시도'했었다. 우선은 살이 약간 빠졌지만 그녀는 결국 포기하고 그만두었고, 그러면 여태까지 빠졌던 살이 덤까지 얹어 다시 붙곤 했다. 절망이 체념으로 바뀌면서 그녀는 아예 포기한 채 홀로 악습에 빠져들었다. 다행히 의사의 지적이 먹혀들어 그녀는 이제 자기 목숨이 걱정되었다.

제리가 상담실에 왔을 때 우리가 처음 한 일은 다이어트에 대한 그녀의 헌신을 '치유하는' 것이었다. 그녀는 헌신과 의지력만 더 있으면 된다는 착각에 빠져 있었다. 마음만 더 굳게 먹으면 음식을 조절할 수 있다고 믿은 것이다. 그러나 중독의 생리는 그렇지 않다. 중독이란 본질상 끊는 능력의 결핍임을 제리는 배워야 했다. 다시 말해 그녀는 자신이 중독에 무력하며 전혀 끊을 능력이 없음을 인정하는 법부터 배워야 했다. 몸무게가 세 자릿수나 되었고 다이어트 시도에 실패도 많이 했으니 그쯤이면 제리도 자력으로 변화될 가망성이 없음을 깨달았을 법도 하다. 하지만 자기가 정말 문제를 정복할 수 있다는 신념, 바로 그것이 중독의 일부다.

다음, 제리는 중독의 삶 속에서 자기가 힘의 원천이신 하나님을 진정 의지하지 않았음을 알아야 했다. 그녀는 전에도 문제에 대해 '기도'했지만 이는 중독 자체 속에서 힘의 원천이신 하나님을 의지하는 것과는 크게 다르다. 유혹이 올 때마다 바로 그 순간 하나님께 기도하며 유혹을 피할 길과 힘을 구해야 함을 그녀는 배워야 했다.

이어 그녀는 하나님이 사람들을 통해 힘을 주심도 배워야 했다. 전에 자기가 실패한 이유는 혼자서 해결하려 했다는 측면도 일부 있었음을 그녀는 처음 깨달았다. 그녀는 자기가 그룹 지원을 강조하는 다이어트 그룹에 속했기 때문에 정말 지원을 받고 있는 줄 알았다. 그러나 외로움과 자기연민이 밀려오는 연약한 순간 몇몇 사람에게 전화할 수 있어야 함을 그녀는 깨달았다. '비상 연락망'이 필요했던 것이다. 그녀는 음식으로 기분을 푸는 대신 하나님과 한 친구에게 속을 털어놓는 법을 배웠다.

그녀가 이 통찰을 깨닫던 날이 기억난다. 그날 아침 모임에 일찍 나온 그녀는 전날 밤 폭식의 유혹이 있었다며 이렇게 말했다. "당신들 말이 무슨 뜻인지 이제야 알겠어요."

"무슨 말씀이십니까?" 내가 물었다.

"어젯밤에 진탕 먹고 싶은 식욕이 돋았어요. 포기하려는 순간 당신이 해준 말이 생각났습니다. 세 가지가 있었지요. 첫째, 나는 하나님께 가야 했어요. 그래서 끝까지 견디게 해달라고, 실상을 보게 해달라고 기도했습니다. 둘째, 당신은 내 욕구 대상이 실은 음식이 아니라 내 내면의 감정 상태와 상관있다고 했지요. 셋째, 그럴 때 나는 내 힘만 믿을 게 아니라 누군가에게 연락을 해야 했어요.

그래서 나는 하나님께 도움을 구한 다음 레지나(같은 그룹원)에게 전화해서 힘들다고 말했어요. 그런데 통화 도중 왠지 정말 슬퍼지는 거예요. 말을 할수록 더 슬퍼지대요. 여태 느껴보지 못한 정말 깊은 고독을 느꼈습니다. 친구가 계속 말하라고 해서 계속 말했어요. 그러다 서서히 슬픈 감정이 사라졌어요. 희한하게도 통화를 끝내고나니 시장기가 싹 사라졌어요. 먹은 것도 없는데 말입니다. 이제 알 것 같아요!" 그녀는 흥분해 큰소리로 말했다.

제리는 학업에 복귀한 후 새로 사업을 시작해 성공했다. 곧 자문역으로 채용된 그녀는 자신이 아무것도 할 줄 모르는 '멍청이'라는 오랜 생각을 떨치고 은사와 재능을 구사할 수 있다는 사실에 감개무량했다. 이제 쟁쟁한 사람들이 돈을 지불하며 그녀의 도움을 받고 있다.

하나 더 있다. 제리는 체중이 반으로 줄었다. 목표치의 절반이나 표준 감량치의 절반이 아니라 정말로 자기 체중의 반이 줄었다. 136킬로그램이던 몸무게가 지금은 68킬로그램이다. 이는 '다

이어트'의 결과가 아니다. 하나님과 그분의 생명에 다시 연결된 결과로 그녀는 체중이 줄었다.

그녀는 자신의 한계에 이르렀고, 하나님께 나아갔고, 그분의 도움으로 그분과 그분의 생명에 다시 연결되었다. 그분은 그녀를 치유하셨고, 영혼과 성품에서 그녀를 해치는 부분들을 제하셨고, 회복에 들어가기 전까지 없었던 부분들을 새로 길러주셨다. 영적 성장을 통해 그녀의 중독은 정복되었다.

당신도 희망에서 확신으로

당신 삶에 통제를 벗어나 부정적 결과를 낳는 부분이 있다면 당신도 중독에 걸렸을 수 있다. 그렇다면 당신도 회복 후보자다.

당신이 약물, 사람, 행동, 기타 무엇에 중독되었든 상관없다. 중독된 지 얼마나 되었든 상관없다. 결과가 얼마나 심하든 상관없다. 당신이 기꺼이 기회를 드리면 하나님은 길을 내주신다. 당신은 의지력을 동원하려는 노력을 그만두고, 자신의 연약함을 인정하고, 그분의 회복 체제에 들어가기만 하면 된다. 그대로만 한다면 이런 방법은 효력이 있다. 힘은 당신한테서 오지 않고 하나님한테서 온다. 그러나 그분의 힘을 받으려면 당신이 약한 모습으로 그분께 나아가 그분의 프로그램에 속해야 한다. 그렇게 하기를 권한다. 당신이 무엇을 잃었든 하나님이 길을 내주실 수 있음을 당신도 이전의 숱한 사람들처럼 발견하기 바란다.

제17장

낙심과 우울

"월급이 오르지 않아 너무 우울했다." "살이 5킬로그램이나 더 쪄서 정말 우울했다." "이렇게 비만 내리니 마음이 참 우울해진다."

부정적인 경험, 나쁜 일진이나 사건을 표현할 때 누구나 한 번쯤 해본 말들이다. 이는 매우 슬프고 맥 빠지는 사건과 감정의 표현이긴 해도 진짜 우울과는 거리가 멀다. 지난 몇 년 사이에 우울의 의미가 변하고 넓어져 본래의 뜻과 달라졌다.

우울을 제대로 아는 사람들은 이 단어를 아껴서 사용한다. 나는 내 철천지원수에게라도 진짜 우울만은 없기를 바란다. 그 정도로 우울은 인간이 겪을 수 있는 최악의 고통스런 경험 가운데 하나다. 그러나 우울의 강도는 다양하다. 우울한 사람에게는 다음과 같은 감정이 들 수 있다.

- 안팎으로 심한 외로움과 극도의 고립감
- 정죄와 비판으로 늘 자신을 공격하는 깊은 자기혐오
- 내가 정말 살아 있는 것 같지 않은 비현실감, 삶에 초연한 무감각
- 진창에서 헤엄치는 것 같은 무기력과 나른함
- '블랙홀'에 빨려든 기분

중증 우울을 경험한 일부 사람들에 따르면 인간이 지옥의 삶을 상상할 수 있다면 우울이야말로 거기에 가장 가깝다고 한다.

우울한 사람에 대한 사람들의 반응도 제각각이다. 우리들 대부분은 자신만큼은 그와 같은 정서 상태에 절대 빠지지 않기를 바란다. 어떤 사람들은 상대가 우울해할 이유가 없는 것 같아 혼란을 느낀다. 이들은 좌절이나 분노를 느낄 수 있다. 우울한 사람 스스로 나아지려 노력하지 않는 것처럼 보일 수 있기 때문이다. 어떤 사람들은 동정심을 느낀다. 무기력한 우울을 직접 겪어 보았기 때문일 수도 있고 우울에 빠진 누군가를 사랑하기 때문일 수도 있다. 우울한 장본인이 희망을 잃을 때도 그들은 희망을 붙들고 관심과 기도로 지원을 베풀 수 있다. 우울은 어떤 차원에서든 모두에게 흔적이나 파장을 남긴다.

우울은 자체적 생명이 있다고 할 수 있다. 세간의 통념과 반대로 우울은 우리의 상황과 무관하게 발생한다. 이 사실 때문에 우울은 사건이나 경험에 수반될 수 있는 낙심이나 슬픔의 감정과 구별된다. 착잡하거나 침울한 기분은 대개 환경이나 상황을 바꾸

면 '치료될' 수 있다. 예컨대 직장에서 스트레스에 지쳐 실의에 빠졌을 때도 주말에 휴가를 내서 좀 쉬고 나면 새 힘과 활력이 생긴다. 이런 개념으로 교인들을 위한 주말 수련회를 실시하는 교회들이 많이 있으며, 효과도 아주 좋다.

진짜 우울은 쉽사리 없어지지 않는다. 우울한 상태는 세균에 감염된 상태와 비슷하다. 온 세상 아스피린을 다 써도 세균은 없어지지 않는다. 정말로 우울한 경우, 관계의 화해와 느긋한 환경이 약간 도움은 줄 수 있어도 증상을 없애주지는 못한다. 이제 당신은 느긋한 환경 속에서 관계가 화해된 채로 우울한 사람이 된다. 우울한 사람은 뇌에 필터가 있어 모든 말과 경험을 우울로 걸러 해석하는 셈이다. 그러니 말과 경험이 왜곡될 수밖에 없다. 예컨대 우울한 당신에게 친구가 "네가 잘 지내나 걱정된다"고 말해도 당신은 친구의 말에서 따뜻함이나 위로를 느끼지 못한다. 대신 당신은 "날 모르니까 그렇지"라든지 "무슨 말인지 알겠는데 느낌은 없다"는 식으로 대답하기 쉽다.

교회에도 우울의 이런 생리를 모르는 사람들이 많다. 그래서 그들은 하나님의 사랑, 그분의 공급의 희망, 예비하신 모든 좋은 것들에 관한 얘기로 우울한 사람을 도우려 한다. 우울한 사람은 그런 진리를 받아들여 체험하려 하지만 뜻대로 안 된다. 흔히 선의의 사람들이 자기도 모르게 하나님 말씀의 진리와 상대방이 함께 있는 것을 서로 갈라놓는다. 우울한 사람들은 하나님의 진리와 사랑이 둘 다 필요하며, 그것은 성령과 그분의 사람들을 통해 주어진다. 말로만 되는 일이 아니다.

  윌리엄의 경우가 그랬다. 그는 거의 평생 우울로 고생한 목사였다. 오랫동안 그는 간혹 상담을 받으며 자기정죄와 외로움의 감정을 용케 막아냈다. 하지만 그때만 약간 나아졌을 뿐 문제를 제대로 해결하지는 않았다. 그러다 40대 초에 윌리엄은 어느 큰 교회의 부교역자가 되었다. 몇 달 만에 그는 살이 빠지기 시작했고 잠도 하루에 두세 시간밖에 못 잤다. 상태는 악화일로로 치달아 그는 점점 생기와 기력을 잃다가 마침내 교회 일마저 감당할 수 없게 되었다. 그렇게 6개월쯤 지나 교회는 그를 내보내야 했다. 단 필요한 도움을 받을 수 있도록 사례는 계속 지불하기로 약속했다. 교회는 그가 상담자를 찾아가 우울의 원인이 정서적인 것인지 신체적인 것인지 둘 다인지 규명하기를 원했다.

  윌리엄은 전문가의 도움을 받았다. 자신의 감정이 조금이라도 달라질 수 있을지 희망을 잃었다는 그의 말에 상담자는 현재의 감정 상태를 물었다. 윌리엄은 그에게 "아무 감정도 없습니다. 기분이 나빠야 할 텐데 전혀 그렇지 않습니다"라고 말했다. 그가 희망을 잃은 것은 자신을 향한 하나님의 사랑을 느끼지 못하는 데도 이유가 있었다. 사실 누구의 사랑도 느껴지지 않았다. 그는 자신에 대한 하나님의 생각은 알았으나 — 어쨌거나 신학교를 나온 그가 아닌가 — 마음속으로 정말 그렇게 믿은 적은 없었다. 윌리엄의 우울증은 심했다. 장기간의 상담과 투약 후에야 그는 좋은 결과를 보이기 시작했고, 하나님이 자기에게 우울을 극복할 길을 내주시리라는 희망이 생겼다.

윌리엄의 우울증은 누구에게나 확 띄었다. 그의 주변에 있으면서 뭔가 큰 문제를 알아차리지 않기란 불가능했다. 하지만 그렇지 않은 경우도 많다. 당신은 우울하면서도 스스로 그것을 모를 수 있다. 슬프거나 의기소침하거나 절망감이 없기 때문이다. 그러나 당신은 관계나 업무에 어려움을 겪을 수도 있고, 약물이나 성관계나 음식으로 자위하며 그것을 우울의 마취제로 삼을 수도 있다. 일, 취미, 스포츠, 예술, 심지어 사역 등 본래 건전하고 생산적인 활동들일지라도 거기에 너무 열심히 매달리면 슬픔이나 외로움을 느낄 겨를이 없다. 그러나 우울을 묻어두면 십중팔구 언젠가는 터지게 되어 있다. 또는 당신은 자신이 그런 활동들을 자원함으로 하지 않고 두려움이나 강박에서 하고 있으며 그래서 참 기쁨이나 만족을 얻지 못하고 있음을 깨달을 수도 있다. 그런가 하면 당신을 진정 사랑하고 챙겨주는 사람을 만날 때 우울을 자각할 수도 있다. 상대의 사랑과 겸손 앞에 당신 내면의 묻혀 있던 부분들이 녹아내리는 것이다.

하나님을 붙들어야 한다

하나님은 우울 속에도 길을 내신다. 윌리엄처럼 중증 우울도 예외가 아니다. 그분은 우울에 문외한이 아니며 잘 아신다. 절망의 어두움이 클수록 그분의 사랑과 빛도 더 커지는 것이 그분의 속성이다. 상처가 심할수록 하나님의 치유는 강해진다. "주께서 나의 등불을 켜심이여. 여호와 내 하나님이 내 흑암을 밝히시리이다"(시 18:28).

연구에 따르면 상당 비율의 사람들이 평생 한 번은 우울증을 겪는다. 아브라함 링컨과 윈스턴 처칠 같은 유명 인사들도 우울을 고백했다. 바울도 고난 가운데 우울을 맛보았다. "그러나 낙심한[우울한] 자들을 위로하시는 하나님이 디도가 옴으로 우리를 위로하셨으니"(고후 7:6). 예수님도 겟세마네 동산의 경험을 비슷한 말로 표현하셨다. "이에 말씀하시되 내 마음이 심히 고민하여 죽게 되었으니 너희는 여기 머물러 나와 함께 깨어있으라 하시고"(마 26:38).

예수님의 고난은 또한 우울의 원인에 대한 일각의 오해를 씻어준다. 어떤 사람들은 우울을 영적, 도덕적, 윤리적 실패나 타락의 증표로 본다. 죄악을 행할 때 찾아오는 내적 갈등의 결과라는 것이다. 하나님이 뜻하신 인간상에 충실하지 않을 때 우리가 내적 갈등을 겪는 것은 사실이다. 우리가 하나님의 길에서 빗나갈 때 그분은 우리를 바로잡으시려 신호를 보내신다. "내가 입을 열지 아니할 때에 종일 신음함으로 내 뼈가 쇠하였도다"(시 32:3). 그러나 모든 우울이 죄 때문은 아니다. 우리의 모든 고통이 무조건 죄 때문이 아닌 것과 같다. 고난과 우울의 원인은 아주 다양할 수 있다.

임상심리학자인 헨리와 나는 우울이나 낙심에 빠진 사람들을 수없이 대해 왔고, 우울의 강도도 천차만별이었다. 우울한 사람들 중에는 치유 과정 동안에 좋은 대인관계를 유지하고 일도 무난히 감당하고 삶의 기본 기능을 지속할 수 있는 사람들도 있다. 그러나 윌리엄처럼 강도가 극심한 사람들에게는 보다 강력한 외적인 틀이 필요하다. 자살 욕구를 느끼는 경우 입원까지도 필요할 수 있다.

지금까지 시행된 모든 연구 덕에 우울에 관해 많은 것이 알려졌다. 해결책과 치료법은 단기는 물론 장기 효과도 좋다. 우리 둘은 수많은 우울이 해결될 수 있다고 굳게 믿는다. 우울의 화학적 요인으로 고생하는 사람들도 최근의 투약 기술로 큰 진전을 볼 수 있다. 우울에 적응하거나 우울을 영원히 자신의 일부로 받아들여야 한다는 개념, 우울이란 어쩔 수 없이 감수해야 하는 것이며 그 이상은 좋아질 수 없다는 개념에 우리는 동의하지 않는다. 사람들이 하나님의 성장의 길에 들어서 꾸준히 그 길을 갈 때 하나님이 그분의 자원과 응답으로 우울을 치유하시고 회복하시는 것을 많이 보았다.

그러나 내가 본 바로, 우울한 사람들에는 두 부류가 있다. 우울에 부딪치지 않고 외면하는 사람들이 있는가하면 우울을 직시하고 부딪쳐 하나님께 가져오는 사람들이 있다. 우울을 부정하거나 외면하거나 억지로 몰아내려 하는 사람들은 장기적으로 더 고생하는 경향이 있다. 하나님을 믿고 의지하는 사람들은 결국 상황이 훨씬 좋아진다. 그래서 우리는 우울에 하나님의 치유를 적용하는 데 필요한 정보를 당신에게 전하고 싶다.

삶과 단절된 상태

심리학과 정신의학 분야의 연구자들에 따르면 우울에는 다음과 같은 증상들이 동반된다. 우울한 기분, 식욕과 수면 습관의 변화, 피로감, 자아상의 왜곡, 집중력 저하, 절망감 등. 장기간 이런 증상이 일부라도 나타나면 당신은 우울한 것이다.

정서적 요인과 아울러 종종 의학적 요인도 우울에 작용한다. 우울할 때는 뇌의 화학 작용이 달라진다. 뇌의 제 기능을 위해 화학물질의 균형을 바로 이루려면 투약이 필요할 수도 있다. 교정 투약이 필요할 때 뇌는 그 필요를 소위 식물 증상의 모습으로 신호한다. 삶의 책임과 기능을 다하는 능력에 영향을 입히는 증상을 말한다. 수면, 식욕, 피로 등의 문제가 그런 증상의 예다.

이런 화학적 요인이 작용할 때는 아무리 대화하고 지원해도 문제가 풀리지 않는다. 컴퓨터 용어로, 이제는 소프트웨어의 문제만이 아니라 하드웨어의 문제이기도 하다. 뇌 자체가 제 기능을 못한다. 의학적 요인의 우울은 약으로 치료해야 한다. 고로 당신이 심한 우울에 시달리고 있다면 정신과의사를 찾아가 투약의 가능성을 알아보기 바란다. 치유의 정서적, 관계적 측면을 따로 다루면서도 투약을 통해 증상을 완화시킬 수 있다.

우울은 본질상 영적, 정서적, 인격적 상태다. 이는 삶과 단절된 상태로 가장 잘 표현된다. 다시 말해 마음과 영혼이 일부 고장나서 하나님과 사람들과 단절되고 끊어진 것이다. 이는 마치 사랑과 관계와 은혜와 진리가 접근할 수 없도록 당신의 일부가 시간

속에 상실되고 동결된 것과 같다.

하나님은 우리를 그분과 그분이 주시려는 삶에서 단절되도록 설계하거나 지으시지 않았다. 그분 자신도 그런 분이 아니다. 사랑으로 시작해 사랑으로 끝나는 것이 하나님의 가장 깊은 본체다. 성경의 간단한 표현처럼 "하나님은 사랑이시라"(요일 4:16). 우리는 그분의 형상대로 지음 받았다. 사랑으로 하나님 그리고 사람들과 더불어 소통하는 것이 그분의 의도다. 이 소통은 우리 존재의 모든 부분으로 퍼져나가게 되어 있다. 우리의 소원, 필요, 갈망, 사랑, 미움, 죄, 열정, 실패를 누군가 알고 사랑해야만 한다. 우리의 어느 한 부분이라도 관계 바깥 어둠 속에 거하는 것은 하나님의 의도가 아니다.

그러나 여러 이유로 내면에 상처를 입는 것이 우리 삶의 현실이다. 그럴 때 우리는 상처 입은 부분을 자신도 모르게 움츠리곤 한다. 움츠리면 아픈 부위가 보호되지만 치유에 필요한 사랑과 도움도 받을 수 없다. 이는 마치 무거운 물건을 잘못 들다 어깨 근육이 늘어날 때 한동안 근육을 쓰지 않고 '곱게 모셔' 치료하는 것과 같다. 그러나 근육은 안 쓰기만 해서 회복되는 게 아니다. 제대로 치료하려면 운동과 마사지와 물리치료가 필요하다.

우리의 전존재 즉 마음과 목숨과 뜻과 힘을 다해 하나님을 사랑해야 한다는 8장의 내용을 기억해 보라. 하나님은 당신을 여러 부분으로 지으셨다. 당신의 영혼과 성품에 여러 부분이 있다. 그런데 영혼의 어떤 부분이 삶과 단절될 수 있다. 어쩌면 당신은 잃어버린 사랑을 슬퍼하고 떨치는 능력이 없을 수 있다. 그 능력이 삶과 단절된 것이다. 혹 당신은 처음부터 사람들과 정서적 소통을 이루지 못할 수 있다. 그렇다면 당신은 자신이 삶의 일부가 아닌 것처럼 느껴질 수 있다. 다른 사람들의 서로를 향한 온정과 사랑과 긍휼을 보면서도 거기 섞여들지 못하는 자신이 흡사 유령처럼 느껴질 수 있다. 사랑과 관계의 현실 세계를 창밖에서 보면서도 자신은 그 방에 들어갈 수 없는 심정이 될 수 있다. 당신은 자신의 감정과 정서를 내 것으로 소유하고 인정하는 능력이 여태 없었을 수 있다. 그 경우 당신의 감정은 삶과 단절되어 있다. 혹 당신은 용납하고 참을 것과 거절할 것을 한번도 구분해서 밝히지 못했고 그래서 탈진과 우울에 빠졌을 수 있다. 이상 여러 경우에 당신 영혼의 그 부분 — 당신에게 정말 필요한 부분 — 은 상처받은 채로 또는 성숙하지 않은 채로 안에 남는다.

도움을 구하는 영혼의 절규

하나님은 영원하시며 영원 속에 거하신다. 그분은 우리도 영원한 존재로 지으셨다. 인간은 사후에도 존재가 소멸되지 않는다. 마찬가지로 우리의 단절된 부분도 죽지 않고 묻혀 있다. 상처받은 상태로 우리 내면 깊은 곳에 처박혀 외부의 생명과 빛으로 인한 소생을 기다리고 있다. 그러나 자신의 어떤 부분이 외부와 차단되어 있으면, 즉 사랑받지 못하고 치유와 성장 과정에 들어서지 못한 부분이 있으면, 삶이 제대로 풀리지 않는다. 우리는 선택 역량, 고차원적 기능, 타인과 깊이 소통하는 능력에 장애를 입는다. 자신도 모를 수 있지만, 이런 부분을 계속 숨기며 사는 데 엄청난 에너지가 들어간다. 이렇듯 장애와 영적 탈진으로 우리는 우울해진다.

우울은 정말 도움을 구하는 영혼의 절규며, 그런 의미에서 축복이다. 우울은 내면에 뭔가 문제가 있어 탐색과 이해를 거쳐 하나님의 치유 자원으로 해결할 필요가 있다는 틀림없는 신호다. 우울처럼 우리를 자신의 한계에 다다르게 하고 무릎 꿇어 하나님의 응답과 길을 구하게 하는 증상도 많지 않다. 이 문제로 내게 상담 받은 사람들 중에는 우울 때문에 전에 몰랐거나 외면했던 방식으로 하나님의 응답을 찾게 되었다며 우울을 허락하신 그분께 감사한다고 말하는 예가 많다. "고난당한 것이 내게 유익이라. 이로 말미암아 내가 주의 율례들을 배우게 되었나이다"(시 119:71).

그렇다면 우울을 제대로 이기도록 하나님이 당신에게 내주시는 길들은 무엇인가?

단절된 부분의 접합

우울 대신 위궤양이 있다면 당신이 맨 먼저 할 일은 무엇일까? 아마도 전문의에게 가서 진찰과 진단과 치료를 받을 것이다. 당신이 할 수 있는 최악의 일은 저절로 낫기를 바라며 그 문제를 일체 쉬쉬하는 것이다.

우울도 그와 똑같다. 당신의 우울을 유발하거나 조장하는 것이 무엇이든, 우울을 이기고 삶을 되찾으려면 관계가 필요하다. 당신 영혼은 사랑과 은혜의 깊이와 치유를 경험해야 한다. 혼자서 회복되는 사람은 없다. 우울에 빠진 사람은 누구나 하나님과 사람들과 연결될 필요가 있다. 1장과 2장에 살펴본 대로 어떤 상황에서든 최상의 자리는 관계 속이다. 관계는 사치품이 아니라 필수품이다. 우울증에 걸린 경우 특히 그렇다.

앞서 말했듯이 소통과 관계의 결핍은 우울의 발생을 부추긴다. 우울의 본질상 당신은 다른 안전한 사람들에게 마음을 열고 약한 모습을 보여야만 한다. 관계의 존재와 활용은 우울 퇴치에 도움이 된다. 당신 영혼의 깨진 부분이 그동안 결핍됐던 요소를 받아들이기 때문이다.

짐작하다시피 이는 어려운 일일 수 있다. 당신을 사랑하고 챙겨주는 사람들이 주변에 있다 해도 당신 영혼의 고립된 부분은 여전히 손닿지 않을 수 있다. 마음을 열어 그들의 사랑을 받을 줄 모르기 때문이다. 다른 사람들에게 숨겨왔던 자기 영혼의 그 부분을 찾아내 그곳에까지 이르려면 시간이 걸린다. 처음에는 자신의 깨진 부분을 가지고 "밖으로 나가 누군가에게 다가가지" 못할 수 있다. 그만큼 처리되지 않은 채 상처 속에 꼭꼭 숨어있기 때문이다.

내 친구 던의 우울증은 사람들을 마음속에 받아들일 줄 모르는 것과 큰 상관이 있었다. 우울을 치유하려 치료 그룹에 들어왔을 때 그녀는 조원들을 가까이 느끼거나 믿지 못했다. 사실 그녀는 하나님이나 어느 누구도 마음으로 믿지 못했다. 그래도 던은 할 만큼 했다. 하나님과 그분의 과정을 믿고 그룹에 속했던 것이다. 그녀는 자신의 무능력, 두려움, 믿음 부족, 정서적 고립을 그룹에 가져왔고 그룹은 그녀를 지지하고 사랑해서 점차 그녀의 신임을 얻었다.

던은 처음에는 조원들끼리 서로 어떻게 대하는지 말없이 지켜보고 관찰했다. 안전거리를 둔 것이다. 그러다 서로 정죄하지 않고(롬 8:1) 피차 약점을 보이는 조원들을 보면서 그녀도 모험에 나서기 시작했다. 그녀는 마음을 열었다가 상처받거나 버림받거나 공격당할까 봐 두렵다고 말했다. 차차 조원들이 안전한 사람들로 확인되자 그녀는 전에 자신이 중요한 타인들에게 상처받은 경험들, 여태 참아온 상실들, 오히려 스스로 문제를 악화시켰던 행동들을 털어놓았다.

당신의 필요, 각오, 고통, 자각 등 힘닿는 대로 무엇이든 가지고 하나님과 그분의 사람들에게 나아가라. 고금의 사람들도 던처럼 그렇게 했고 당신도 할 수 있다. 당신 스스로 어루만졌던 부분, 아픈 부분, 삶의 현실을 보여주는 부분이면 무엇이든 좋다. 하나님은 우리의 상태를 불문하고 받아주시며, 우리의 공급이 딸릴 때마다 마음을 추스르시고 십리를 더 가주신다.

당신은 그저 하나님과 사람들과의 관계와 소통을 위해 밖으로 나가서, 치유 과정 즉 당신을 우울에서 건져내시는 하나님의 길에 전념하기만 하면 된다. 물론 나는 그것이 감당하기 큰일일 수 있음을 인정한다. 우울한 상태에서도 당신은 관계에 임할 수 있다. 당신이 할 수 있는 최선의 일은, 관계 면에서 당신에게 틀을 정해줄 만한 그룹이나 목회자나 상담자를 찾아가 이렇게 말하는 것이다. "내 안에 외로움이 있습니다. 지금의 나로서는 당신에게 속을 보일 수 없습니다. 하지만 나는 최대한 솔직하게 약한 모습을 보이고 싶습니다. 나의 단절된 부분들도 시간이 가면서 관계 속에 들어올 수 있도록 말입니다." 당신 마음의 열 수 있는 부분들을 열어 보이라. 그리고 나머지는 하나님과 그분의 사랑과 그분의 사람들에게 맡기라.

하나님이 의도하신 본연의 관계야말로 다분히 삶의 진수임을 잊지 말라. 관계에서 채움과 인도와 위로를 받으라. 우울의 치유와 해결은 다분히 거기서 시작된다.

하나님과 사람들과의 소통을 구하면서 당신은 또한 자신의 우울의 원인을 탐색해야 한다.

상실과 상처의 구속

우울의 원인은 여러 가지다. 그러므로 "언제나 초라한 자아상 때문이다," "언제나 속에 쌓인 분노 때문이다," "언제나 유전적, 생물학적 원인 때문이다"는 식의 단순논리식 설명을 삼가야 한다. 인간이란 그보다 훨씬 복잡한 존재다. 우울한 사람들은 이 분야를 잘 아는 사람들의 도움으로 자신의 우울의 근원을 탐색해야 한다. "사람의 마음에 있는 모략은 깊은 물 같으니라. 그럴지라도 명철한 사람은 그것을 길어내느니라"(잠 20:5).

우울의 원인을 찾게 해달라고 하나님께 기도할 때 명심해야 할 것이 있다. 그분은 길을 잃었거나 자아의 일부를 잃어버린 그분의 사람들을 언제나 구속(救贖)하신다. 하나님은 구속의 하나님이다. 그래서 그분은 "나의 반석이시요 나의 구속자"시다(시 19:14). 그것이 그분의 정체며 사역이다. 그분은 잃어버린 자를 찾아 고치시며, 충만한 삶에 다시 들어가게 하신다.

우울의 원인을 간략히 정리하면 다음과 같다. 쭉 훑어보면서 당신과 유사한 경우가 있는지 보라. 그중 당신에게 해당되는 것이 있는지 당신을 아는 사람들에게도 물어보라. 그리고 내면의 창을 여시어 당신의 실상을 보게 해달라고 하나님께 기도하라.

- **상실을 슬퍼할 줄 모름.** 아주 흔한 원인이다. 삶의 상실에 대해 비애를 맛보며 그 잃은 대상을 떠나보낼 줄 모르면, 상실이 '속으로 곪아' 당신을 얽어맨다. 반면 상실 대상을 안심하고 슬퍼할 수 있을 때 사람들은 비애 기간을 통과하며 그리하여 우울이 해소된다. 이렇듯 우울과 비애는 전혀 다르므로 혼동해서는 안 된다. 사실 비애는 많은 종류의 우울을 고치는 치료제다.
- **정서적으로 남에게 의존할 줄 모름.** 평생 사랑과 위로와 단절되어 살아온 사람들이 있다. 이들은 내면세계가 텅 비고 고립되어 있어 누구에게도 다가가 필요를 채움 받을 줄 모른다.
- **책임과 자유의 결핍.** 주인의식을 갖고 삶을 통제하지 못하거나

자기에게 맞는 길을 선택할 자유가 없다고 느끼는 경우다.
- **탈진.** 왠지 남들에게 가진 자원보다 더 많이 주는 사람들이 있다. 이들은 필요한 것을 잘 받을 줄도 몰라 오래가기 힘들다.
- **완벽주의.** 완벽주의자들은 자신의 결점과 약점의 현실을 능히 감당하지 못해 우울에 빠질 때가 많다.
- **자기정죄의 기분.** 너무 비판적이고 혹독한 비성경적 양심에 시달리는 경우다. 이런 사람은 아무 잘못한 일이 없어도 양심의 공격을 받는다.
- **해결되지 않은 충격.** 비참한 사건이나 피해를 겪고난 후 적절한 처리, 고백, 비애, 종결이 없다면 우울이 유발될 수 있다.
- **신체적 원인.** 어떤 우울은 앞서 말했듯이 뇌 화학물질의 문제에서 유발되거나 그 영향을 입는다. 우울을 낳는 신체적 조건은 그밖에도 있다. 이 부분에서 건강 진단을 충분히 받아야 한다. 일반 개업의의 종합검진과 정신과 전문의의 심리 정밀검사가 필요할 수 있다.

자신의 어느 부분을 잃었는지 알아내라. 삶을 제대로 살아가려면 그 부분이 필요하다. 앞의 목록을 보라. 비애의 능력이 왜 필요한가? 당신의 필요를 인식하는 것이 왜 중요한가? 당신의 책임을 분명히 아는 것이 왜 요긴한가? 당신의 잃어버린 부분의 가치와 용도를 알라. 그 부분이 얼마나 필요한지 더 절감하게 될 것이다.

따뜻하고 안전한 사랑의 관계라는 장 속에서 그 부분이 모습을 드러내거든, 이제 거기에 수반되는 감정을 느끼라. 애당초 그 부분을 잃어야 했던 상처를 경험하라. 그것을 관계의 양육과 보호에 계속 노출시키라. 그것이 강해지면 작은 모험에 착수하라. 당신의 삶 속에서 다시 그것을 사용하는 법을 배우라. 당신의 세계에 그것이 자리 잡게 하라. 시간이 가면서 당신의 그 부분이 자라고 성숙해서 당신의 일부가 되게 하라. 그것을 다시 당신 것으로 삼고 활용하고 누리라.

분명 이 작업에는 멘토가 필요할 것이다. 알아야 할 것이 많은 만큼, 우울 분야의 훌륭한 유경험자가 당신에게 필요할 것이다. 하나님과 그들의 인도에 따라 당신의 잃어버린 부분을 찾으라.

우울은 참담하고 두려울 수 있다. 그러나 하나님은 바로 그 블랙홀 속에 당신과 함께 계시며 사랑과 빛으로 그곳을 채우신다. 그리고 다시 그분의 세계로 돌아오는 길을 열어주신다. 그분께 가서 그 길을 찾으라.

제18장
죄책감과 수치심

어느 날 나는 잘 모르는 여자와 얘기를 나누게 되었다. 그녀는 내게 무슨 일을 하느냐고 물었다. 내가 관계와 신앙생활에 대한 책을 쓴다고 하자 그녀는 나를 약간 이상하게 쳐다보며 물었다. "그러니까 당신도 성경책을 끼고 다니는 사람인가요?"

"그럼요." 나도 농담으로 받았다. "왜요? 당신은 아닙니까?"

"천만에요." 그녀는 말했다. "교회라면 오래 전에 손 뗐습니다. 정말 너무하거든요."

"뭐가 너무한가요?" 내가 물었다.

"과도한 죄책감 때문이지요." 그녀는 말했다. "그런 게 왜 필요합니까? 교회가 나한테 해준 일이라곤 극히 정상처럼 보이는 일에도 가책을 심어준 것뿐이지요. 난 그저 십대 소녀였을 뿐인데 교회만 가면 나쁜 인간이 되는 거예요. 그래서 그만뒀습니다."

"아쉬움이 남아 있습니까?" 나는 물었다. 딱히 무슨 답을 바란 것도 아니다.

"이제 내가 뭘 믿고 사는지도 모르겠어요." 그녀는 약간 진지해지며 말했다. "믿음을 되찾고 싶긴 한데 죄책감 세상으로 돌아갈 마음은 없네요. 더는 그렇게 못하지요."

이 여자와 같은 사람들이 많다. 그들은 하나님과 동행하는 삶을 죄책과 연결시킨다. 언어도단이다. 하나님으로 자처하시며 기독교를 창시하신 예수님 자신도 죄책과 판단을 싫어하셨다. 사실 오죽 싫어하셨으면 우리가 다시는 그것을 느낄 필요가 없게 하시려고 친히 고난당하시고 죽으셨을까. 그분의 생애는 죄책에 시달리는 우리에게 용서와 자유를 베푸시기 위한 것이었다.

예수님의 가장 강력한 메시지 가운데 하나는 그분이 우리를 판단하시지 않을 뿐 아니라 우리도 서로 판단해서는 안 된다는 것이다. 사람들이 서로 깨끗한 척하는 태도를 그분은 질색하셨다.

어느 날 교회(회당) 사람들이 간음 현장에서 잡힌 여자를 예수께 데려왔다. 훌륭한 종교 경찰답게 그들은 그녀를 심판의 자리로, 적어도 '심판자'에게 데려온 것이다. 여기 예수님 앞에 확실한 진짜 죄인이 서있다. 지금이야말로 그분이 '당당히 죄에 맞설' 기회요, 그런 행동을 어떻게 생각하는지 만인에게 알리실 기회였다. 그분은 어떻게 하셨던가?

고소하는 자들을 보시며 그분은 그들이 옳다고 하신 게 아니라 그들이라고 그녀와 뭐가 다르냐고 물으셨다. 그분의 일차적 초점은 죄지은 여자가 아니라 그녀를 판단하는 자들에게 있었다. 적어도 그녀의 간음만큼 그들의 판단도 우려하신 셈이다. 그럴 수 있을까? 자기들이 더 낫다는 종교인들의 생각은 그녀가 저지른 죄만큼 큰 문제일 수 있을까? 그 다음 벌어진 일을 잘 보라.

> 예수께서 몸을 굽히사 손가락으로 땅에 쓰시니 그들이 묻기를 마지 아니하는지라. 이에 일어나 이르시되 "너희 중에 죄 없는 자가 먼저 돌로 치라" 하시고 다시 몸을 굽혀 손가락으로 땅에 쓰시니 그들이 이 말씀을 듣고 양심의 가책을 느껴 어른으로 시작하여 젊은이까지 하나씩 하나씩 나가고 오직 예수와 그 가운데 섰는 여자만 남았더라. 예수께서 일어나사 여자 외에 아무도 없는 것을 보시고 이르시되 "여자여, 너를 고발하던 그들이 어디 있느냐. 너를 정죄한 자가 없느냐." 대답하되 "주여, 없나이다." 예수께서 이르시되 "나도 너를 정죄하지 아니하노니 가서 다시는 죄를 범하지 말라" 하시니라(요 8:6-11).

여자를 정죄하려는 자들에게 예수님은 사실상 "이 여자 못지않게 너희에게도 내 용서가 필요하다"고 말씀하셨다. 물론 그 중에는 간음하지 않은 사람들도 있었고, 그래서 그분의 메시지는 더 강력해졌다. 무슨 죄를 지었든 그들도 부족하기는 마찬가지였다.

예수님은 여자에게 죄책이나 정죄가 아닌 용서와 긍휼과 수용을 베푸셨다. 그분은 여자에게 "나도 너를 정죄하지 아니하노니"라고 하셨다. 그리고 "다시는 죄를 범치 말라"는 말씀을 덧붙여 그녀에 대한 사랑을 보이셨다. 그분은 그녀의 실패를 정죄하지 않으셨지만 그렇다고 문제를 부정하신 것은 아니다. 그분은 그녀의 행동을 실체 그대로 못된 죄라고 부르셨다. 여기 '죄'라 번역된 헬라어 단어는 "과녁을 빗나가 상을 놓친다"는 뜻이다. 예수님은 그녀가 성관계와 결혼의 실체에서 빗나가고 있으며 그리하면 본연의 상을 놓칠 수밖에 없다고 말씀하셨다.

이 예에서 우리는 예수님이 교회 사람들과 얼마나 다른지 볼 수 있다. 그래서 나는 사람들한테서 교회와 죄책에 대한 말을 들으면 이렇게 소리라도 지르고 싶다. "압니다. 나도 보았습니다. 하지만 제발 그것을 하나님 탓으로 돌리지 마십시오. 그분은 전혀 그런 분이 아닙니다."

당신에게 묻고 싶다. 당신은 그분을 어떻게 보고 있나? 하나님을 당신의 실패에 대한 죄책과 연결시키고 있나? 교회나 다른 사람들이 당신을 못됐다고 욕한 적이 있나? 당신 머릿속에 비난의 합창 소리가 연달아 죄책의 노래를 부르며 당신같이 나쁜 인간은 마땅히 먼저 돌에 맞아야 한다고 말하고 있나? 아니면 기적과도 같이 당신은 예수께서 이 여자에게 베푸신 수용의 손길을 느껴본 적이 있나? 자신이 온전히 용서받아 죄책에서 벗어났음을 영혼 깊이 알고 있나? 당신이 바로 그 자리에 있었으면 좋겠다.

최근 나는 거래처 남자와 점심을 함께 먹었는데, 앞서 말한 여자와 나누었던 대화와는 흥미로운 대조였다. 우리는 교회와 신앙에 대해 얘기했다. 서로 이야기를 주고받을 수 있도록 그 여자에게 이 남자를 소개할 수 있다면 좋겠다. 그는 나이 예순에 하나님께 다시 돌아와 너무 감격스럽다고 했다. 신앙에 다시 관심이 생길 줄은 미처 몰랐다는 것이었다. 나는 이유를 물었다.

"나도 한때 교회에 나갔지만 죄책감이 너무 심해 그만둬야 했습니다. 나도 내가 못된 짓 꽤나 저지른 건 알고 있었고, 그래서 착해지고 싶었지만 잘 안 됐지요. 당시 나는 개과천선을 못한 채 심한 가책을 느끼면서도 이런저런 일들에 빠져 살았다오. 교회에만 가면 내가 저지르고 있는 일들을 얘기하는데 정말 견딜 수 없었소.

그러다 몇 년 전 나는 다급한 심정으로, 현재 다니고 있는 교회에 갔습니다. 인생을 잘못 산 줄이야 알았지만 그래도 내 삶에 하나님이 계셨으면 했지요. 그래서 갔는데 목사가 금시초문인 얘기를 합디다. 당신이 어떻게 살아왔든 상관없다, 구하기만 하면 하나님이 지금이라도 당신을 받아주시고 용서해 주신다 그러는 겁니다. 그런 말은 처음 들었소. 나는 그 말대로 했고 그 뒤로 삶이 완전히 달라졌습니다. 하나님이 나를 사랑하시고 내 과거를 다 용서하셨다는 걸 알고 나니 이렇게 좋을 수가 없소. 날마다 새 출발이오. 딴 사람들도 다 이걸 좀 알았으면 좋겠소." 그는 말했다.

"그래서 이것을 '기쁜 소식'이라 하는 것 아닐까요." 나는 말했다. "하지만 전에 교회에 다니실 때 그것이 성경의 메시지임을 한 번도 듣지 못하셨다니 믿어지지 않습니다. 구하기만 하면 하나님이 어떤 죄든 용서해 주신다는 걸 그때는 모르셨던 겁니까?"

"물론 몰랐소. 서글프지만 지금도 많은 사람들이 그 메시지를 듣지 못하고 있는 것 같습니다. 내가 믿기로 그들은 그리스도인을 판단에 이골난 사람, 정말 실상을 알면 자기들을 경멸할 자로 알고 있습니다." 그는 말했다. "하나님이 정말 용서하신다는 것과 우리가 죄책에서 벗어날 수 있다는 것을 알면 정말 달라지는데 말입니다."

그는 자기가 하나님의 눈 밖에 났다는 두려움에서 벗어나 하나님과의 관계를 즐기고 있었다. 이것이 예수께서 우리에게 가지고 오신 메시지다. 그러나 예전의 이 남자처럼 용서의 메시지를 한번도 듣지 못한 사람들도 있다. 그런가하면 메시지를 듣고도 여전히 죄책감을 느끼는 사람들도 있다. 왜 그럴까? 당신도 혹 그중 하나에 해당되나? 그렇다면 계속 읽어보라. 하나님은 죄인들에게 완전한 용서의 길을 내주실 뿐 아니라 용서받고도 여전히 죄책감을 느끼는 이들에게도 자유의 길을 내주실 수 있다.

유죄에서 용서로

우리가 살면서 죄책감을 느끼는 이유 가운데 하나는 단순히 죄가 있기 때문이다. 우주에는 기준이 있으며 우리는 항상 그 기준에 부합하지는 못한다. 모든 인간은 태어날 때부터 그 사실을 아는 능력이 있다. 당신의 신념 체계나 종교가 무엇이든, 신봉하는 종교가 있든 없든, 우리는 다 그 신념 체계에 부합해 살지 못했다. 내용과 규율은 다양해도 우리는 다 자신의 기준에 도달하지 못한다. 해서는 안 될 일을 했다는 것을 우리는 다 안다. 우리는 다 유죄다.

자신의 죄에 대한 반응은 각기 다르다. 어떤 사람들은 나와 대화했던 그 여자처럼 가급적 거기서 벗어나려 한다. 하나님을 벗어나면 문제도 벗어날 수 있다고 그들은 생각한다. 하지만 그래봐야 소용없다. 죄책은 생각과 영혼 속에 점점 깊어질 뿐이다. 죄는 다른 식으로도 우리에게 영향을 미친다. 예컨대 내 실상을 안다면 아무도 나를 정말 좋아하지 않으리라는 느낌이 든다.

어떤 사람들은 옳고 그름에 대해 그간 배운 내용을 수정하려 한다. 곧 보겠지만 경우에 따라 이는 좋은 일이다. 우리가 잘못이라고 배운 일 중에 사실 잘못이 아닌 것도 있다. 새로운 시각의 필요성은 예수께서 거듭 가르치신 교훈 가운데 하나다. 그러나 무조건 다르게 믿으려고만 해서는 때로 부족하다. 엄연한 죄를 합리화하려 할 때는 특히 더하다. 아무리 괜찮다고 자신을 타이르고 타일러도, 정말 그렇지 않다면 마음 한 구석에서 안다. 죄책은 그대로 남는다.

어떤 사람들은 '죄인'의 정체를 입고 그냥 죄책과 더불어 살아간다. 그들은 자신을 '못된' 존재로 알며, 자아에 대해 그런 사고방식을 취하고 수용하려 한다. 집안의 말썽꾼으로 찍힌 십대 아이들을 많이 만나보았다. 그들은 그것이 자신의 참모습이고 앞으로도 늘 그러려니 하며 그냥 받아들인다. 서글프게도 나는 성인이 되어서까지 자신을 말썽꾼으로 보는 사람들을 많이 만나보았다.

어떤 사람들은 아예 기준을 버리고 항복한다. 이왕 버린 몸 어차피 돌이킬 수 없으니 그냥 포기하고 삶을 즐기는 게 낫다는 생각에서다. 때로 그들은 약물이나 성관계 따위로 죄책을 달래려 하지만 죄책은 늘 그대로 있다.

어떤 반응을 보이든 우리는 정말 유죄다. 사실 성경의 시각으로 보면 문제가 그보다 크다. 하나님의 시각으로 보면 문제는, 우리가 다 그분을 떠나 스스로 신이 되어 살고자 했다는 것이다. 우리는 다 "각기 제 길로 갔다." 우리는 하나님과 우리 삶을 향한 그분의 역할을 거부한 죄인이다.

그러나 하나님은 우리에게 딜레마에서 벗어날 길을 내주셨다. 그분은 우리가 그분과 분리된 것을 보시고 우리를 되찾으러 이 땅에 오셨다. 그래서 예수님은 자신이 세상을 심판하거나 정죄하러 오지 않았다고 하셨다. 그분은 우리를 찾으러 오셨다. 돌이키기만 하면 우리를 용서하겠다고 말해 주러 오셨다. 이는 그간 저지른 모든 잘못을 능가할 만큼 착해지는 문제가 아니다. 잘못 하나만으로도 우리는 충분히 유죄다(인간 법정에서도 우리는 다른 법을 다 지키고 하나만 어겨도 재판을 받아야 한다). 사고를 쳐놓고 "큰 문제 아니다"고 얼버무릴 문제도 아니다. 간음하다 잡힌 여자에게 예수께서 말씀하신 것처럼 우리가 저지른 일들은 큰 문제다.

하나님의 눈으로 볼 때 우리의 상황은 아주 단순하다. 우리는 다 유죄며 죄에는 형벌이 있다. 하나님과 그분의 율법을 거부한 우리를 위해 예수님이 형벌 — 사형선고 — 을 받으셨다. 그분이 우리의 형벌을 치르셨으므로 우리가 그분을 믿고 용서를 구한다면 문제는 끝난다. 여기가 죄책의 끝이다.

삼척동자도 알 만큼 단순하다. 흥미롭게도 바로 그 단순성 때문에 너무 미련하게 들려 어떤 사람들은 이를 믿지 못한다. 너무 좋아 사실 같지 않은 것이다.

하지만 사실이다. 바울은 그것을 이렇게 표현했다.

이제는 율법 외에 하나님의 한 의가 나타났으니 율법과 선지자들에게 증거를 받은 것이라. 곧 예수 그리스도를 믿음으로 말미암아 모든 믿는 자에게 미치는 하나님의 의니 차별이 없느니라. 모든 사람이 죄를 범하였으매 하나님의 영광에 이르지 못하더니 그리스도 예수 안에 있는 속량으로 말미암아 하나님의 은혜로 값없이 의롭다 하심을 얻은 자 되었느니라(롬 3:21-24).

모든 사람이 실패했고, 모든 사람이 그분을 믿기만 하면 용서받을 수 있다. 죄책은 영원히 사라진다. 당신이 하나님을 믿었다면 과거와 현재와 미래까지 완전히 용서받았다고 성경은 말한다. 바울은 "그러므로 이제 그리스도 예수 안에 있는 자에게는 결코 정죄함이 없나니"(롬 8:1)라고 했다. 믿는다면 당신은 용서받았다.

하나님은 참 죄책에서 벗어날 길을 여셨다. 믿음으로 당신은 하나님의 은혜와 수용 안에 설 수 있다. 용서받아 더 이상 염려할 필요가 없기에 당신은 평안을 누릴 수 있다. 동이 서에서 먼 것 같이 그분은 당신의 죄과를 당신에게서 멀리 옮기셨다. 용서가 필요함을 그분께 인정하고 필요를 고백하면 그분은 당신의 과거를 묻지 않고 값없이 주신다. 정말 기쁜 소식 아닌가?

그러나 용서의 메시지로 모든 사람의 죄책감이 사라지는 것은 아니다. 어떤 사람들은 용서받고도 여전히 죄책감에 시달린다. 당신이 그런 상황이라면 어찌해야 할까? 답이 있다. 사실 성경에 그 문제가 나온다. "이는 우리 마음이 혹 우리를 책망할 일이 있어도 하나님은 우리 마음보다 크시고 모든 것을 아시기 때문이라"(요일 3:20). 우리 마음이 우리를 책망하는 몇 가지 방법과 이유 그리고 거기에 대해 우리가 취할 수 있는 조치를 살펴보자.

머리에서 가슴으로

"하나님이 날 용서하신다는 말은 나도 압니다. 적어도 머리로는 압니다. 하지만 가슴으로 느껴지지 않아요. 아직도 가책이 듭니다." 배리는 말했다.

머리로 안다고 해서 언제나 감정이 거하고 호흡하는 곳인 가슴에까지 느껴지는 것은 아니다. 이는 우리가 사물을 두 가지 방식으로 알기 때문이다. 하나는 개념과 정보를 아는 것이다. 우리는 자신이 용서받은 것을 안다. 예컨대 성경의 정보나 누군가의 말을 통해 그것을 안다.

또 하나는 체험으로 아는 것이다. 이는 관계 속의 경험을 통해 온다. 예컨대 많은 중요한 관계에서 우리가 별로 용서를 맛보지 못하고 오히려 가책을 느끼거나 사랑과 수용을 잃을까 봐 두려웠다면, 머리는 아무리 다르게 알지라도 우리 가슴이 아는 것은 그것이다. 머리와 가슴의 차이 때문에 진실을 알면서도 느끼지 못한다.

차이를 메우려면 가슴의 언어 즉 체험의 언어로 자기 가슴에 말해야 한다. 용서에 관해 배울 뿐 아니라 용서를 체험해야 한다. 그러려면 자신의 잘못을 빛 가운데 드러내 사랑 많고 안전한 다른 사람들에게 고백해서 하나님의 이름으로 베푸는 그들의 사랑과 용서를 체험해야 한다. 「사람들은 어떻게 성장하는가」(How People Grow)에서 나는 강박적인 성충동어 만성적으로 시달리며 심한 죄책감 때문에 지독한 우울증에 빠진 목사의 사연을 소개했다. 그는 하나님이 자기를 용서하신 것을 알았지만 여전히 죄책과 두려움에서 헤어나지 못했다.

어느 날 나는 그를 그룹에 넣은 뒤 고딘을 털어놓으라고 했다. 처음에는 생각만 해도 그에게 너무 힘든 일이었다. 그러나 그는 털어놓았다. 그가 마음을 열자 조원들은 눈물을 적시며 그에게 긍휼을 보였다. 그는 그들의 긍휼과 은혜를 차마 보지 못한 채 바닥만 보고 있었다. 내가 끼어들어 그에게 고개를 들라고 했다.

고개를 들어 사랑과 긍휼에 찬 그들의 얼굴을 보는 순간 그는 갈대처럼 쓰러졌다. 앞으로 고꾸라져 계속 울기만 했던 것이다. 그날 그는 죄책의 옥에서 나와 새 사람이 되었다. 평생 읽고 공부했던 용서가 난생처음 느껴졌다. 하나님의 사람들에게 마음을 열고 그들을 통해 주시는 그분의 사랑을 받아들일 때 엄청난 위력이 있음을 그는 깨달았다. "그러므로 너희 죄를 서로 고백하며 병이 낫기를 위하여 서로 기도하라. 의인의 간구는 역사하는 힘이 많으니라"(약 5:16) 하신 성경말씀이 생각보다 진실임도 깨달았다. 그는 또 "각각 은사를 받은 대로 하나님의 여러 가지 은혜를 맡은 선한 청지기같이 서로 봉사하라"(벧전 4:10)는 말씀의 축복도 체험했다.

서로 고백하며 다른 사람들이 베푸는 사랑의 선물을 받을 때 하나님의 은혜가 그들을 통하여 우리 가슴을 치유한다. 우리는 지금까지 해보지도 못했고 그래서 느낄 수도 없었던 체험을 알게 된다. 머리와 가슴이 하나가 된다.

불완전한 존재들

언젠가 나는 성공한 지도자들을 상대로 수련회를 인도한 적이 있는데, 그중에 장래가 촉망되는 한 남자가 있었다. 평소 존경하던 성공한 지도자들의 수련회에 동참한 것이 그는 못내 기뻤다. 첫날 밤 나는 참석자들에게 빙 돌아가면서 자신의 상황과 수련회에 대한 기대를 나누게 했다.

그들은 돌아가면서 고충을 나누었는데 그중에는 꽤 심각한 문제들도 있었다. 젊은 기대주 차례가 되자 그는 "벌써 기분이 좋아집니다. 저도 생각만큼 엉망진창은 아니군요!"라고 말했다. 대단한 유익을 발견했다는 뜻이다. 그는 누구나 고생하고 있음을 깨달았다. 평소 자기가 영웅처럼 존경하던 늗자들 입에서 부족함과 고민을 고백하는 말을 들었던 것이다. 그러자 그도 자신의 부족함, 죄, 결점을 받아들이기가 한결 쉬워졌다.

당신은 머릿속의 불가능한 기준 때문에 죄책감이 들 수 있다. 자신이 완벽하거나 완벽에 가까워져야 한다는 부담이 있을 수 있다. 그러나 불가능한 기준은 격리된 진공상태에서만 살아남을 수 있다. 다른 사람들과 친해져 서로 속내를 보이기 시작하면 당신은 그들도 당신과 같음을 알게 된다. 모두가 죄인이며 똑같이 불완전한 존재임을 우리는 알게 된다. 그것을 알면 우리의 기대가 현실적으로 바뀐다. 전에는 완벽을 기대했으나 이제는 현실 곧 정말로 불완전한 모습을 예상한다.

하나님이 어떻게 우리의 완벽주의에 해방의 길을 내시는지 성경에 나온다. 한 마디로 그분은 완벽주의를 박살내신다. 그분은 우리를 문제 많은 존재로 보시며 우리도 그렇게 보기 원하신다. 그래야 우리는 나아질 수 있다. 그분은 우리가 자아의 참모습을 보고 진실을 직시하기 원하신다. 그분처럼 우리도 자신을 불완전한 존재로 볼 수 있다면 우리는 겸손해지며 훨씬 편하게 자신을 수용할 것이다. 그분의 말씀을 들어보라.

- 선을 행하고 전혀 죄를 범하지 아니하는 의인은 세상에 없기 때문이로다(전 7:20).
- 아버지가 자식을 긍휼히 여김같이 여호와께서는 자기를 경외하는 자를 긍휼히 여기시나니 이는 그가 우리의 체질을 아시며 우리가 단지 먼지뿐임을 기억하심이로다(시 103:13-14).
- 만일 우리가 죄가 없다고 말하면 스스로 속이고 또 진리가 우리 속에 있지 아니할 것이요(요일 1:8).

자아를 보는 우리의 관점을 하나님의 관점에 맞추어야 한다. 우리는 자신의 실상을 보아야 한다. 자신을 불완전한 자, 곧잘 일을 그르치는 자로 보아야 한다. 그러면 자신의 불완전한 모습이 나타나도 새삼 충격에 빠지지 않고 그분처럼 자신을 수용하며 이렇게 고백할 수 있다. "이 부족한 모습이 또 나옵니다. 저는 또 다시 과녁을 빗나갔습니다. 이런 저를 사랑해 주시니 하나님 감사합니다."

불완전한 채로 수용되는 것 역시 지식과 체험이 둘 다 필요하다. 그래야 이런 인식 전환이 가능하다. 지식은 하나님 말씀대로 내 모습을 보고 또 다른 사람들의 모습을 볼 때 온다. 체험적 앎은 다른 사람들을 만나 내 결점과 부족함을 털어놓고 그럼에도 불구하고 사랑과 수용을 받을 때 온다. 우리는 서로가 문제, 실패, 죄, 약점, 상처 등을 극복하는 여정의 길동무들임을 배운다. 우리는 고뇌의 일가족이며 하나님은 우리를 있는 그대로 사랑하신다. 친히 말씀하신 대로 예수님은 이 모습의 우리를 심판하러 오신 것이 아니라 이 모습의 우리를 찾아 구원하러 오셨다(눅 19:10).

고백과 화해

때로 우리는 관계 속에서 자신이 행한 일로 인해 상심할 수 있다. 피해자를 찾아가 용서를 구하면 종종 그런 감정을 떨치는 데 도움이 된다. 성경은 우리에게 이 원리의 실천을 명한다. 회복 과정에 있는 사람들도 같은 방법으로 치유를 얻곤 한다. 사실 전통적 회복 프로그램들의 열두 단계 가운데 하나는 가해자를 찾아가 화해하는 것이다. 단 그것이 해로운 경우는 예외다.

예수님은 우리와 하나님의 영적 관계가 우리 서로간의 관계와 맞물려 있다고 가르치셨다. 언젠가 그분은 하나님께 예물을 드리며 예배하려다가 누군가에게 원망 들을 만한 일이 생각나거든 예물을 내려놓고 그 사람에게 먼저 가서 해결해야 한다고 말씀하셨다(마 5:23-24).

고백에는 몇 가지 의미가 있다. 고백이란 피해자에게 용서를 구하는 것이며, 이로써 당신은 상대에게 용서받을 수 있다. 많은 경우 우리에게 상처받은 사람들은 정말 우리를 용서하기 원한다. 아울러 자신을 낮추고 용서를 구하면 상대의 무장이 풀릴 수 있다. 대부분의 경우 고백은 상대에게 주는 귀한 선물이다. 고백은 상대의 고통과 감정을 인정하고 상대를 염려하는 마음을 알리는 행위다. 용서받는 것도 큰일이지만 나아가 고백 후에 당신은, 상대가 아예 상처나 분노를 느끼지도 못한 문제 또는 상대가 이미 잊었거나 용서한 문제를 당신이 여태 품고 살아왔음을 깨달을 수도 있다. 이렇게 당신은 불필요한 고통에서 벗어난다.

물론 상대가 당신을 용서하지 않을 때도 있다. 그러나 그 상황에서도 당신은 해결을 얻을 수 있다. 고백하고 용서를 구했기 때문이다. 하나님이 하라고 하신 일을 다 했기에 당신은 평안을 누릴 수 있다. 어떻게 반응할지는 상대의 소관이다. 바울의 말대로 때로 우리는 할 수 있는 만큼만 할 수 있다. 어떤 관계든 우리의 통제 범위는 제한되어 있어, 자기 몫밖에 할 수 없다. "할 수 있거든 너희로서는 모든 사람과 더불어 화목하라"(롬 12:18). 나머지는 상대와 하나님께 달린 문제다.

실체를 직시하라

성경은 죄책을 그렇게 크게 다루지 않는다. 성경은 그것을 해답보다는 문제로 본다. 예수님은 죄책을 없애려고 죽으셨다. 그러나 간음한 여자의 이야기에서 지적한 대로 그렇다고 하나님이 문제를 방관하신다는 뜻은 아니다. 천만의 말이다. 그분은 문제의 실체를 지적하시며, 우리가 죄책감을 느끼는 대신 문제를 해결하기 원하신다. 혹 누군가 당신을 실망시켜 놓고는 그 가책이 너무 커 정작 당신의 감정은 안중에도 없어 보인 적이 있는가? 그런 사람은 자기중심적 죄책에 푹 파묻혀 당신을 보지 못하고 자기 행동이 당신에게 미치는 영향도 보지 못한다. 그래서라도 하나님은 우리가 누군가를 실망시킬 때 죄책감을 느끼기를 원치 않으신다.

대신 그분은 우리가 유감과 미안함을 느끼기 원하신다. 죄책감의 주인공은 나다. 죄지은 나, 아주 못된 나다. 미안함의 주인공은 상대다. 내 죄가 상대에게 미친 영향이다. 미안함의 동인은 죄책이 아니라 사랑이다. 미안할 때 나는 상대를 보고, 내가 상대에게 입힌 상처를 보며, 내가 불러온 결과에 공감과 슬픔을 느낀다. 내 행동이 상대에게 상처가 됨을 보고 미안해지면 행동을 고칠 마음이 생긴다. 바울의 말처럼 경건한 근심은 참된 변화를 낳는다(고후 7:10). 죄책은 종종 자기정죄에 더 가깝다. 아무에게도 유익이 못된다.

그러므로 이제부터는 죄짓거나 누군가를 실망시킬 때 자신이 얼마나 못된 사람인지를 볼 게 아니라 당신의 행동이 피해자에게 어떤 영향을 주는지 보라. 그러면 당신은 최고의 도덕인 황금률에 이르게 된다. "무엇이든지 남에게 대접을 받고자 하는 대로 너희도 남을 대접하라."

개인생활 면에서 자기 행동의 실체를 볼 때도 마찬가지다. 자신의 실패에 대한 죄책감은 절대 영속적 변화의 동기가 될 수 없다. 그러나 인생과 재능과 건강을 허비하고 있는 자신의 모습을 보면 변화의 동기가 된다. 진지하게 변화에 힘쓰려면 우리 모두 자각의 순간이 필요하다.

하나님은 죄책보다 실체를 크게 중시하신다. 예수님은 간음하다 잡힌 여자를 정죄하지 않으셨지만 그녀가 간음의 실체와 그것이 본인에게 미치는 영향을 직시하기 원하셨다. 사도 바울은 우리에게 정죄가 없다고 말한 바로 그 장(롬 8장)에 이어 말하기를, 우리가 육신의 낙을 따라 뿌리면 사망을 거두고 성령의 삶을 따라 뿌리면 생명을 거둔다고 했다. 정죄는 없지만 삶의 방식이 초미의 관심사가 된다(12-13절). 이것이 실체요 우리가 염려해야 할 바다.

장성하라

아이들은 부모가 정해준 기준에 못 미치면 죄책감을 느낀다. 하나님이 그분의 기준에 부합하지 못하는 우리를 용서하신다 하셨으므로 비소로 우리는 자유로이 '장성하여' 어른이 될 수 있다. 그간 자신을 짓누르던 죄책감을 떨치고 그분이 원하시는 성숙한 사람이 될 수 있다. 성숙한 사람은 자기 문제의 실체를 생각한다. 그러나 먼저 필요한 단계가 있다.

우리는 다른 사람들과 관련해 '아동 죄책 증후군'을 벗어나야 한다. 자신을 다른 성인들과 동등한 존재로 보지 않으면, 정도 차이는 있어도 죄책감에 시달리게 된다. 다른 사람들을 부모처럼 권위 인물로 대하면서 그 기준에 '부합하려' 애쓰게 된다. 그러니 그들에게서 정죄의 메시지가 들려올 것은 당연하다.

예수님은 우리가 다른 사람들을 신이나 부모로 대하기를 원치 않으셨다. 그분은 우리가 서로 형제자매가 되어 오직 하나님만 기쁘시게 하기를 원하셨다. 다른 사람들을 기쁘게 하려다 실패해서 죄책을 느낄 가능성이 이로써 제해진다. 당신이 기쁘게 할 수 없는 사람이 있다면 하나님의 해답은 그만두라는 것이다. 사람을 기쁘게 하려 하지 말라. 당신이 그들과 동등한 존재로서 하나님을 위해 살고 있음을 인식하라. 하나님을 쿠모 삼아 당신은 다른 사람들을 동등한 성인으로 대할 수 있다. 더 이상 '그들의 율법 아래' 있지 않을 수 있다.

성장과 자유의 길

이미 보았듯이 하나님은 우리의 초점이 죄책이 아니라 용서와 실체의 처리에 있기 원하신다. 그분이 죄책을 없애시는 길은 단순하다. 고백해서 그분과 사람들의 용서를 받은 뒤 문제의 실체에 부딪쳐 감당하는 것이다. 문제가 자신에게나 누군가에게 해로움을 깨닫고 성장의 길에 들어서 문제를 처리한다는 뜻이다. 이는 자유의 길이다.

복습 삼아 살펴보자. 실패할 때 다음 아홉 단계를 따르면 자유에 이를 수 있다.

1. 하나님께 나아가 용서를 구하라. 구하기만 하면 그분은 절대 거두시지 않고 용서하신다. 그분은 구하는 즉시 사하신다고 약속하신다.
2. 자기 실패의 실체를 보고 진지하게 임하라. 이를 회개라 한다. 당신의 죄를 본연의 해악으로 보고 혼신을 다해 처리하라.

3. 당신이 상처를 입힌 사람들이 있다면 그들에게 가서 (그것이 해로운 경우는 제외) 용서를 구하고 화해하라(마 5:23-24).

4. 하나님의 용서를 알고 있고 당신에게 베풀 만한 다른 사람에게 당신의 실패를 (전부) 고백하라(약 5:16).

5. 머릿속의 잘못된 기준과 메시지를 보다 현실성 있게 수정하라 (전 7:20).

6. 공동체에 들어가 다른 사람들에게 마음을 열라. 그들을 알아가고 그들에게 자신을 알리라. 같이 고민하며 공감할 수 있는 이들과 함께 있으면 인간은 누구나 불완전함을 알게 되며 겸손하고 온유한 마음으로 서로 도울 수 있다(갈 6:1). 그들이 당신을 알아가는 사이 그들의 수용이 당신에게 내면화되어 자기수용이 된다.

7. 기억나는 한 당신의 삶 전체를 도덕적인 면에서 최대한 철저히 점검한다. 죄를 생각나는 대로 다 기록하고, 용서가 필요한 일들이 떠오르게 해달라고 하나님께 기도하라(시 139:23-24). 그러고 나서 그 죄를 그분께 고백하며 용서를 구하고 누군가 안전한 사람에게 나누라. 끝으로 자신이 깨끗케 된 것을 주장하며 이제부터 자유함 속에 살아가라. 죄책감이 드는 일들을 처리하기가 너무 고통스럽거든 상담이나 전문가의 도움을 받으라. 혼자 하려 하지 말라.

8. 머릿속에 당신의 실패를 비난하는 목소리가 있다면 모두 거짓말임을 잊지 말라. 그 근원을 찾아 처치하라. 14장에 말한 것처럼

그런 목소리에 말씀으로 맞서 싸우라. 비난이 들려오거든 로마서 8장 1절을 비롯한 말씀의 진리를 인용하라. 당신은 이미 용서받았으니 그런 목소리들에게 잠잠할 것을 명하라.

9. 성경을 암송하라. 사탄이나 다른 사람들이 예수께 거짓말했을 때 그분은 성경을 인용하셨다. 당신도 똑같이 하려면 말씀을 알아야 한다. 다윗은 하나님 말씀을 자기 마음에 '두었다'고 했다. 당신도 똑같이 할 수 있다. 조그만 카드에 용서에 관한 구절들을 적어 가지고 다니라. 언제든 인용할 수 있도록 암송하라. 효과 만점이다!

자유의 새 삶

간음하다 잡힌 여자를 만나셨을 때 예수님은 그녀를 자유의 새 삶으로 즉 자신의 과거와 죄책과 실패에서 해방된 삶으로 내보내셨다. 그분은 사랑과 말씀으로 그리하셨다. 오늘도 그분은 똑같은 자유를 우리 모두에게 주신다.

때로 잘 믿어지지 않지만 사실이다. 그분은 구하는 자들의 모든 죄를 용서하신다. 그러므로 그분께 구하라. 용서하신다는 약속을 믿으라. 잘 믿어지거나 느껴지지 않거든 이 장에 제안한 대로 하라. 그러면 하나님이 당신에게 죄책을 처리할 길을 내주신다. 그분이 길을 내주시거든 고개를 높이 들라. 뒤로 빼지 말라. 이제 당신은 용서받아 깨끗한 사람이니 그렇게 행세하라. 하나님은 당신에게 '무죄'를 선고하셨다.

제19장
체중 감량과 건강

30대 이후로 나의 몸무게는 일정 범위 내에서 오르락내리락했다. 나는 과식하거나 잘못 먹거나 운동이 부족하거나 스트레스가 너무 많으면 살이 찐다. 하나님이 멀게 느껴지거나 그분의 임재와 은혜가 잘 느껴지지 않을 때도 그랬다. 지난 세월을 돌아보며 나는 체중 증가가 사랑 — 사람들의 사랑만 아니라 하나님의 사랑 — 에 대한 욕구와 상관된다는 결론을 내렸다. 필요한 사랑을 누리지 못할 때 우리는 때로 음식에서 대리 만족을 찾는다.

우리들 대부분은 경미한 수준이든 중간 수준이든 심각한 수준이든 평생 얼마간은 체중 때문에 고생한다. 과체중은 귀찮을 수 있고 생명을 위협할 수도 있다. 체중 조절이라면 그간 책이 너무 많이 나와 당신은 "또 그 얘기군, 날마다 같은 얘기"라고 생각할 만도 하다. 요즘 나와 있는 많은 정보는 아주 유익하며 매우 주도면밀하다. 사실 우리는 당신이 그것을 사용하고 있기를 바란다. 그러나 이 장에서 우리는 당신이 체중 문제를 삶 전체, 특히 하나님의 생명의 맥락에서 보도록 돕고자 한다. 체중이 당신 삶과 존재의 일부임을 이해하도록 돕고자 한다. 체중은 당신의 격리된 부분이 아니며 하나님, 대인관계, 마음, 성장 과정과 단절된 것이 아니다.

영적인 문제

당신은 하나님과 그분의 길이 애당초 체중과 무슨 상관인지 의아할 수 있다. 답은 이미 이 책을 관통하고 있다. 즉 모든 문제는 영적인 문제요 모든 고충은 영적인 고충이다. 하나님은 모든 실체의 주인이시므로 당신 삶에 영적이지 않은 실체란 없다. 그분은 우주를 우리처럼 '하나님 부분'과 '실생활 부분'으로 나누시지 않는다. 그분은 인간의 신체적 차원과 정서적 차원을 직접 설계하신 분이다. "땅과 거기에 충만한 것과 세계와 그 가운데에 사는 자들은 다 여호와의 것이로다"(시 24:1). 당신의 체중 문제를 포함해 우주는 본질상 영적이다.

하나님은 또한 우리 삶의 모든 면에 임재하고 개입하신다. 우리의 행복과 생존 자체는 그분께 중요하다. 그분은 '실생활' 문제들의 답일랑 다른 사람들에게 넘기시고 신학적 문제들에 '영적인' 답만 주시는 분이 아니다. 그분께는 이 모두에 대한 답, 계획, 길이 있다. 그분은 당신 삶의 모든 부분에 관심을 두신다.

체중 문제의 영적 본질을 알면 종종 커다란 안도와 위안이 된다. 문제 앞에 나 혼자라고 생각하면 깊은 낙심에 빠질 수 있다. 그러나 하나님이 보살피시고 임재하시고 길을 내주심을 알면 그분과 짐을 나누어 질 수 있다. 그분의 어깨는 매우 넓다. 체중 조절의 여정에서 당신은 그분의 도움과 답을 구하고, 그분께 복종하며, 몸에 결과가 나타나기를 간절히 고대할 수 있다.

이는 기쁜 소식이다. 우선 당신은 체중과 관련해 의학적, 신체적 부분에 거리낌 없이 임할 수 있다. 그런 부분도 영적인 문제이며 따라서 하나님이 그 안에도 임재하시기 때문이다. 그러므로 영양과 운동 같은 데 신경 쓰면 신앙을 무시하는 게 아닌가 걱정하지 말라. 실은 정반대다. 유익한 전문성과 정보를 갖춘 자원들과 사람들을 찾는 것은 좋고 바람직한 일이다. 성경은 우리에게 몸을 복종시키라고 가르친다(고전 9:27).

고로 당신의 몸에 대한 진리를 추구할 때, 하나님의 도움과 인도를 구하라. 이는 그분을 의지하는 마음과 나란히 병행된다.

은혜 없이는 안 되는 일

은혜는 체중 조절의 핵심 요인이다. 이전에 몇 번 체중 조절을 시도했다 실패한 경우라면 특히 그렇다. 은혜는 당신에게 체중 조절 과정을 통과하는 데 필요한 동맹 세력과 자원을 공급한다.

간략히 정의해서 은혜란 공로 없이 받는 호의다. 여기에는 하나님의 용서로 당신이 그분과 더 이상 원수 관계가 아니라는 것보다 훨씬 큰 뜻이 있다. 은혜란 진노의 부재 이상으로 호의의 존재다. 공로 없이 거저 주어지는 것이라서 호의다. 당신 힘으로 얻어낼 수 없다. 하나님이 당신에게 호의 내지 은혜를 베푸신다는 것은 그분이 당신을 위하신다는 뜻이다. 그분은 당신 편이며 당신이 가장 잘되기를 원하신다.

체중 문제로 고민하는 사람들의 한 가지 특징은 "더 열심히 하면 된다"는 사고방식에 곧잘 빠진다는 것이다. 체중 때문에 그들은 하나님이나 사람들에게 받아들여질 수 없다고 생각한다. 그래서 체중을 줄여 받아들여질 만한 사람이 되려고 자력과 의지력을 구사해 자신을 훈련한다. 한동안 체중 감량이 유지되는 사람들도 있지만 그러다 다시 살이 찐다. 그들은 여러 전략과 접근을 시도할 수 있지만 자력으로는 어차피 낭패를 보게 되어 있다.

이 실패는 우리를 받아들여질 만한 사람으로 변화시키지 못하는 율법의 실패 즉 구약 명령의 실패 때문이다. 자력과 의지력만으로는 성과가 없다. 율법은 진실하고 의롭지만 사람을 사랑스럽거나 받아들여질 만하게 만드는 데는 역부족이다. 사실 율법의 취지 가운데 하나는 우리의 죄와 하나님의 은혜의 필요성을 알려주는 것이다(롬 3:20). 이것을 모르는 사람들이 많다. 대신 그들은 '더 열심히 노력하면 나도 할 수 있다'고 생각한다. 이런 사고방식은 언제나 실패하도록 되어 있다.

내 힘으로 안 된다는 자각은 당신에게 절망과 낙심을 안겨줄 수 있다. 혼자 힘으로 체중을 줄일 수 없다면 당신은 가망이 없다. 그러나 이는 복된 절망이다. 자력의 한계에 도달해 더 이상의 시도를 포기할 때 우리는 저편에서 은혜를 베풀고자 손 내밀고 기다리시는 하나님을 만날 수 있다.

바로 거기에 참 소망이 있다. 체중 조절이든 관계 문제든 마찬가지다. 아들의 죽음으로 나타난 하나님의 은혜의 선물을 받아들일 때 우리는 자력으로 해내려는 부담에서 벗어나 하나님이 내 편이라는 현실을 수용한다. 그분은 우리를 도우시고 인도하시고 붙드시고 이끄신다. 은혜 안의 삶이야말로 체중 감량이라는 난제에 성공하는 유일한 길이다.

그분께 가라. 당신의 의지력과 더 열심히 하려는 시도를 내려놓으라. 혼자 힘으로는 무력함을 겸손히 인정하라. 그 겸손과 고백이 장래의 성공의 열쇠다.

거울의 원리

체중 조절의 세 번째 중요한 원리는 이것이다. 보이는 것은 보이지 않는 것의 거울이다. 다시 말해 가시적인 것 속에 비가시적인 것의 본질이 드러난다. 내면은 종종 외면을 통해 드러난다.

몸은 영혼의 상태의 거울일 수 있다. 체중 문제는 흔히 문제, 결손, 상처 등 내면에서 벌어지는 일의 증상이다. 하나님의 걸음을 따라 내면의 문제를 처리하면 체중 문제 해결에 천군만마를 얻는다. 그간 체중이 떠맡았던 일이 끝났기 때문이다. 당신의 몸은 더 이상 내적 문제의 신호를 보낼 필요가 없다. 감염 인자가 사라지면 고열이 내리듯이 배후의 인격적 문제가 치유되면 대개 체중도 잡힌다.

그렇다고 체중 조절의 의료, 영양, 운동 부분을 무시해도 좋다는 말이 아니다. 그것도 전인적인 성장 계획의 일부다. 그러나 그 세 가지를 죽도록 시도해도 효과가 없다가 그 세 가지와 더불어 내면생활을 돌아보기 시작해 큰 성과를 본 사람들이 많이 있다.

체중과 영혼의 상태

당신이 체중 조절로 고민하고 있다면 이렇게 자문해 보라. 내 체중은 내 영혼의 상태에 대해 무엇을 말해 주고 있는가? 이 질문을 깊이 생각하면서 다음의 배후 문제들 중에 혹 당신의 체중 문제의 원인이 있는지 살펴보라.

1. 당신 내면에 결손이나 빈자리가 있다. 레이첼처럼 친절하고 싹싹한 사람도 드물 것이다. 그녀는 사람들 생일을 기억해서 전화해주고 그들의 기분과 삶을 정말 챙겨준다. 이렇게 좋은 사람에게 어떻게 그런 체중 문제가 있는지 아무도 이해하지 못했다. 그러나 그들이 모르는 것이 있었다. 레이첼은 우울하거나 외롭거나 힘들 때 좀처럼 다른 사람들에게 자신의 그런 모습을 보이지 못했다. 자신의 필요는 이기적이고 나쁘다고 생각했다. 한 마디로 레이첼은 남들에게 잘도 주면서 자기는 남들한테 요구할 줄 몰랐다. 마침내 그녀는 사람들을 상대로 모험에 나섰다. 자기가 늘 행복하

지만은 않음을 알렸고, 아프고 슬플 때 그들의 위로를 받았다. 그러자 체중이 줄기 시작했다.

2. 당신은 통제가 부족하거나 선긋기에 문제가 있다. 하나님은 우리를 자기 삶에 주인의식을 갖고 책임을 지도록 지으셨다. 자유로이 그분과 그분의 길을 선택하며 살도록 말이다. 선택의 자유, 남들에게 진실하고 정직할 수 있는 자유가 있을 때 우리는 그리스도께서 죽음으로 사주신 자유를 누리며 살게 된다(갈 5:1). 그러나 자신에 대한 주인의식과 통제력에 문제가 있는 사람들이 많다. 그들은 다른 사람들의 거부나 분노를 두려워할 수도 있고, 죄책감에 사로잡혀 솔직하지 못할 수도 있고, 의존 욕구 때문에 다른 사람들의 환심을 사고 동조하는 굴레에 갇혀 살 수도 있다. 원인이 무엇이든 이런 식의 속박은 식욕을 부추길 수 있다. 음식은 삶 전체 중 자유로운 선택권을 구사할 수 있는 유일한 부분, 다른 사람들의 비위를 맞출 필요가 없는 유일한 부분이 된다.

3. 당신은 자기혐오의 고통을 달래려고 먹는다. 어떤 사람들은 자신의 좋은 점이 전혀 눈에 들어오지 않을 정도로 자기정죄와 자기혐오의 상태가 심각하고 고통스럽다. 실수라도 하는 날이면 양심이 그들을 혹독하게 공격한다. 부드럽고 현실적인 가책이 아니다. 자기를 벗어날 수 없는 것이 인간인지라 자기정죄로 고생하는 사람들은 자기회의와 자기비판을 피할 수 없다. 일부는 음식을 고통의 마취제로 삼는다. 그러나 많은 사람들이 알듯이 자기혐오는 언제나 되살아난다. 어떤 마취제도 소용없다.

4. 당신은 특권의식이 있다. 특권의식이란 존재한다는 이유만으로 자신이 특별대우를 받거나 아무런 제약 없이 살 수 있어야 한다는 생각을 말한다. 어떤 사람들은 자기가 언제든 원할 때마다 무엇이든 원하는 대로 먹을 수 있어야 한다고 생각한다. 그 권리를 빼앗는 것은 그들에게 모욕이다. 흔히 그들은 자신의 체중 문제를 모르거나 얼버무린다. 자신에게 문제가 있다고는 차마 생각할 수 없기 때문이다.

5. 당신은 성에 대해 불편한 마음이 있다. 이 불편의 동인은 흔히 두려움이다. 어떤 사람들은 자신의 성욕을 제어하지 못할까 봐 두려워한다. 어떤 사람들은 위험한 사람과 얽히게 되거나 공연히 좋아하는 사람의 눈밖에 날까 봐 이성과의 로맨스 관계를 두려워한다. 과체중은 매력을 가려주어, 일체의 성적이고 낭만적인 시나리오를 확실히 피하게 해준다. 물론 이들의 성은 사라지지 않는다. 묻힐 뿐이다.

당신도 경험으로 알겠지만 음식은 이중 어떤 내면의 문제에도 궁극적 만족을 주지 못한다. 우리가 음식을 즐기는 것은 하나님의 본의에 맞지만 음식으로 사랑을 대치하는 것은 아니다. 나아가 음식은 당장은 고통을 달래줄지 몰라도 또한 욕구의 악순환을 조장한다. 다른 사람들과의 깊고 영속적인 공동체에서 분리되어 있을 때 당신은 하나님의 생명과도 분리되어 있다. 그 결과 당신은, 무엇을 삶의 대용품으로 삼았든 그것을 계속 더 탐하게 된다(엡 4:18-19).

그러나 하나님은 우리를 이 문제로 혼자 씨름하도록 두시지 않았다. 체중 조절 문제의 배후 원인이 무엇이든 하나님의 길에는 우리 몸에 대한 절제의 삶이 포함된다.

본연의 식생활을 배우는 데 도움이 될 요인들을 살펴보자.

하나님의 생명에 들어간다

하나님의 생명에 들어갈 때 우리가 마음과 목숨과 뜻과 힘을 다해 그분을 사랑하는 과정이 시작된다(막 12:30). 여기에는 두어 가지 뜻이 있다. 첫째, 그분의 길에 자신을 내놓아야 한다는 뜻이다. 그래야 그 길을 갈 수 있다. 다시 말해 그분께 자신을 바쳐야 한다(시 37:5). 그분을 온전히 사랑하기 시작했다면 당신은 본연의 삶의 길에 들어선 것이다. 그 길이야말로 이생에 가장 안성맞춤이다.

또 우리는 자신의 모든 삶에서 하나님을 하나님 되게 해야 한다. 우리들 대부분의 마음과 삶에는 단절된 특정 부분들이 있다. 마치 하나님과 동행하는 삶과 아무 상관없다는 듯 우리는 그런 부분을 갈라낸다. 예컨대 화해하지 않은 관계, 어떤 습관, 은밀한 죄, 고백하지 않은 상처가 있을 수도 있다. 하나님과 동행하는 삶에 통합되지 않은 부분 말이다. 우리의 이런 부분들은 하나님의 온기, 사랑, 은혜, 보호와 끊어진 채 어둠 속에 존재한다. 사랑과 소망 없이 일종의 유예 상태로 있다가 종종 음식 문제로 모습을 드러낸다. 흔히들 하는 말대로 "당신이 무엇을 먹느냐가 아니라 무엇이 당신을 먹느냐가 문제다."

자신의 체중 문제가 이런 단절된 특정 분야와 밀접한 관계가 있음을 발견한 사람들이 많이 있다. 당신 삶의 어두운 부분에까지도 하나님을 하나님 되게 해야 하는데, 혹 그것을 막는 것이 있는지 당신 마음을 살펴보기 바란다.

당신이 이런 상황이라면 당신의 어느 부분들을 잃어버렸는지 깨우쳐달라고 기도하기 바란다. 당신의 슬픔, 분노, 과거, 꿈 등일 수 있다. 그런 부분들에 성장과 치유가 필요하다.

관계 속으로 도약한다

지원 공동체의 필요성에 대한 성경의 가르침은 체중 조절에 관한 연구를 통해 거듭 입증되고 있다(전 4:9-10).

관계의 지원과 뒷심을 받는 사람들은 그렇지 않은 사람들보다 체중도 더 많이 줄고 유지 기간도 더 긴 경향이 있다. 우리는 혼자 살도록 지음 받거나 설계되지 않았다. 이 진리는 특히 체중 조절에 잘 나타난다. 체중 조절에는 훈련, 절제, 습관 변화 등 모두 스트레스 많은 일이 한꺼번에 개입되기 때문이다. 이런 곤경을 끝까지 헤쳐 나가려면 관계의 위로와 격려가 필요하다.

그러므로 체중 조절 분야에서 하나님의 길을 구함에 있어 친구들에게 지원과 격려를 부탁하라. 단 친구를 잘 골라야 한다. 정서적 공감과 솔직함을 겸비한 사람, 즉 안전하고 긍휼과 사랑이 많으면서도 필요시 잘못을 지적해 줄 수 있는 사람을 찾으라. 어느 한쪽으로 치우친 사람은 피하라.

이런 관계 속에 비단 체중만 아니라 삶의 더 많은 부분을 내놓는 것이 꼭 필요하다. 이 안전한 사람들에게 약한 모습을 보이고 부족한 점을 고백하라. 그래야 치유가 가능하다. 당신의 약점, 죄, 관계, 두려움을 털어놓으라. 알려진 만큼 치유되는 법이다.

안전한 틀을 찾는다

체중으로 고민하는 사람들은 대부분 외적인 틀의 도움이 필요하다. 이들은 체중 감량을 위한 내적 훈련이 부족하며 따라서 그것이 개발될 때까지 외부에서 훈련이 와야 한다. 이것이 모든 좋은 훈련의 본질이다. 훈련은 하나님의 생명의 일부다. 훈련은 달갑지 않을 수 있으나 좋은 결과를 낳는다(히 12:11).

틀이란 얼마나 훈련과 지시를 받고, 더 큰 목표를 위해 좌절을 견디고, 인내하고 근면하며, 만족을 연기할 줄 아느냐와 관계된다. 틀이 결핍된 사람들이 많은데, 이는 대개 어린 시절 부모가 건강한 틀을 제시하지 않았기 때문이다. 이들은 허기가 느껴질 때 충동을 제어하는 능력이 매우 약하다. 어린아이나 약물 중독자처럼 이들에게는 현재의 삶밖에 없다. 내일의 더 좋은 것을 위해 지금 뭔가를 연기할 줄 모르는 것이다.

당신에게 이런 성향이 있다면 당신 안에 관계, 사랑, 책임을 길러줄 수 있는 틀을 찾거나 만들어야 한다. 당신에게 필요한 틀의 종류는 당신에게 가장 주효한 것이 무엇이냐에 달려 있다. 함께 만나 삶을 나누며 자라갈 수 있는 일반 그룹이 있다면 굳이 체중 감량 그룹이 필요 없을 수 있다. 솔직하게 약한 모습을 보이고 진실을 주고받으며 체중 문제로 대화할 수만 있다면 성장 그룹으로도 충분할 수 있다.

규칙적인 운동도 꼭 필요한 틀이 될 수 있다. 운동 파트너, 강좌, 트레이너는 우리가 꾸준한 운동의 동기와 각오를 잃지 않는 데 도움이 될 수 있다. 혼자 있으면 우리는 자기만의 세계를 만들어내고 목표와 가치관을 왜곡하는 경향이 있다. 그러나 누군가와 뜻을 같이해서 그 사람이 정한 시간 정한 장소에서 나를 기다린다면, 내 머릿속을 벗어나 현실 세계에 머물 수 있다.

좋은 것들로 가득한 삶

체중 조절의 또 다른 요인은 자신의 식단을 감시해야 하는 상황에서도 음식을 즐기는 능력이다. 약물이나 알코올 중독과 달리 음식이란 끊을 수 없는 것이다. 설령 음식을 진통제로 쓰고 있다고 해도 말이다. 약물 중독자는 약물을 끊고 약물 없이도 살아갈 수 없다. 음식은 그렇지 않다. 음식 중독을 다스리기란 그래서 더 큰 도전이다. 계속 쓰면서 관리하는 것보다는 차라리 내 삶에서 아예 치우는 편이 쉽다.

하나님은 음식을 꼭 필요한 좋은 선물로 지으셨다. 음식을 꼭 우리의 생존을 위해서만 아니라 즐거움과 낙을 위해서도 지으셨다(전 9:7). 하나님께서는 당신에게 줄 좋은 것들이 많이 있다. 음식도 그 가운데 하나다.

  그러나 다이어트를 하는 사람들은 대부분 음식을 문제로 본다. 문제라면 즐거움과는 거리가 멀다. 식사는 끔찍하고 맛없는 규율이 되며, 양마저 너무 적어 심한 박탈감이 든다. 그러나 식단의 절제가 체중 조절의 큰 부분이긴 해도 그렇다고 하나님이 주신 것을 즐기는 능력마저 말살시킬 필요는 없다. 건강한 다이어트에는 늘 좋은 맛과 일정 수준의 만족이 수반되어야 한다. 그렇지 않으면 당신은 낙심해서 포기하게 된다.

  영적 생활에도 우리는 똑같은 태도를 취할 수 있다. 가장 엄격한 다이어트처럼 신앙생활도 박탈로 여기는 것이다. 우리는 삶을 양자택일로 나눈다. 내 방식대로 재미를 만끽하거나 하나님 방식대로 고역스럽게 살거나 둘 중 하나다. 내가 본 바로, 음식을 즐길 줄 모르는 사람들은 대개 하나님을 즐거워할 줄도 모른다. 그들은 충동적 폭식과 율법주의 사이를 왔다갔다 한다. 먹을 때는 하나님을 잊으려 하다가 어느새 하나님께 의무감을 느껴 거의 굶다시피 한다. 이 문제의 해답은 하나님과의 관계를 즐거운 관계로 그리고 음식을 기쁘고 즐거운 선물로 누릴 줄 아는 것이다.

  풍성하고 유익한 관계를 찾고 선택의 자유와 솔직해질 자유를 찾으라. 자신의 은사와 재능을 개발하고 하나님과 점점 가까워지라. 이렇게 자원이 많으면 체중 조절 중에 부딪치는 박탈을 더 잘 견딜 수 있다.

현실적인 신체 이미지

결국 체중 조절은 당신과 당신의 몸과 하나님 사이의 동맹의 문제다. 당신의 체중에 길을 내주실 하나님께 가장 관심이 많은 사람은 당신이다. 그렇기 때문에 당신의 시각과 관점은 당신의 노력이 어떤 성과를 내느냐에 있어 결정적 요인이다. 자신의 몸에 대한 시각이 특히 그렇다. 이를 신체 이미지라 한다. 자기 몸의 체구, 무게, 외모를 보고 경험하는 독특한 방식을 이르는 말이다.

일반적으로 신체 이미지가 현실적일수록 그것을 다룰 준비가 그만큼 잘 된 것이다. 다시 말해 하나님은 당신이 자기 몸을 더도 말고 덜도 말고 그 실체대로 보고 경험하게 해주신다. 어떤 사람들은 자기 몸을 혐오스럽게 여긴다. 설령 흠품이 없다 해도 그보다 훨씬 나쁘게 본다. 그런 지독한 평가는 과잉반응이나 낙심으로 이어진다. 이런 사람에게는 신체 이미지가 곧 몸의 실체다. 그래서 이들은 안전하고 균형 잡힌 다른 사람들의 피드백에 마음을 열어야 한다. 그래야 자신의 실체를 볼 수 있다.

당신의 신체 이미지가 왜곡되어 있다면 다음 진리에 의지해 용기를 내라. 당신은 하나님과 사람들이 당신을 어떻게 보느냐에 기초해서 신체 이미지를 새로 개발할 수 있다. 신체 이미지를 새로 개발하려면 우선 당신이 자신을 어떻게 보는지를 — "나는 너무 뚱뚱하다," "사람들이 나를 보면 내 거구에 질겁한다" 등 — 하나님께 그리고 안전하고 건강한 사람에게 고백하라. 다른 사람이 당신의 고백을 듣고 이해한 뒤 사랑으로 현실적인 피드백과 정보를 주면 당신의 사고는 그 관점을 내면화한다. 보다 현실적인 하나님과 사람들의 시각을 받아들이면 당신의 신체 이미지를 바꿀 수 있고, 그러면 그것을 효과적으로 다룰 수 있다.

어떤 사람들은 몸을 자신의 일부로 보지 않는다. 몸이 곧 자신이다. 이들은 신체 이미지를 자신의 핵심 정체와 구분할 줄 모른다. 이러한 몸과의 과잉 동화는 체중 감량 과정을 와해시킬 수 있다. 실제로 몸은 당신의 전부가 아니며, 하나님도 당신을 그렇게 보시지 않는다. 자신과 몸을 과잉 동화하면 사태가 악화된다. 체중 문제란 쉽사리 안 보이게 숨길 수 없기 때문이다. 술이나 우울로 고생하는 사람들과 달리 체중 문제가 있는 사람은 세상에 노출된다.

그러나 명심할 것이 있다. 몸이 영혼의 상태의 거울임을 알고 그 반사된 상을 다루는 것이 중요하지만 그래봐야 몸은 어디까지나 거울일 뿐이다. 당신은 자신을 속상하게 하는 몸 훨씬 이상의 존재다. 당신은 능력과 사랑과 재능을 갖춘 영혼이며, 당신 몸을 당신에게 가장 적합한 체형과 체구로 바꾸는 기적의 작업에 동참할 수 있다. 하나님의 의도는 당신의 몸과 마음과 영혼을 영원 전부터 계획하신 대로 성숙하게 통합하시는 것이다(엡 1:4). 고로 당신이 몸을 곧 자신으로 과잉 동화하고 있는 경우라면, 하나님과 측근 사람들이 당신의 다른 부분들 — 재능, 은사, 정서, 열정, 마음 — 을 얼마나 잘 보고 중시하는지 알면 당신에게 큰 유익이 될 수 있다. 당신도 그 부분들을 하나님과 그들처럼 보기 시작하며, 그래서 자신을 단지 몸으로 아니라 그 모든 것을 갖춘 전인으로 보게 된다.

책임 전가를 삼간다

체중 조절의 또 다른 중요한 요인은 문제에 주인의식을 갖는 것이다. 그런 사람들은 진보를 보이며 체중을 조절하는 법을 배운다.

어떤 사람들은 유전적 요인, 유년기, 중요한 관계, 상실 따위를 자신의 과체중의 원인으로 보며 거기서 헤어나지 못한다. 이들은 다른 사람들한테 당했던 일이나 자기 삶의 결핍된 부분에 집착하며, 자신의 체중 문제를 그 탓으로 돌린다. 피해당한 일에 계속 집착하느라 이들은 앞으로 나아갈 수 없다. 유전적 요인과 관계가 체중에 큰 영향을 미칠 수 있음은 사실이지만 ― 이런 현실을 절대 과소평가해서는 안 된다 ― 그런 문제는 밖으로 드러내 토의하고 해결할 성질의 것이다.

하나님은 우리에게 떨치고 용서하는 삶의 본을 보이신다(골 3:13). 그분은 과거에 구애됨 없이 현재에 사신다. 책임 전가를 떨치는 법을 배우라. 과거에서 배우고 현재에 주인의식을 가지라.

처방 자체

체중 감량은 대개 개인에게 맞도록 설계된 구체적 처방 내지 규칙적 체계를 요한다. 여기에는 현실적 목표와 성취 방법도 포함된다. 당신의 처방을 비단 체중 감량만 아니라 건강 자체에 대한 것으로 생각하라. 체중 감량에만 매달리는 사람들은 때로 균형 잃은 삶 때문에 건강 문제를 자초한다. 몸이 건강한 체중 범위 내에 있어야 건강한 생활방식도 가능하다.

운동 프로그램을 시작하기 전에 의사를 찾아가 혹 당신의 체중 증가에 의학적 이유가 있는지 확인해 보라. 의사는 당신의 체중, 심장 상태, 호흡기 문제 등을 감안해 처방의 강도를 낮게 시작할 필요가 있는지 여부도 조언해 줄 수 있다.

무엇보다 자신에게 오래 참으라. 연구에 따르면 즉효 다이어트일수록 기복이 심하다. 빨리 빠지면 빨리 다시 찐다. 체중이 줄어 그대로 유지되는 사람들은 적정한 감량 속도로 조금씩 차근차근 해나간 경우가 대부분이다. 근면함과 조급함이 대비된 성경말씀에 그것이 잘 나타난다(잠 21:5). 당신의 계획은 몇 달, 몇 년이 걸릴 수도 있다. 중요한 것은 시작과 지속이다. 물론 계속 하나님과 사람들의 도움을 받아야 한다. 가끔씩 해이해질 때도 있겠지만 계속 다시 시작하라.

하나님은 당신의 체중에 균형이 잡히도록 길을 내주신다. 그분의 생명과 길에 들어서도록 당신을 도우신다. 그러므로 그분의 의도대로만 살면 당신의 뜻과 마음과 몸이 더욱 협력해 좋은 결과를 내게 되어 있다.

제20장

개인적 목표와 꿈

제레미와 대화한 후 나는 슬퍼졌다. 내 친한 친구의 친구인 그는 내가 아는 가장 유능한 사람 가운데 하나였다. 그는 아주 똑똑하고 정열적이고 귀품이 있었다. 삶에 성공하지 못할 이유가 하나도 없는 그였지만 정말 한번도 '잘 풀린' 적이 없었다. 40대 초반에 그는 또 다른 회사와 또 한번 잘못 출발했고, 그 분야에서 성공하려던 꿈은 또 한번 물거품이 되었다. 제레미는 낙심했고 화까지 났다.

"알다가도 모를 일입니다." 그는 말했다. "하나님이 뭘 하시는 건지 모르겠습니다. 나한테 돌파구를 허락하실 뜻이 없는 것 같습니다. 과거에 대해 언제까지 벌을 받아야 합니까?" 몇 해 전 데이트 생활에서 범했던 몇 번의 실수를 두고 하는 말이었다. 그는 하나님이 죄에 대한 일종의 '징계'로 성공을 허락하시지 않는다고 생각했다. 그러나 대화를 통해 실상을 보면서 나는 또 한번 아찔했다. 제레미는 일에 성공하게 해달라고 하나님께 기도했지만 성공과 실패에 관해 하나님이 정해 두신 많은 원리를 어기고 있었다. 얘기를 듣다보니 그가 같은 길로 계속 간다면 계속 실패할 것이 뻔해 보였다. 그처럼 똑똑하고 유능한 사람이 하나님께 그분이 친히 정하신 성공과 일의 순리를 어기시도록 기도하고 있으니 될 리가 만무했다. 나는 제레미가 노선을 바꾸어 하나님이 설계하신 성공의 법칙에 맞추어야 한다는 생각이 들었다. 그렇게 한다면 정말 그의 장래가 아주 밝으리라는 믿음이 내게 있었다.

그래서 나는 그에게 하나님의 성공 법칙을 조금 들려주었다. 웬걸? 소용없었다. 그는 듣지 않았다. 사실 그는 성공하려면 달라져야 한다는 내 말에 약간 심기가 뒤틀렸다. 선한 의도와 재능과 에너지와 꿈만 있으면 자기 역할은 다한 것이며 이제 하나님이 일하실 차례라고 그는 생각했다.

최근 나는 우연히 그를 다시 만났다. 우리는 서로 인사했다. 제레미는 내게 "성공을 찾았다"고 말했다. 그는 새 분야에서 아주 잘하고 있었고 장래도 밝아 보였다.

그러나 정작 내 홍미를 끈 것은 그가 그렇게 된 경위였다. 제레미는 "똑같이 계속하다" 드디어 뭐가 맞아 성공한 것이 아니다. 그가 성공한 것은 일과 성공을 추구하던 방식을 고쳤기 때문이다. 그가 자기 삶을 하나님의 원리에 맞추자 하나님은 그의 삶 속에 들어와 길을 내셨다. 그를 본궤도에 올리신 것이다. 하나님은 제레미가 바라던 대로 그냥 '성공을 보내신' 것이 아니다. 대신 하나님은 이미 제레미를 위해 길을 내두셨다. 옛날부터 정해 두신 하나님의 법칙과 원리를 따랐을 때 제레미는 그토록 바라던 만족과 성취를 얻었다. 당신도 그럴 수 있다.

성공은 대개 우연이 아니다

성공은 저절로 오지 않는다. 성공은 하나님의 설계와 법칙을 따름과 동시에 하나님의 은혜와 축복을 받을 때 온다. 너무 중요하므로 다시 한번 말한다. 성공은 하나님의 법칙을 따르고 그분의 은혜를 받을 때 온다. 그분의 법칙을 따른다 해서 그것만으로 일이 우리의 바람대로 된다고 하나님은 보장하시지 않는다. 이는 마법의 공식이 아니다. 하나님의 행사는 우리 소관이 아니다. 그분은 주권자시며 우리 길을 아무렇게나 원하시는 대로 인도하실 수 있다. 야고보는 말한다.

들으라, 너희 중에 말하기를 오늘이나 내일이나 우리가 어떤 도시에 가서 거기서 일 년을 머물며 장사하여 이익을 보리라 하는 자들아. 내일 일을 너희가 알지 못하는도다. 너희 생명이 무엇이냐. 너희는 잠깐 보이다가 없어지는 안개니라. 너희가 도리어 말하기를 주의 뜻이면 우리가 살기도 하고 이것이나 저것을 하리라 할 것이거늘 이제도 너희가 허탄한 자랑을 하니 그러한 자랑은 다 악한 것이라(약 4:13-16).

너나 할 것 없이 성공하려면 하나님의 은혜가 필요하다. 먼 옛날 그분이 약속하신 은혜가 우리에게도 똑같이 필요하다.

> 내가 너희를 돌보아[은혜를 베풀어] 너희를 번성하게 하고 너희를 창대하게 할 것이며 내가 너희와 함께 한 내 언약을 이행하리라. 너희는 오래 두었던 묵은 곡식을 먹다가 새 곡식으로 말미암아 묵은 곡식을 치우게 될 것이며 내가 내 성막을 너희 중에 세우리니 내 마음이 너희를 싫어하지 아니할 것이며 나는 너희 중에 행하여 너희의 하나님이 되고 너희는 내 백성이 될 것이니라(레 26:9-12).

사람들에게 은혜와 축복을 베푸시는 하나님을 우리는 성경 전체에서 볼 수 있다. 그분은 우리에게 날마다 좋은 선물을 주시는 분이다(약 1:17). 우리의 모든 삶은 그분의 손안에 있다. 마땅히 우리는 늘 그분의 축복과 은혜를 구해야 한다. 어떤 목표든 달성하려면 그분이 우리 위에 은혜를 비추셔야 한다.

반면 하나님의 정하신 길로 일한다고 '성공'이 보장되는 것은 아니지만 그 길을 따르지 않고서 성공을 이루기란 요원하다. 우리는 하나님의 길로 행해야 한다. 일에 만족감이 없거나 삶의 바라는 것들이 잘 이루어지지 않는다면 어쩌면 당신도 제레미처럼 하나님의 성공 노선을 따르지 않고 있을 수 있다. 하나님의 길에 들어서려면 당신에게 변화가 필요할 수 있다. 이 장에서 그에 대한 통찰을 얻게 되기를 기도한다.

하나님으로 시작하라

목표 달성의 길은 하나님을 믿음으로 시작된다. 앞서 말한 것처럼 믿음이란 하나님을 우리에게 필요한 모든 것의 근원으로 본다는 뜻이다. 믿음은 바라는 것들과 보지 못하는 것들에 대한 확신이다(히 11:1). 당신의 목표에 대해 하나님을 믿는다는 것은 모든 좋은 것들의 근원이신 그분이 당신에게 선한 길을 교훈하신다고 믿는 것이다.

하나님은 당신에게 마음의 소원을 주시고 '좋은 것으로 네 소원을 만족하게' 한다고 말씀하신다(시 103:5, 참조, 시 145:16,19, 딤전 6:17-18). 하나님은 구하는 자들에게 주시되 불순한 동기로 구하는 자들에게는 주시지 않는다(약 4:2-3). 다시 말해 그분은 우리를 축복하시되 우리에게 좋은 이유로 그리하기 원하신다.

당신의 목표와 소원이 탐욕, 시기, 배금주의, 교만 등 불순한 동기에서 비롯되었다면 하나님은 당신의 구하는 바를 주시지 않는다. 불순한 동기에서 생겨난 목표는 막다른 골목과 같다. 설사 이루어진다 해도 당신의 내면은 여전히 공허하다. 그것은 당신의 영혼을 채워줄 수 없다. 좋은 집에 살면서 불행한 사람들이 많다. 이들은 불행의 참 배후 원인을 해결해야 한다. 자아를 위해 재물을 축적하거나 목표를 하나 더 이룸으로써 행복해질 거라고 생각해서는 안 된다.

그러나 당신의 동기가 선하고 진실하고 참 만족을 주는 것이라면 하나님이 지원을 아끼지 않으신다. 물질적 목표도 선한 이유에서 비롯될 수 있다. 예컨대 당신은 손 대접의 은사를 살려 손님들을 접대하려고 새로 큰 집을 원할 수 있다(롬 12:10-13). 혹 당신은 다른 동네에 사는 것이 자녀들에게 유익할 것 같아 새 집을 원할 수도 있다. 하나님이 당신 영혼에 자연을 사랑하는 마음을 주셔서 당신이 전원을 원할 수도 있다. 이 모두는 새 집을 원할 만한 선한 이유다. 잊지 말라, 하나님은 사람들에게 선물을 주시기를 좋아하신다.

자기 목표의 배후 동기를 점검하려면 이렇게 자문해 볼 수 있다.

- 내 목표는 내 삶을 향한 하나님의 소명과 역할을 찾는 것인가? 그래서 가능한 최선의 길로 그분을 섬기며 또한 그분이 지으신 본연의 내가 되려는 것인가?
- 나는 그분이 반드시 내게 최선의 길을 열어주시고 나를 인도하시며 내 필요를 채워주실 것을 믿는가?
- 내 목표와 소원은 선한 이유와 동기에서 비롯된 것인가?
- 이 목표가 성취되면 내게 참 만족이 있겠는가? 이 목표는 정말 나의 참 자아에 깊이 부합하는 것인가?

우선 자신과 자신의 길을 하나님께 맡기라(롬 12:1-2). 그러면 그분이 당신 삶 속에 일하실 것이고 당신은 그분이 당신과 함께, 당신을 위해, 당신을 통해 무엇을 하시려는지 발견할 수 있다. 다시 말해 하나님이 당신의 일차 목표가 되견 다른 목표들도 이뤄진다. 다른 목표들의 설정과 성취를 그분이 인도하시기 때문이다.

자신의 참 자아에 충실하라

하나님으로 시작한 후 당신이 목표 달성을 위해 다음으로 할 일은 다른 사람들의 규정과 기대를 거부하고 자신의 참 자아에 충실한 것이다. 당신은 정말 시간을 내어 자신이 누구인지 고민한 적이 있는가? 당신의 목표와 소원은 정말 당신 것인가? 아니면 당신은 가족, 친구, 문화 등 남들이 규정해준 목표를 추구하고 있는가?

잠시 후 보겠지만 다른 사람들의 의견을 듣는 것은 유익하다. 그러나 당신의 실체와 할 일을 다른 사람들이 규정하도록 두는 것은 좋지 않다. 로마서 12장 2절 말씀을 들어보라. "너희는 이 세대를 본받지 말고 오직 마음을 새롭게 함으로 변화를 받아."

자기다워지려면 때로 부모나 친구나 교회의 기대 등 외부의 압력에 동조하지 않고 거부해야 한다. 최근에 내가 상담한 한 여자는 직장 생활이 우울하고 불행해서 마침 업종을 바꾸는 중이었다. 문제를 정리해 나가면서 그녀는 지금까지 자신이 오로지 가족들 때문에 마음에도 없는 일을 해왔음을 깨달았다. 새 직종을 택했다고 내게 말할 때의 희열에 찬 그녀의 얼굴을 당신도 보았어야 한다. 그녀는 먼저 자기답지 않은 것을 발견함으로 자기를 발견했다.

자기다워지려면 때로는 '이 세대'의 기준도 거부해야 한다. 우리 문화는 성공하거나 부자가 되거나 사람들의 인정을 얻으면 만족이 있다고 말한다. 지나가는 일시적 가치관을 기준으로 방향을 정하고 일을 결정하는 것이 세상 문화다. 그러나 하나님은 말씀하시기를 우리의 의미는 그분과 중요한 사람들에게 사랑받고, 자신의 재능을 실현하고, 하나님과 사람들을 섬기는 삶을 영위하는 데서 온다고 하신다.

부정적 습성을 찾아내라

앞서 보았듯이 우리의 특정 목표가 이뤄지는 것이 하나님 뜻이 아닐 때도 있다. 우리는 다 그런 경험이 있다. 그러나 당신의 목표가 하나도 이루어지지 않는 것은 하나님 뜻이 아니다. 지금까지 매번 목표가 이루어지지 않았다면 당신 자신이 목표 달성을 방해하는 행동을 하고 있을 수 있다. 이 대목을 읽으면서 "내 의도와 소원은 좋았는데 한번도 잘된 적이 없다"고 생각되거든 노력을 중단하라. 목표를 더 세우지 말라. 목표 달성에 다시 나서지 말라. 그래봐야 또 실패하기 십상이다. 이유는 딱 하나, 습성이다.

습성이란 자신에게 중요한 것을 얻고자 계속 반복하는 행위를 말한다. 관계, 일, 목표 달성 등에 있어 우리에게는 좋은 습성이든 나쁜 습성이든 반복해서 행하는 어떤 습성들이 있다. 믿거나 말거나 우리들 대부분은 실패에도 습성이 있다.

당신의 꿈과 목표 그리고 목표 달성을 위한 시도들을 돌아보라. 어떻게 됐는지 자문해 보라. 매번 실패했거나 어지간히 불만이 있었다면 당신의 행동 습성이 당신의 앞길을 막고 있을 수 있다. 다음 습성들 가운데 당신에게 해당되는 것이 있나 보라.

- 목표가 분명치 않다. 우연히 되면 모를까 당신은 정말 어디로 갈지 모른다.
- 목표가 구체적이지만 너무 비현실적이다. 당신이 원하는 상태는 적어도 현재로서는 전혀 가망성이 없다
- 목표가 구체적이지만 자원이나 계획이 부족하다. 목표는 좋지만 당신은 목표 달성에 필요한 자원을 확보하지 않거나 또는 확실한 성공의 길들을 전략적으로 계획하지 않는다.
- 동기나 규정이 외부에서 왔다. 당신 계획의 동기가 자기 내면이 아니라 외부 자원과 보상 체제에 있거나 또는 누군가 다른 사람이 당신을 규정하고 당신의 목표를 정해 주었다.
- 개인적 약점 때문에 낙오한다. 당신 약점이 성공을 가로막는다.
- 시작만 해놓고 끝내지 못한다. 시작은 잘하지만 끈기 있게 밀고 나가 목표를 완수하지 못한다.
- 훈련이나 틀이 부족하다. 목표는 있으나 자기훈련이 부족해서 필요한 후속 조치를 감당하지 못한다.

- 장애물을 극복하지 못한다. 잘 전진하다가도 장애물이나 문제가 생기면 주저앉는다.
- 실패에 무너진다. 목표나 목표의 한 부분에 실패하면 지나치게 낙심한다.
- 사람들 때문에 무너진다. 당신의 목표 달성을 방해하는 사람들을 당신은 여러 이유로 그냥 방치한다.

당신의 발목을 잡는 습성들이 있는지 잘 보라. 그러면 앞으로 그 약점에 대비할 수 있다. 당신은 그 습성에 대비해 미리 대책을 세워야 한다. 그래야 거기에 지지 않는다.

자신의 강점과 은사를 파악하라

사람들이 목표를 이루지 못하거나 성공하지 못하는 또 다른 이유는 로마서 12장 3-8절의 진리를 배운 적이 없기 때문이다.

내게 주신 은혜로 말미암아 너희 중 각 사람에게 말하노니 [자신에 대해] 마땅히 생각할 그 이상의 생각을 품지 말고 오직 하나님께서 각 사람에게 나누어주신 믿음의 분량대로 지혜롭게 생각하라. 우리가 한 몸에 많은 지체를 가졌으나 모든 지체가 같은 직분을 가진 것이 아니니 이와 같이 우리 많은 사람이 그리스도 안에서 한 몸이 되어 서로 지체가 되었느니라. 우리에게 주신 은혜대로 받은 은사가 각각 다르니 혹 예언이면 믿음의 분수대로, 혹 섬기는 일이면 섬기는 일로, 혹 가르치는 자면 가르치는 일로, 혹 위로하는 자면 위로하는 일로, 구제하는 자는 성실함으로, 다스리는 자는 부지런함으로, 긍휼을 베푸는 자는 즐거움으로 할 것이니라.

이 말씀에서 하나님은 우리에게 한 마디로 "너는 너를 누구라 하느냐?"고 물으신다. 그분은 우리가 정확하고 현실적인 자아상을 갖기 원하신다. 자신을 '너무 높게' 생각한다면, 준비되지 않은 일들도 할 수 있다고 생각하기 쉽다. 우리는 자신의 약점을 보지 못할 수 있고 그것이 목표 달성을 방해한다.

자신에 대해 '지혜롭게' 생각한다는 것은 자신의 참 강점을 보고 그 안에서 운신한다는 뜻이다. 있지도 않은 강점 위에 꿈이나 목표를 세우려 들지 말라. 예를 들어보자. 나는 비전을 내다보고 새로운 아이디어를 구상하고 새로운 전략을 생각해 내고 새로운 사업에 착수하는 유형의 사람이다. 단 관리, 운영, 행정에 관한 한 나는 빵점이다. 이런 일들까지 잘할 수 있다고 나 자신을 기만한다면 혹독한 대가를 거둘 게 뻔하다. 관리와 운영에 도움을 받지 않는 한 내가 구상해 낸 일들은 엉망진창으로 변한다. 내 경우 자신에 대해 '지혜롭게' 생각한다는 것은 내 약점에 유념해 대비책을 세운다는 뜻이다. 목표를 이루려면 나는 좋은 팀에 속해야 한다. 그렇지 않으면 일만 벌여놓고 능히 감당치 못할 것이다. 우리 모두는 은사가 같지 않다. 약점을 보완하려면 주위에 다른 사람들이 필요하다.

자신에 대해 지혜롭게 생각하라는 말에는 내 일이 순탄해야 하고 절대 실패가 없어야 한다고 생각해서는 안 된다는 뜻도 있다. 다른 사람들과 그들이 이룬 일을 보며 우리 모두는 그것이 그들에게 쉬웠고 따라서 내게도 쉬워야 한다고 생각하는 경향이 있다. 그러나 이는 사실과 다르다. 대부분의 사람들에게 성공은 1퍼센트의 영감과 99퍼센트의 땀이다. 목표 달성이 쉬워야 한다든지 자신의 길이 실수와 실패로 얼룩져서는 안 된다고 생각한다면 당신은 정말 중요한 일은 하나도 이룰 수 없다. 큰일을 이루는 사람들은 누구나 도중에 실패하지만, 실패를 과정의 일부로 예상하기에 오히려 참아낸다. 그들은 자신을 너무 높이 보지 않기 때문에 자신의 완벽하지 못한 모습 앞에서도 낙심하지 않는다.

끝으로 자신에 대해 '지혜롭게' 생각한다는 것은 정확한 자아상을 갖는다는 뜻이다. 자신의 은사를 발견해 주장하라. 하나님은 당신에게 은사와 재능을 주셨다. 자기 본연의 일을 발견하라. 신에게 주어진 믿음의 분량대로 그 일을 즐겁게 하라.

당신의 은사와 강점을 파악할 수 있는 길은 많다. 우선 당신의 이력을 보라. 지금까지 당신이 잘한 일들은 무엇인가? 술술 잘되는 일은? 잘하는 분야는? 남들한테는 어려운데 당신한테는 쉬운 것이 있다면 당신이 그 분야에 은사가 있을 수 있다는 뜻이다. 여태 살아오면서 즐거움이나 활력을 느꼈던 일들을 떠올려 보라. 이것이 당신의 참 동인에 대한 단서가 될 수 있다.

아울러 직종을 잘 택하려는 사람들을 위해 개발된 여러 다양한 검사지를 활용하는 것도 좋다. 당신을 잘 아는 사람들과도 면담하라. 당신을 어떻게 생각하는지 솔직하게 들려줄 만한 옛 상사들, 동료 직원들, 친한 친구들에게 전화하라. 당신의 재능, 강점, 기량에 대해 솔직한 피드백을 얻으라. 당신의 약점에 대해서도 물어보라.

다음에는 자신의 마음을 들여다보라. 평소 당신은 무슨 공상을 하며 사나? 이상적인 삶의 내용을 글로 써보고, 거기에 도달하는 데 필요한 것이 무엇인지 자문해 보라. 나도 저 사람처럼 살고 싶다는 생각이 드는 대상은 누구인가? 그러지 못할 이유라도 있나?

다른 사람들에게 유익을 주지 못하는 꿈은 십중팔구 하나님이 주신 꿈이 아니다. 하나님이 연기자들과 오페라 가수들과 운동선수들과 뮤지션들에게 꿈을 주시고 추구하게 하신 것은 나머지 우리들이 그들의 재능을 보고 즐기며 하나님께 영광을 돌리게 하심이라고 나는 확신한다. 잊지 말라, 하나님은 당신에게 재능과 능력을 주셨다. 사용하고 개발하라. 성경 말씀대로 그것을 만인에게 보이는 곳에 두라. 당신의 재능과 은사로 다른 사람들을 섬기게 하시는 영광스러운 하나님께 당신은 감사하게 될 것이다(마 5:14-16).

대가를 계산하라

목표 달성에 착수하기 전에 어떤 대가가 따를지 앉아서 계산해 보라. 목표는 무난한데 자원 배분과 집행 등 도달 과정에 대한 계획이 부실한 사람들이 많다.

목표를 이루려면 에너지, 시간, 기술, 돈 등 자원을 써야 함을 잊지 말라. 이런 자원들은 유한하며 따라서 충분히 확보하려면 예산을 책정해야 한다. 당신은 두루 다니며 자원을 구해야 한다. 그러면 자원이 필요할 때 그것을 잘 갖추게 될 것이다.

현실을 염두에 두라

대가를 계산할 때는 현실을 염두에 두라. 여기 현실이란 현재의 실상 그리고 목표를 달성하지 않을 경우의 미래의 실상을 뜻한다. 당신이 생각하는 당위나 당신의 소원은 현실이 아니다. 현실이 당신 마음에 들지 않는다면 그만큼 당신은 현실을 바꾸고자 어떤 대가라도 치를 용의가 더 생길 것이다.

현실을 바탕으로 목표를 보라. 현실을 냉철히 보고 거기서 자극을 얻으라. 현재의 실상이 이런데 그것을 바꾸기 위해 아무것도 하지 않는다면 내년 이맘때도 그 실상은 똑같거나 오히려 더 나빠질 것이다!

목표나 꿈을 추구하지 않을 경우 닥쳐올 실상을 똑바로 보라. 어떤 모습인가? 기분은 어떤가? 당신은 그렇게 살 수 있나? 그것이 정말 당신이 원하는 삶인가?

나는 어린 4남매를 둔 아버지를 상담한 적이 있는데 그는 비만으로 건강이 위태로워 체중을 줄여야 했다. 그에게 현실을 보여주고자 나는 만일 그가 어린 자녀들을 두고 심장마비로 죽는다면 아이들의 삶이 어떻게 될지 글로 써보게 했다. 아버지 없이 자라는 그들의 삶이 어떠할지 중학교 시절, 사춘기 시절, 대학 시절, 데이트 생활, 배우자 선택 등 구체적으로 생각해 보게 했다. 그리고 4남매를 혼자 길러야 할 자기 아내의 삶에 대해서도 쓰게 했다. 어려운 일이었지만 나는 이 남자에게 자기가 체중을 줄이지 않을 경우의 장래 현실을 보여주고 싶었다

오늘의 당신 삶을 똑똑히 보라. 현실에 자극을 느껴 대가를 감수할 마음이 드는가? 그렇지 않을 수도 있다. 어떤 목표는 수고나 대가를 들일 가치가 없다. 그래서 이런 작업이 유익한 것이다.

이런 작업을 통해 당신은 목표를 추구하지 않을 경우 당신 삶이 어찌될지 엿볼 수 있을 뿐 아니라 목표를 추구할 경우 당신 삶이 어찌될지도 꿈꿀 수 있다. 그래서 나는 그 아버지에게, 자라나는 아이들과 함께 그 세월을 건강하게 향유하는 자신을 또한 그려보게 했다. 자녀들의 모든 시합과 행사에 참석하고 모든 복된 시절을 자녀들과 함께 통과하는 자신을 상상하게 했다. 그리고 결혼식장에 딸들을 데리고 들어가 신랑에게 넘겨주는 장면을 생각하게 했다. 그는 여기서 자극을 받아 체중 감량 프로그램을 지속했다.

하나님도 우리한테 비슷한 일을 하셨다. 우리가 신령한 삶에 뿌리고 희생을 통해 자라고 그분을 섬길 때 장차 어찌될지 그분은 거듭 그림으로 보이셨다. 우리는 잔치와 상급과 기쁨과 영생과

기타 많은 것을 누리게 된다. 그분은 우리에게 늘 자극이 되라고 그 그림들을 우리 마음 문에 붙여두신다. 예수님은 그분을 따르는 자들에게 임할 낙원과 기이한 삶을 말씀하신다. 그분은 또한 우리가 그분을 따르지 않을 경우 우리 삶이 어찌될지도 보게 하신다. 그분은 언제나 우리의 선택에 맡기신다. 우리의 모든 목표도 그렇다. 우리는 좋은 것을 선택하고 대가를 계산해 변화된 현실을 얻을 수도 있고 그냥 지금의 현실을 택할 수도 있다.

계획을 작성하라

지금까지 하도 얘기해서 더 말할 필요도 없지만, 목표를 기록하고 달성 방법에 관한 전략적 계획을 작성하면 커다란 유익이 있다. 자원과 구체적 일정과 시간에 미리 마음을 두고, 책임을 다하라. 감시자가 되어줄 사람에게 계획을 나누라. 계획을 제시하고 피드백을 받으라. 그룹의 도움으로 계획에 충실하라. 목표에 한 걸음 더 가까워질 것이다.

작은 선택들이 중요하다

목표는 잔걸음들이 모여 이루어진다. 우리는 이 책을 하루 만에 쓰지 않았다. 잔걸음들이 많이 모여 이 책을 쓰게 되었다. 그 모두가 선택이었다. 영화 보러 가는 대신 한 단락을 쓰겠다는 어느 밤의 선택, 늦잠 자는 대신 한 시간 일찍 일어나겠다는 어느 아침의 선택. 목표 달성에는 많고 많은 선택이 수반된다.

작은 선택 하나하나마다 그것을 통해 당신이 목표에 더 가까워지는지 목표에서 더 멀어지는지 잘 보라. 자녀들과 더 친해지는 것이 당신의 목표라면 비정규 프로젝트를 맡지 않는 것은 목표 도달에 도움이 되는 선택이다. 학위를 따는 것이 당신의 목표라면 주말에 친구들과 놀러 나가는 대신 강의를 듣는 것은 목표에 더 가까워지는 선택이다. 이런 작은 선택들 덕에 큰 목표가 현실이 된다. 어머니는 "1원을 모아라. 그것이 10원이 되고 100원이 되고 천원이 된다. 그리고 천원은 자전거가 된다"고 말하곤 하셨다. 1원을 모으는 것은 작은 선택이다. 자전거가 생기는 것은 큰 경사다!

성경은 이를 가리켜 '부지런함'이라 한다. 부지런함이란 기민하고 과단성 있고 소신이 굳고 열성적이고 늘 현실감각이 있고 헌신적이고 신중하고 근면하고 주도면밀하고 단련되어 있다는 뜻이다. 부지런함은 쉽지 않지만 그것 없이는 목표를 이룰 수 없다. 이는 하나님이 정하신 우주의 법칙이며, 우리는 그 법칙 안에 살고 있다. 부지런한 자에게 약속된 모든 놀라운 복을 들어보라.

- 손을 게으르게 놀리는 자는 가난하게 되고 손이 부지런한 자는 부하게 되느니라(잠 10:4).
- 부지런한 자의 손은 사람을 다스리게 되어도 게으른 자는 부림을 받느니라(잠 12:24).
- 게으른 자는 마음으로 원하여도 얻지 못하나 부지런한 자의 마음은 풍족함을 얻느니라(잠 13:4).

목표 달성에 관한 한 하나님은 이미 길을 열어 두셨다. 이는 부지런함과 앞서 말한 모든 것들의 길이다. 매사에 그분의 원리대로 행한다면 틀림없이 우리의 성공 가망성은 더 커진다. 그러나 다른 부분들에서 하나님이 우리에게 길을 내주셔야 함도 사실이다.

두려움과 장애물은 성장에 유익하다

우리는 현실적이어야 한다. 하나님이 길을 열어 두셨다는 이유만으로 우리에게 도전과 문제가 닥치지 않는 것은 아니다. 성경은 어떤 목표든 도중에 반드시 장애물이 있다고 가르친다. 신앙, 관계, 물질, 직업, 기타 어느 분야의 목표든 당신은 '선한 싸움을 싸울' 각오를 해야 한다. 많은 장애물이 닥쳐올 것이다.

목표를 달성하는 사람들이 그렇지 않은 사람들과 다른 점은 역경에 대비하고 맞서서 풀어간다는 점이다.

그렇다면 최선의 길은 무엇인가? 지금까지 말한 원리들을 기억하고 실천하라. 그대로 따르면 역경의 시기를 헤쳐 나갈 길잡이가 될 것이다. 하나님과 함께 시작하고, 믿음을 구사하며, 좋은 길동무들을 찾고, 문제를 선물로 수용하며, 지혜를 얻고, 과거의 짐을 버리라. 그러면 목표 달성이 전혀 새로운 의미로 다가올 것이다. 목표 달성이란 언제나 부차적인 것이기 때문이다. 중요한 것은 그 과정에서 당신이 하나님과 사람들에게 어떤 사람이 되어 가느냐는 것이다. 목표를 향한 길은 일차적으로 하나님이 당신을 훨씬 나은 사람으로 변화시켜 가시는 길 내지 장이다. 그분은 당신이 소원과 목표를 이루기 원하신다. 그러나 그분의 더 큰 관심은 그 과정에서 당신이 어떤 사람이 되어가고 그분과 당신의 관계가 어떻게 되어 가느냐에 있다. 이런 의미에서, 길가다 부딪치는 장애물은 전체 과정의 노른자위에 속한다. 당신이 어디서 성장이 필요하고 어떻게 변화되어야 하는지 보여주기 때문이다.

그분을 구하며 그분이 원하시는 모습으로 변화되는 고된 작업에 임하는 사이 어느새 당신은 목표에 젇점 가까워지는 자신을 보게 된다. 목표를 달성할 줄 아는 성숙한 사람이 되기 때문이다. 이것이 비결이다.

나중에 부딪치지 말고 지금 부딪치라. 미리 대비하라. 하나님의 도움을 구하라. 지원 체제를 갖추었다면 문제와 두려움이 닥쳐와도 당신은 준비되어 있다. 당신은 기도할 것이다. 전화를 걸든지 지원자들이나 그룹을 찾아가든지 할 것이다. 미리 세워둔 대책을 시행할 것이다. 어쨌든 당신은 준비되어 있다. 대책이 서있고, 전화를 걸 바른 대상과 찾아갈 곳이 있다. 힘든 시기에 미리 대비할 대책이 필요하다.

뛰어들라

당신도 들어본 말이겠지만, 우리에게 일어날 수 있는 최악의 일은 실패가 아니라 아예 시도하지 않고 삶을 낭비하는 것이다. 성경은 한번도 우리에게 성공을 명한 적이 없다. 대신 성경은 신실함을 명한다. 우리는 완벽으로 부름 받은 것도 아니다. 신실하기만 하면 된다.

우리는 주어진 것을 취해 이익을 남기도록 부름 받았다. 우리는 재능을 개발하고 투자해서 평생의 수고에 수익을 거두어야 한다. 그러기 위해 당신이 하나님의 손을 붙잡고, 마음을 다해 부지런히 그분을 구하고, 큰 꿈을 품고, 목표를 달성하기를 우리는 바라고 기도한다. 당신이 누구이며 무슨 일을 해야 하는지 보여달라고 기도하라. 그러고 나서 그분이 길을 내주실 것을 믿으라.

맺는 글
오늘 길을 떠나라

하나님의 길은 언제나 통한다. 당신이 삶의 갈림길에 부딪쳐 어찌할 바를 모를 때도 하나님은 아신다. 그분의 은혜와 인도와 원리는 절대 실패를 모른다. 그분 자신이 우리를 향한 뜻에 실패하실 수 없기 때문이다. "두려워하지 말며 놀라지 말라 … 여호와 하나님 나의 하나님이 너와 함께 계시사 네게서 떠나지 아니하시고 너를 버리지 아니하시리라"(대상 28:20). 그분의 길은 늘 우리가 상상한 것과 같지는 않지만 궁극적으로 당신에게 가장 좋은 길이다.

하나님의 길은 늘 가장 쉬운 길도 아니며 종종 우리에게 익숙한 길도 아니다. 그 길을 가려면 자신의 필요와 무력함을 인정하고 믿음으로 행하고 모험을 감수하고 진실을 직시할 수 있어야 한다. 그러나 그분의 길이야말로 정말 우리를 돕고 치유하는 유일한 길이다. 예수님은 말씀하셨다. "좁은 문으로 들어가라. 멸망으로 인도하는 문은 크고 그 길이 넓어 그리로 들어가는 자가 많고 생명으로 인도하는 문은 좁고 길이 협착하여 찾는 이가 적음이라"(마 7:13-14).

예로부터 지금까지 하나님은 자기 사람들에게 길을 열어주신다. 영원불변하는 그분의 성품과 자원과 말씀에 기초한 길이다. 그분의 길을 구하고 좇아 소망과 치유와 변화와 수많은 복을 발견한 사람들의 사연이 역사에 차고 넘친다.

오늘도 다르지 않다. 하나님은 언제나 그러셨듯이 우리 가운데 살아 역사하시며, 간절히 그분의 길을 찾는 자들을 변화시켜 주신다. 이 책을 읽으면서 당신의 특수한 역경에 하나님이 어떻게 길을 내실 수 있을지 궁금해 할 수 있다. 하나님이 당신 삶 속에 행하실 수 있는 일을 당신에게 좀 더 잘 보여주고자 지금부터 함께 베스의 여정을 한걸음씩 따라가 보려 한다. 베스도 당신처럼 더 나은 삶을 원해, 이 책에 기술된 성장 과정에 들어갔다. 시간이 가면서 하나님은 그녀와 그녀의 삶을 본인이 상상치도 못한 방식으로 변화시키셨다. 베스의 사연을 읽으면서 하나님께 기도하라. 어떻게 당신도 이 원리들을 실천하여 오늘과 내일과 남은 평생 그 결실을 누릴 수 있는지 알려달라고 기도하라.

베스의 삶과 선택을 따라가면서 우리는 각 시점마다 그녀가 어떤 원리를 따르고 있는지 주목할 것이다. 각 원리는 그녀의 삶 속에 나타난 순서대로 소개된다. 다른 원리들과 동시에 함께 나타난 원리들도 있고, 성장 과정에 한참 늦게 나타난 원리들도 있다. 중요하게 알아둘 것이 있다. 하나님의 길은 우리 삶에 이 원리들이 모두 함께 작용하는 것이다. 각 원리마다 요긴한 개념이 담겨 있다. 모든 원리가 어우러질 때 우리는 참되고 의미 있는 변화를 볼 수 있다. 아플 때 맞는 약을 모두 써야 하는 것처럼 하나님의 길도 모든 부분이 고루 활용되어야 한다.

때늦은 일

나를 찾아왔을 때 베스의 결혼은 죽음 직전이었다. 그녀는 회계사였고 남편 단은 마케팅 간부였다. 둘은 20대 후반이었고 자녀는 없었다. 그들은 결혼의 위기 때문에 나를 찾아왔다. 단은 결혼 생활을 지속할 뜻이 거의 없었고 자신이 외도 중임을 시인했다. 베스도 불행했으나 그래도 단을 사랑했고 잘 해볼 뜻이 있었다.

베스와 단이 그토록 불행한 이유가 금세 드러났다. 둘은 남남처럼 겉돌며 결혼 생활에 중병을 앓고 있었다. 베스는 감정의 내색이 없고 정서적으로 마음을 잘 열지 못했다. 즉 자신의 감정과 의견을 솔직히 표현할 줄 몰랐고 상대방과 생각이 다를 때면 특히 더했다. 반면 단은 자기 감정을 잘 알았고 다른 사람들을 향한 자신의 부정적 의견과 감정을 어려움 없이 표출했다. 베스를 통제하며 일방적으로 요구하는 성향도 있었다. 그는 자신의 모든 언행에 베스가 공감하고 동조해야 한다고 생각했다. 베스의 반응이 기대에 어긋나면 그는 상처받곤 했다. 그러면 그는 베스를 멀리하거나 집을 나가 친구들과 어울리는 식으로 복수했다. 베스는 베스대로 남편을 행복하게 해주려 노력했지만 아무리 해도 단의 양에 차지 못했다. 결국 단의 외도가 밝혀졌고, 그들은 내게 전화해 상담을 청했다.

한동안 상담이 이루어졌지만 너무 적었고 너무 늦었다. 베스가 결혼을 사수하려 최선을 다했음에도 결국 단은 상담을 시작할 즈음 자신은 이미 이혼할 뜻이 서 있었다고 털어놓았다. 그는 단지 베스를 누그러뜨릴 수 있을까 싶어 상담에 동의했던 것이다. 단은 베스와 이혼한 후 결국 그 외도 대상과 결혼했다.

베스는 정말 일이 잘되기를 원했다. 비록 남편과 잘 지낸 적은 없을지라도 결혼 제도와 언약은 그녀에게 매우 중요하고 성스러운 것이었고, 그래서 이제 그녀는 삶의 기초가 발밑으로 푹 꺼진 기분이었다. 단의 이혼 결정에 베스는 망연자실했고 그가 재혼하는 날까지 계속 그와의 화해를 시도했다. 자존심마저 다 버리고 낮아져, 다시 잘해 보고 싶다는 뜻을 그에게 알렸다.

베스의 성품의 깊이는 이렇게 일찍부터 징조를 보였고, 거기서 나는 장차 하나님으로 말미암아 성장과 치유가 이루어질 커다란 가망성을 보았다. 베스는 네가 나를 원치 않으면 나도 너를 원치 않는다는 통상적 율법의 자세를 전혀 보이지 않았다. 그녀는 사랑의 회복과 화해를 원했다. 율법을 이기는 이런 사랑의 자세 때문에 나는 베스가 단과의 일이 어찌되든 결국 하나님의 길에 들어서서 잘 해나가리라는 것을 알았다. 그것은 사실로 입증되었다.

하나님과 함께 길을 떠났다

이혼 후 베스는 계속 상담을 원했으나 그녀의 사연은 상담에 대한 것이 아니다. 상담은 퍼즐의 한 조각에 불과했다. 베스는 하나님이 자기에게 길을 내주실 수 있도록 다른 것들도 많이 했다. 그녀는 평생 하나님이 원하시는 사람이 되고자 무엇이든 하려 했다. 생명의 근원이요 설계자이신 하나님의 역할을 보게 되면서 그녀는 그분을 의지하기 시작했고 그분의 설계를 자신의 가치관과 행동 속에 통합하기 시작했다. 하나님과 함께 길을 떠난 것이다.

이런 새로운 자세는 베스에게 일대 전환이었다. 단과의 문제가 있기 전까지만 해도 그녀와 하나님의 관계는 결혼 생활 중심이었다. 그녀는 그 관계를 치유할 최선의 길을 인도해 달라고 기도하며 하나님께 도움을 구했었다. 그러나 이혼 후 그녀는 언젠가 재혼할 뜻이 있음에도 불구하고 그 희망은 더 이상 그녀의 삶의 중심 갈망이 아니었다. 가장 원하던 것 즉 결혼을 잃은 후 그녀의 세계는 무너졌다. 흔히 그렇듯 이 상실로 인해 그녀 마음속에 하나님의 자리가 생겼다. 베스는 "누구든지 제 목숨을 구원하고자 하면 잃을 것이요 누구든지 나를 위하여 제 목숨을 잃으면 찾으리라"(마 16:25) 하신 예수님 말씀의 진리가 비로소 깨달아졌다. 행복한 결혼 생활이 인생에 가장 중요한 것이 아님을 그녀는 난생처음 깨닫기 시작했다. 하나님을 향한 굶주림과 목마름을 발견하면서 베스는 서서히 깊은 생각 끝에 이런 결론에 도달했다. 평생 독신으로 사는 것이 설령 하나님의 뜻일지라도 그분의 계획에 어긋난 결혼보다는 오히려 그편이 좋다는 결론이었다. 다시 말해 베스는 결혼하고 싶은 마음보다 하나님의 길을 앞세웠다.

그 과정에서 그녀는 하나님의 길을 따르는 것이 박탈과 무의 삶이 아님을 깨달았다. 베스는 지금 여기서 풍성한 삶을 원했는데, 그런 삶을 얻는 가장 확실한 방법이 곧 하나님의 길을 따르는 것임을 깨우친 것이다. 이 새로운 깨달음의 결과로 베스는 하나님을 자기 삶의 주변부에서 중심으로 모셨다. 그녀는 꾸준히 경건 생활에 힘썼고, 성경을 읽고 공부하기 시작했다. 베스는 그것이 즐거웠고 모든 선택과 결정에 대한 통찰을 거기서 얻었다.

지혜로운 길동무들을 골랐다

하나님을 향한 사랑이 자라면서 베스는 어느 건강한 교회를 만나 거기서 예배, 교제, 봉사 부분을 알아갔다. 이혼 전까지 그녀의 사적인 관계는 가족들과 소수의 친한 친구들이 전부였다. 그들은 그녀에게 언제나 유익했고 중요했다. 그러나 하나님과 그분의 길을 향한 그녀의 갈급함이 그들에게는 없었다. 그래서 베스는 함께 하나님의 길을 걷는 사람들과 교제할 필요성을 느끼기 시작했다.

도중에 그녀는 여러 부류의 사람들을 만났다. 종교적 내지 영적인 사람들도 많았다. 어떤 사람들은 판단을 일삼거나 매우 율법적이었다. 베스는 하나님을 향한 그들의 헌신에 마음이 끌려 마치 '내 집'에 온 기분이었다. 그러나 얼마 후 그들은 이상해지기 시작했다. 단을 잃고서 슬프고 우울한 베스에게 어느 날 한 여자가 말했다. "믿는 사람은 그런 감정을 느껴서는 안 돼요. 당신은 그리스도 안에서 이미 승리한 사람이니 그런 감정을 승리의 감정으로 바꿔야 돼요." 그리스도 안에서 이미 승리한 우리의 삶에 여전히 고통스런 싸움이 계속되고 있음을 그 여자는 몰랐다. 베스는 하나님에 관해 많이 배웠으나 그 사람들과 교제다운 교제는 별로 없었고 그들에게 마음이 열리지 않았다. 그녀는 좋은 신앙인들도 만났으나 그들은 베스한테 잘해줌에도 불구하고 고통과 상처와 역기능이 무엇인지 전혀 몰랐다. 그들은 그녀가 겪었고 여태 겪고 있는 세계에 감감했다.

그러나 베스는 포기하지 않고 계속 건강하고 균형 잡힌 지원망을 찾았다. 교회의 이런저런 모임과 그룹에 계속 가서 사람들에게 자신을 소개했다. 시간이 좀 걸렸지만 결국 그녀는, 절대 완벽하지는 않으나 하나님과 서로와 그녀를 사랑하는 몇몇 사람들과 친한 관계를 형성했다. 상처를 아는 사람들이었다. 그녀와 그들은 서로 마음을 열기 시작했다. 이렇게 베스는 길동무들을 얻었다. 이들 새 친구들이 그녀의 정서와 가치관과 일상생활에 미친 영향은 이루 말할 수 없다! 그들은 그녀에게 계속 성장할 수 있는 재량과 자극을 주었다. 베스는 "지금까지 저는 잠들어 있었던 것 같아요. 내 내면과 대인관계에 대하여 이제야 깨어나는 중입니다"라고 말했다.

전심으로 하나님을 사랑했다

베스는 말 그대로 마음과 목숨과 뜻과 힘을 다해 하나님을 사랑하기 시작했다. 그녀의 일부가 아닌 전부가 그분을 사랑하고 따르기 시작했다. 여태 하나님께 내드리지 않았던 부분들도 그분과의 관계 속에 들어갔다. 예컨대 그녀는 이혼에 대해 그분께 느끼던 분노를 솔직히 아뢸 수 있게 되었다. 그녀는 말했다. "이혼 문제로 하나님께 분노를 느끼면서도 두려워서 솔직히 말씀드릴 수 없었어요. 하지만 막상 고백하고 나니 그분이 얼마나 안전한 분인지 알겠습니다. 분노도 사라지기 시작했어요." 베스는 자기 삶의 꿈과 목표도 하나님께 가져와 그분의 일하심에 맡기기 시작했다. 그녀는 내게 "나는 하나님께 꿈을 아뢰는 것이 늘 망설여졌어요. 그분이 꿈을 가져가버리시면 어쩌나 싶어서요. 하지만 그분은 내게 훨씬 잘 맞는 새로운 꿈들을 주시는 것 같습니다"라고 말했다. 자신의 직장 생활, 친구 관계, 삶의 방향 등에 나타나고 있는 변화를 이르는 말이었다. 조금씩 베스는 자신의 전존재로 하나님을 사랑하기 시작했고, 그리하여 하나님은 그녀의 삶을 회복시켜 주셨다.

자신의 단점과 약점을 인정했다

이혼 후 첫 몇 주 동안 베스는 단에게 분노가 끓었고, 그가 이기적으로 상처를 입혔다며 그를 비난했다. 그러면서 그녀는 이혼에 이르게 된 경위 즉 자신의 잘못과 그의 잘못을 정리했다. 그녀의 비난은 누가 무슨 잘못을 했는지 파악하는 데 처음에는 도움이 되었다. 그래서 그녀는 자신의 고쳐야 할 부분과 단을 용서해야 할 부분을 확실히 가렸다.

그러나 단의 약점을 꼬집는 베스의 말은 그칠 줄 모르고 계속되었다. 뚜렷한 취지도 없어 보였다. 결국 나는 이렇게 살짝 지적했다. "결혼 실패에 대해 단의 몫보다 자기 몫에 더 관심을 두지 않는 한 당신은 언제나 정서적으로 이혼의 감옥에 갇혀 살게 됩니다." 내 말에 베스는 약간 놀랐으나 생각 끝에 자신이 문제의 책임을 면하려 단을 비난해왔음을 깨달았다. 그것을 인정함과 동시에 그녀는 비난을 중단했고 자기가 기여한 부분의 짐을 지기 시작했다.

문제가 있어도 두려워서 단에게 지적하지 못하고 그냥 두었음을 베스는 자신의 약점과 단점을 인정하기 시작하면서 비로소 깨달았다. 또 그녀는 실수할까 두려워 매사를 그의 통제에 맡겼다. 베스는 결혼 속에서 자신의 마음과 삶을 잃었다. 결혼이 둘의 문제가 아니라 남편만의 문제가 되게 한 것이다.

베스는 방랑자처럼 관계 속을 드나들며 유령처럼 살았다. 그러니 그토록 오랫동안 외로웠던 것도 당연하다. 그러나 자기 삶에 주인의식을 품으면서 그녀는 거부와 친밀함에 대한 두려움을 떨치기 시작했고, 그저 생존하고 존재하는 차원이 아니라 삶을 향유하기 시작했다. 그녀는 지원망의 친구들에게 정서적으로 약한 모습을 보이며 그들의 사랑과 이해에 의지하기 시작했다.

문제를 선물로 받아들였다

자신의 잘못에 주인의식을 갖도록 하나님이 베스의 마음에 수술을 단행하시던 얼추 그 시기에 그녀는 또한 문제를 선물로 받아들이기 시작했다. 이혼이 남긴 모든 상심과 고통에도 불구하고 자신이 소중한 교훈들을 배우고 있음을 처음 깨달은 것이다.

이는 베스의 성장에 일대 도약이었다. 성장 여정을 시작할 때 그녀가 원했던 것은 친구들과 함께 있으면서 감정을 추스르고 고통을 처리하고 다시 삶에 복귀하는 정도였다. 그녀는 예수님께 고침 받은 열 나환자 가운데 아홉과 약간 비슷했다. 그들은 병이 나아 신나고 기뻤지만 고쳐주신 예수님께 돌아와 감사하지 않았다(눅 17:12-19). 그러나 한 친구가 그녀에게 시각을 바꾸도록, 즉 결혼의 파경을 통해 배울 수 있는 교훈에 초점을 맞추도록 격려하고 도전했다. 그 바람에 그녀는 단과의 힘들었던 시절로 돌아가야 했고, 이는 몹시 어려운 일이었다. 하나님이 자신에게 앞으로 단 같은 사람들을 피하는 방법 말고 다른 교훈을 주시려 한다는 생각만으로도 그녀는 힘들었다.

그러나 그녀는 선지자 엘리가 아이 사무엘에게 가르친 대로 기민하게 겸손히 배우려는 자세로 임했다. "여호와여 말씀하옵소서, 주의 종이 듣겠나이다"(삼상 3:9). 그 결과 하나님은 자신을 계시하셨고 그녀를 향한 사랑을 보여주셨다. 그녀가 생각지도 못한 일이었다. 그녀는 은혜, 믿음, 신뢰, 정직, 인내, 책임에 대해 배웠다. 그리고 비록 단이 자기에게 몹쓸 짓을 했고 자기도 거기에 한몫했지만 "하나님은 그것을 선으로 바꾸[신]"(창 50:20) 것을 결국 깨달았다. 역경을 통한 교훈에 감사가 느껴지던 순간 베스는 자신이 정말 자랐음을 알았다. 이혼이 아니었더라면 그녀는 절대 이런 중요한 교훈과 변화를 얻지 못했을 것이다. 힘든 과정을 통해 베푸신 하나님의 선물들을 깨닫자 오랜 세월 쌓여온 원한과 상처가 점차 감사로 바뀌었다. 베스는 이혼한 지 몇 년 후 우연히 단과 마주쳤다. 내가 그 경험이 어땠느냐고 묻자 베스는 이렇게 답했다. "정말 이상했어요. 단은 옛날 그대로인데 나는 단에 대해 이전의 못된 생각들이 다 없어진 거예요. 마음이 잘 정리되어 있었다고 할까요. 내가 고통을 선물로 생각하게 될 줄은 미처 몰랐지만, 그날의 내 마음 상태가 저는 좋아요."

짐일랑 두고 갔다

그리고는 베스도 몰랐지만, 두고 가야 할 짐이 있었다. 떨치고 용서할 것이 있었다. 예컨대 시간이 가면서 그녀는 다시 삶 속에 들어가 새로운 사람들을 만나는 것보다 단과의 과거로 돌아가기를 바라는 쪽이 더 안전하게 느껴짐을 깨달았다. 그녀는 과거를 놓고 새로운 삶으로 나아가는 대신 과거를 붙들고 있었다. 전진하려면 많은 용서가 필요했다. 처음에 그녀는 여기에 저항했다. 단을 향한 분노를 버리지 않았고, 온통 억울하다고 머릿속에서 항변했고, 비애 과정에서 생겨난 슬픔과 아쉬움에 집착했다. 그러나 베스는 과거의 짐 때문에 하나님과 함께하는 현재와 미래의 삶을 놓칠 수 없다는 각오가 분명했다. 그래서 그녀는 계속 현실을 그대로 수용했고, 어차피 가질 수 없는 것을 놓아 보냈다.

남자와 데이트를 나가던 날 그녀는 자신이 과거를 떨치고 있음을 알았다. 그 남자는 나중에 이렇게 그녀를 칭찬했다. "전남편에게 이를 갈지 않는 이혼녀는 당신이 처음입니다." 지금 여기서 하나님과 함께 열어갈 삶에 훨씬 더 주력할 정도로 베스는 자라 있었던 것이다.

지혜에 높은 가치를 부여했다

사람들이 종종 느끼듯이 이 원리들 중 어떤 것들은 큰 수고 끝에 오지만 어떤 것들은 더 쉽게 온다. 베스의 경우도 그랬다. 그녀의 성격 중에 내가 아주 좋아하는 것 하나는 없는 것을 있는 척하지 않는다는 점이다. 그녀는 자기가 뭘 모르는지 알았고, 꼭 알아야 할 것을 배우려 했다. 베스는 배우는 사람이었고 그래서 지혜에 높은 가치를 부여할 자세가 되어 있었다. 그녀는 정보 광이 되었다. 처음에는 이혼과 회복 분야, 다음에는 성경과 신학, 끝으로 인격과 영혼의 성장에 대해 그랬다. 그녀는 정보가 사람들의 길잡이가 되고 생각을 정리해 줌을 알았다. 베스는 다양한 성장 주제에 대한 참고도서와 대화할 만한 사람들을 권해 달라고 늘 내게 졸랐다. 그리고는 권해준 책들을 읽고 사람들을 만나 나를 깜짝 놀라게 했다. 그녀의 학구열에 나는 깊은 인상을 받았다.

그러나 정보 수집을 넘어 베스는 지혜에 따라오는 삶의 기술을 원했다. 자기가 더 배우고 싶은 분야에 경험과 능력을 갖춘 사람들을 그녀는 늘 수소문했다. 그녀는 그런 사람들과 함께 시간을 보내며 자기 삶을 열어 보이고 많은 질문을 던졌다. 무엇이든 필요한 것을 반드시 구비해 같은 실수를 반복하는 걸 피하고 싶었다. 지혜는 그녀가 귀하게 찾는 것이었고, 그녀의 삶은 잠언 말씀 그대로였다. "지혜를 얻으며 명철을 얻으라. 내 입의 말을 잊지 말며 어기지 말라. 지혜를 버리지 말라, 그가 너를 보호하리라. 그를 사랑하라, 그가 너를 지키리라. 지혜가 제일이니 지혜를 얻으라. 네가 얻은 모든 것을 가지고 명철을 얻을지니라"(4:5-7).

지혜 추구의 한 가지 부산물은 그때부터 베스 자신도 상처받은 사람들에게 줄 것이 많아졌다는 것이다. 꼭 이혼의 상처만 아니라 훨씬 넓은 차원의 상처에 대해서도 말이다. 베스는 지혜를 구해 자신의 일부로 만들었고, 그 지혜를 활용해 이제 다른 사람들을 인격적, 정서적, 영적 성숙으로 이끌어주고 있다.

삶을 오는 대로 맞이했다

베스는 지혜에 가치를 부여하는 일은 자연스럽게 되었지만 삶을 오는 대로 맞이하는 개념에는 애를 먹었다. 그녀는 삶을 다분히 직선으로 이해했다. 이것이 곧장 저것으로 이어진다는 식이었다. 그래서 오랜 기다림의 시간과 퇴보와 실패의 기간 끝에 결실과 수확의 계절이 온다는 것이 이해가 안 됐다.

재혼 문제를 하나님 손에 맡겼음에도 불구하고 베스가 스스로 준비되었다고 생각한 시점은 하나님의 시점보다 훨씬 일렀다. 그래서 그녀는 성품이나 영적 성숙도가 미심쩍은 남자들과 사귀다가 몇 차례 낭패를 보았다. 좋은 남자를 만난 적도 있었지만 안타깝게도 그녀 쪽에서 그토록 건강한 관계를 감당할 만큼 성숙해 있지 못했고 그래서 그녀는 본의 아니게 일을 무산시켰다. 여기에 대해 그녀는 "내가 그에게 선심을 쓴 겁니다. 당시 내 상태가 얼마나 나빴는지 그 사람은 몰랐거든요"라고 말했다.

그러나 실패할 때마다 베스는 하나님, 친구들, 원리로 돌아가 처음부터 다시 시작했다. 그때마다 그녀는 좀 더 배우고 자랐다. 그녀는 받은 자원으로 자기 마음속에 은혜와 사랑과 진리를 더 심었고 그렇게 또 한번 성장의 계절을 맞았다.

결국 그녀는 칼을 만났는데, 그녀가 철저하게 자숙하던 시절 곧 바라던 것보다 훨씬 시간이 지나서였다. 칼과 베스는 서로 잘 맞았고, 시기도 꼭 맞았다. 둘의 연애는 흥분과 탐험의 시간이었고 좋은 친구들, 좋은 경험들, 하나님으로 충만했다. 칼도 베스 못지않게 하나님의 길에 전심을 다했다. 그는 베스의 그간의 노력을 고맙게 여겼고, 자신도 성장에 박차를 가해온 터였다. 둘은 지금 결혼해서 자녀를 낳고 행복하게 살고 있다. 그리고 하나님의 길을 찾도록 다른 사람들을 열심히 돕고 있다.

하나님은 베스에게 길을 열어주셨다. 그녀는 애초의 소원은 이루지 못했으나(단은 끝내 돌아오지 않았다) 하나님의 길과 노선에 자기 마음과 영혼을 바쳤다. 그 결과 그녀는 하나님 안에서 새 삶을 찾았을 뿐 아니라 행복한 결혼 생활의 두 번째 기회도 얻었다. 하나님의 일은 그분의 때에 열매를 맺었다. 지금 베스는 이혼을 겪기 전보다 훨씬 잘 지내며 감사하고 있다. 하나님과 더 가까워졌고 영적, 정서적으로 더 온전해졌기 때문이다. 사실 베스는 칼을 만나기 전 하나님께서 인도하시는 성장과정을 거치지 않았다면 '옛날의' 베스는 그에게 끌리지도 않았을 것이라고 믿고 있다. 그녀는 나에게 "칼도 절대 내게 끌리지 않았을 겁니다. 그가 너무 건강했을 테니까요!"라고 말했다.

하나님의 길에 들어서는 당신에게

당신의 여정이 결혼이 아니더라도 베스의 사연이 격려가 되었기를 바란다. 가정, 습관이나 중독, 직업, 자녀 등 당신의 여정이 무엇이든 하나님은 베스에게 하신 것처럼 당신에게도 길을 내주신다. 당신이 기꺼이 걸음을 내딛어 이 책의 원리대로 살아간다면 말이다. 당신은 애초의 소원은 이루지 못할지 모른다. 아니 이를 수도 있다. 그건 하나님께 달려있고 무엇이 당신에게 최선이냐에 달려있다. 어쩌면 당신은 어떤 원리들에 대해서는 이미 노력하고 있지만 나머지는 모르고 있을 수 있다. 어쨌든 이 원리들의 효과가 확실함은 우리에게 길을 내주시는 분이 그것을 설계하셨기 때문이다. 당신이 기회를 드리기만 하면 그분은 당신 안에서 그분의 뜻을 이루신다.

그분의 길에 들어서는 당신에게 그분의 축복과 보호가 함께하기를 바란다. 사도 바울의 말로 당신을 격려하고 싶다. "너희 안에 착한 일을 시작하신 이가 그리스도의 예수의 날까지 이루실 줄을 우리는 확신하노라"(빌 1:6).